임연화의
학부모 7교시

임연화의 학부모 7교시

나의 수식어는 고학년 전담 교사입니다

임연화 지음

추천사

사춘기 아이들과의 문제로 고민하는 대한민국 모든 부모와 교사들의 필독을 권한다. 이 책에는 교육현장에서 37년간 아이들과 함께해온 교육전문가이자, 아이 셋을 키운 부모이기도 한 저자의 따스한 눈길과 혜안이 다양한 사례와 함께 고스란히 담겨 있고, 얽힌 실타래를 풀듯 통쾌한 해결책을 제시한다. 어떤 순간에도 공부보다 사람이 먼저고 '네가 있어 행복하다.'며 자녀를 끝까지 믿고 사랑하며 기다려주는 연습 즉, '사춘기 공부'가 필요하다는 작가의 주문은 깊은 성찰과 감동 그리고 놀라움을 준다.

강심원(시인, 아동문학가, 경기도융합과학교육원 원장)

한 번 찾아오는 사춘기, 아이 본인은 물론 대다수 부모도 낯설기 마련이라 때맞춰 적절히 대응하기가 쉽지 않다. 많은 부모가 실패의 흔적을 안고서 때늦은 후회를 하는 것도 이 때문이다. 이 책은 평생을 초등학생을 가르치며 선생님으로 봉직했던 퇴직 교사의 생생한 학생 지도 경험과 고민에서 나온 지혜와 문제 해결 방법을 담고 있다. 이런 점에서『임연화의 학부모 7교시』는 사춘기 자녀가 힘든 시기를 성공리에 이겨내고 똘똘한 아이로 성장하도록 돕고자 하는 모든 부모에게 매우 유익한 수업이 될 것이다.

변종필(동국대학교 법학과 교수)

1학년 받아쓰기에서 10문장 중 10문장 틀리면 90점, 10문장에서 1문장 맞으면 91점, 2문장 맞으면 92점을 주었다는 내용에서 머리를 한 대 맞은 것 같았다. 단어 1개 틀리면 다 틀린 것으로 여기는 방식이 아닌, 한 글자만 틀린 것으로 채점하는 방식에 아이들은 얼마나 안심했을까? 선생님의 발상의 전환에서 아이들에 대한 애정이 얼마나 깊은지 느낄 수 있었다. 임연화 선생님은 자신이 교사라는 것에 행복해했고 늘 자부심을 가졌다. 그러나, 아직 자녀 양육에 서투른 부모가 아이에게 상처를 주거나 부끄럽게 만드는 일이 간혹 있어 가슴 아파했다. '자신의 속도대로 가고 있는 아이들을 신뢰하며 기다려달라.', '교육에 늦은 때가 없다. 깨닫는 순간이 골든타임이다.'라는 선생님의 말에 부모님들이 귀를 기울여주었으면 좋겠다. 위기청소년들을 상담하고 이주 배경 중도입국 청소년들을 위해 운영하는 방과후학교에서 직원들과 함께 이 책을 읽고 부모님들께도 권하려고 한다. 이 책이 나오게 되어 정말 다행이다.

최승주(위기청소년의 좋은 친구 어게인 상임이사)

교직 생활 37년, 엄마로 34년, 그 삶과 교육의 진정성이 고스란히 담긴 책이다. 학생과 자녀에 대한 믿음의 분량이 어마어마하다. 이제 그 메시지가 학부모에게로 영역을 확장해나간다. 수많은 시간 동안 사춘기 아이들의 마음을 읽고 내면의 힘을 키워낸 작가의 경험과 소신이 책에 함축적으로 드러난다. 누구나 경험할 수 있는 이야기라 단숨에 읽었다. 6학년 교육전문가인 작가의 해박한 지식과 적재적소의 기발한 표현력이 돋보인다. 이 책을 읽고 난 후, 삶의 장면마다 작가의 묵직하고 명쾌한 조언이 새록새록 생각난다. 이 책은 학부모인 우리 모두에게 0교시 필수 교과서와 같다. 누구나 겪을 수 있는 사례, 인간애와 믿음이 남다른 작가의 기발하고 말랑말랑한 대처가 무릎을 치게 하는 절묘한 문장으로 안내되어 있다. 6학년 학부모뿐만 아니라 중고등 자녀를 둔 학부모, 그리고 모든 교사들에게 한 아이를 어떻게 대해야 할지 발견하게 해주는 철학 교과서이다. 교육에 대해 끊임없이 사유하게 하고, 행복한 개인의 삶의 지평을 넓혀줄 인생 책으로 추천한다.

황선영(수석교사 역임, 수필가)

차 례

2교시 불안한데 무조건 믿어야 할까요?

3교시 6학년 자녀와 대화가 술술 풀리는 방법 있을까요?

4교시 공부와 진로, 한 번에 해결할 방법이 있나요?

5교시 책을 읽히고 싶은데 방법이 있나요?

프롤로그

'임연화의 학부모 7교시'에 오신 걸 환영합니다

쾅! 방문이 닫힙니다.

덜컥! 부모의 마음은 흔들립니다.

사춘기가 왔군요.

알아서 한다고 하지만 부모의 눈에 사춘기 자녀는 아무것도 안 하는 것처럼 보입니다. 어디까지 믿고 지켜봐야 할지 막막하기만 합니다. 13년 정도 키웠으니 자녀 양육에도 길이 보이겠지 생각했는데 사춘기가 길을 막으니 혼란스럽기만 하죠.

사이가 멀어질 것 같아 참자니 다른 아이들보다 뒤처질까, 이상한 짓 하지 않을까, 학교나 학원에서 공부는 할까, 혹시 부모가 모르는 비밀은 없을까 걱정이 태산입니다. 사춘기 자녀를 그냥 두어도 될까요? 부모는 13살 이 아이들에게 무엇을 가르쳐야 할까요? 그 고민을 따라가며 답을 찾아보기로 합니다.

초등학교는 육아와 교육을 함께하는 곳이고 6학년은 초등생활의 마지막 해입니다. 중학교 가기 전에 가정에서도 자녀를 키우면서 돌아봐야 하는 시점이 바로 6학년입니다. 부모의 걱정도 덜어주고 아이들도 살 만한 세상이 되었으면 하는 간절한 마음으로 퇴직을 하자마자 37년의 노하우와 경험을 고스란히 쏟아내는 작업을 시작했습니다.

사춘기가 오면 부모와 자녀는 눈치 싸움을 하다가 서로의 진심을 외면하게 되고 그러다 부모가 아이를 채근하기 시작하면 서로가 상처받습니다. 상담 기간에 교실 문을 열고 들어오는 학부모 중 70%는 울고 가면서 무척이나 괴로워하셨습니다. 사춘기 아이들과 공존하는 방법을 몰라 눈물짓는 학부모의 모습이 안타까웠습니다.

이 글을 쓰는 동안 지난 시간을 돌아보니 학부모들의 절절한 마음이 다시 느껴지고 아이들과의 추억이 새록새록 살아나더군요. 이 글은 저 혼자만의 글이 아니라 모두가 함께 겪어낸 '사춘기'의 기록이나 마찬가지입니다. 점심시간에 밥도 같이 먹고 노래도 들으며 신나게 아이들과 놀았습니다. 저한테는 너무나 사랑스러운 아이들인데 왜 부모에겐 짐이었을까 속상했던 일도 많았어요.

아이 셋을 키우며 저 역시 부모의 마음과 고민을 고스란히 느꼈습니다. 하지만 저는 늘 아이들이 있어서 행복했고 아침 출근길이 신났고 교실 문을 열면 놀이터에 온 것 같았어요. 그런데 아이들에게

'사춘기'라는 이름표가 붙어버리면 모두에게 부담되는 게 마음이 아팠습니다.

잠시 멀리 돌아오더라도 사춘기 아이들은 자기 길을 성실하게 가고 있습니다. 어떤 순간에도 공부보다 사람이 먼저입니다. 스스로 살아갈 힘을 키우며 자기 삶을 주체적으로 살아가는 똑똑한 아이가 공부도 잘합니다.

사람으로서 갖추어야 할 덕목을 쌓아가며 삶의 방향을 찾아서 부모의 진정한 사랑을 받고 자라는 것이 무엇보다 중요합니다. 그다음 공부해야 힘차게 나아갈 수 있습니다. 세상이 변했고 더 빠르게 달라지는데 온 대한민국의 아이들이 공부라는 한 방향으로 나아가고 있는 현실이 마음 아픕니다.

자신을 돌아보고, 독서하고, 사회성도 다지고, 가족과 관계를 잘 맺으며 자신이 무얼 하고 싶은지 충분히 고민할 기회를 아이들에게 주어야 합니다. 그러기 위해서는 부모의 준비가 필요하고 자녀와 부모 모두가 즐거울 수 있는 방법을 알아야 합니다. 이를 통해 '너만 잘하면 된다.'가 아니라 '네가 있어 행복하다.'는 가정의 모습을 되찾아 주고 싶습니다.

이 책을 읽기 전 아이의 손을 한번 잡아보세요. 따뜻할 겁니다. 13년 동안 받은 부모의 사랑이 흐르고 있습니다. 그 손을 놓지 말고 방향과 각도를 살짝만 틀어 함께 자녀 양육의 방법을 배워갑시다.

지금까지 37년 동안은 아이들이 제자였습니다. 이제 교실 풍경을 바꾸어 초등 고학년 아이들이 아닌, 학부모를 제자로 초대하려고 합니다.

'임연화의 학부모 7교시'로 학부모들을 초대합니다.

사춘기, 신뢰하는 부모, 반전 대화법, 공부와 진로, 독서, 사회성, 고민 상담 등 7교시 학부모 수업을 시작합니다. 이 학부모 수업을 통해 고학년뿐 아니라 저학년 아이들도 '스스로 자기 삶을 개척해나가는 아이' 즉 '똑똑한 아이'로 성장할 수 있는 시간이 되길 바랍니다.

마지막으로 날마다 그리운 제자들에게 편지를 써봅니다.

졸업식 때 너희들은 꿈을 이루고, 선생님은 책을 쓰기로 한 약속 이제야 지킨단다. 너희들이 부모가 되었을 때 이 책이 자녀 양육의 나침반이 될 수 있기를 간절히 바랄게. 칠순 때 사회자로 와준다는 약속 꼭 지켜라.

1교시

6학년 자녀를 어떻게 키워야 할까요?

똑똑한 아이란?

우리 모두 한때는 천재였습니다. "엄마!" 하고 부르는 첫마디에 천재가 태어났음을 직감하고 그날 하루 부모의 가슴은 한없이 부풀었을 겁니다.

똑똑한 아이가 되고 싶고 부모는 아이를 똑똑하게 키우고 싶어하는데 똑똑하다는 말은 무슨 뜻일까요? 사전적 의미로는 '또렷하고 분명하다', '사리에 밝고 총명하다', '셈 따위가 정확하다'이며 비슷한 말로는 '또랑또랑하다', '또렷하다'입니다.

우린 '똑똑하다'는 말을 참 좋아합니다. 특히 내 아이가 그렇다는 말을 타인을 통해서 듣게 되면 그날은 축제입니다. 그러면 학생일 때와 어른일 때의 똑똑하다는 기준은 같을까요? 대체로 학생 때는 공부를 잘해서 학습지와 시험지를 100점 맞았을 때, 명문고와 명문대를 입학했을 때 그런 이야기를 듣게 됩니다. 그러나 어른일 경우는 조금 다릅니다.

"음, 그 친구 아주 똑똑하지. 어떻게 그걸 생각해서 자기 길을 가고 있지? 학교 다닐 때는 내가 그 친구보다 공부도 잘했는데 난 아직 내가 가야 할 길을 모르겠어. 자기 길을 묵묵히 가면서 뜻을 이루어 가는 걸 보면 정말 존경스러워."

혹시 주변에서 이런 '똑똑한' 친구를 보거나 아니면 이런 말을 해 준 경험이 있나요? 매체에서도 가끔 이런 '똑똑한' 사람을 소개하기도 하지요.

"아이 스스로 자기 길을 개척해나가고 자주적인 사람으로 성장하길 원하지만 그게 공부보다 중요한가요?"라고 질문한다면 '그렇다.'라고 단언할 부모가 세상에 많지는 않을 겁니다.

건조한 봄에 산사태를 걱정하며 제방을 살펴보는 게 유난으로 보일 수 있지만, 태풍이 닥친 후에는 할 수 있는 게 많지 않습니다. 하물며 준비해야 하는 게 한 사람의 인생이라면 어떨까요? 아이가 나아갈 길을 닦아주는 부모라면 무엇이 필요한지 살펴봐야 합니다. 과연 우리는 무엇을 위해 살고 있는지 말입니다.

교육에 늦은 때는 없습니다. 깨달은 지금이 골든타임입니다. 깨닫지 않고 세상의 기준에 따라 움직인다면 지치기 마련입니다. 그러나 최상의 적기가 지금 초등학교 6학년이란 사실을 알았다면 이것 하나만으로도 큰 소득입니다. 또한 혼자가 아니라 주변 친구와 친척이 있다면 함께 가는 것도 좋습니다. 교육을 고민하고 올바른 방향으로 가는 데 동행이 있다면 큰 행운입니다.

그럼 어디로 가야 하는지 목표가 필요합니다. 목표에 대해 이야기하기 전에 앞서 이야기한 '똑똑하다'는 기준을 다시 생각해볼까요? 해외 온라인 미디어 엘리트리더스Eliteleaders에서 발표한 똑똑한 사람들의 10가지 특징을 알아보려고 합니다.

1. 유연한 생각과 사고를 가지고 있다.

자신만의 생각을 고집하지 않고 누구보다 타인의 의견을 잘 받아들입니다.

2. 말하기 전에 먼저 생각한다.

대체로 말을 잘하는 사람의 특징은 상대방의 말을 먼저 들으면서 그 상황에서 무슨 말을 해야 하는지 정리하여 말을 하므로 실수가 없고 설득력이 있습니다.

3. 많은 말을 하려고 노력하지 않는다.

상대방의 관심을 끌기 위해 말을 하지 않고 끝까지 듣습니다. 새로운 사람들과 있을 때 실수하지 않기 위해 가능한 한 말을 아낍니다.

4. 자신만의 주관이 뚜렷하다.

권위를 가진 사람의 말을 무조건 따르지 않습니다. 그렇다고 무조건 반대하지도 않습니다. 신중히 생각한 후 자신만의 뚜렷한 주관을 말합니다.

5. 자신의 의견이 틀릴까 봐 두려워하지 않는다.

100% 어느 한편의 의견이 옳다고 생각하지 않고 절충할 줄 알며 자신의 의견이 다를 경우 상처받지 않고 다른 사람의 의견을 존중합니다.

6. 새로운 관점과 논리를 발견하기 위해 토론을 즐긴다.

감성적인 태도로 토론하기보다는 객관적인 사실을 기반으로 자신의 의견을 설득합니다. 토론하는 과정을 즐기면서 새로운 사실을 도출해내고 공동의 성과로 간주하며 기뻐합니다.

7. 자신과 다른 의견을 가진 사람들을 적대적으로 대하지 않는다.

다른 의견을 가진 사람들 때문에 감정 소비를 하지 않습니다. 차분한 마음으로 의견을 교환합니다.

8. 직감을 믿으며 타인의 직감도 존중한다.

상대가 말하지 않는 뒷면도 잘 파악하며 정보와 논리 및 직감을 활용하고 타인의 직감을 무시하지 않습니다.

9. 문제를 발견하면 회피하는 것이 아니라 해결하고자 한다.

문제를 해결할 때는 가만히 앉아 있지 않고 빨리 행동합니다. 결과가 나빠질 경우를 걱정하지 않고 최선의 결과를 위해 적극적으로 움직입니다.

10. 내면의 소리에 귀를 기울이고 타인의 판단에 휘둘리지 않는다.

자신이 옳다고 생각하면 소신대로 행동합니다. 다른 사람에게 신경을 쓰느라 에너지를 소모하지 않고 자신이 원하는 대로 신중하게 행동합니다.

자녀가 어떤 사람이 되길 원하는지 책에 밑줄을 그어보세요. 그러기 위해 무엇을 했는지 생각해봅니다. 머리도 총명하고 대답도 잘하며 학습 태도도 좋은데 좌절할 때 회복탄력성이 부족하여 주저앉아버리는 아이들이 있습니다. 오직 공부만 바라보고 가느라 장애물을 만나면 쉽게 자초합니다. 만약 위에 열거한 10가지 특징을 가진다면 쉽게 건너갈 수 있겠죠. 이 10가지 특징을 한마디로 정리하면 '스스로 자기 삶을 개척해나가는 아이'입니다. 다른 말로 '똑똑한 아이'를 말합니다.

그럼 왜 초등학교 6학년을 교육의 골든타임이라고 할까요? 중학교 1학년과 초등학교 6학년은 한 살 차이인데 굳이 초등학교 6학년을 경계로 나눌 필요가 있을까 하는 의문이 생깁니다.

가을과 학교, 두 낱말을 들으면 무엇이 생각날까요? 아직도 생각이 나질 않나요? 그럼 만국기요. 이제 가을 운동회가 생각나죠. 운동장에 일찍 나온 선생님들이 회색 가루로 라인을 긋고 다른 라인에 넘어가지 않도록 숫자도 씁니다. 6학년은 각자 그어진 라인을 따라 달리는 가을 운동회와 같습니다. 해야 할 일이 적고 함께 가는 친구들도 6년 동안 한 학교에 같이 있어서 서로를 어느 정도 이해합니다. 무엇을 하든 친구들과 손발이 맞고 선생님들도 초등학생이라는 기준으로 상세히 안내합니다. 담임선생님도 등교부터 하교 때까지 교실에 온종일 같이 있어서 어떤 돌발상황도 다 확인하고 막아줍니다. 교육과 육아가 함께하는 공간이 초등학교입니다.

그러나 중학교에 가면 경기는 전국 마라톤 수준으로 바뀝니다. 여러 개의 초등학교에서 모인 친구들이 모여서 같은 반이 됩니다. 과목별 선생님은 아이 개개인의 특성을 잘 모르고 담임선생님과도 조회와 종회 때만 잠시 만납니다. 또한 어려워진 교과 내용과 10분 늘어난 수업 시간, 교복 등 낯선 것들이 너무나 많습니다. 스스로 통제하고 판단해서 결정해야 하고 책임도 스스로 져야 합니다. 거기다 무언가를 기대하는 가족의 당부와 늘어난 학원 시간은 무거운 짐입니다. 이제 더 이상 어린이라 불리지 않고 청소년이라 이름합니다.

34년의 육아와 37년의 교직 생활을 통해 깨달은 게 있다면 자녀 양육의 핵심은 부모라는 것입니다. 부모가 방향을 어떻게 설정하는가에 따라 아이의 미래가 결정됩니다. 우리의 목표는 자기 삶을 스스로 개척해나가는 똑똑한 아이로 키우는 것입니다. 목표를 알고 달리는 전진은 혼란스럽지 않습니다. 목적지는 '똑똑한 아이', 기관사는 부모가 아니라 '자녀'입니다. 부모의 역할은 기차가 움직이는 데 필요한 에너지원이자 이정표입니다.

이제 모두 준비되었나요? 마지막 7교시까지 끝까지 함께하리라 믿으며 임연화의 학부모 교실을 오픈합니다.

현명한 부모란?

초등학교 때 보물찾기 해보셨나요? 우왕좌왕 정신이 없습니다. 왜 그럴까요? 정해진 방향 없이 보물이 있을 거라는 추측만으로 찾아야 하기 때문입니다. 그럼 우리의 자녀 교육은 어느 방향일까요? 저도 수많은 보물찾기를 하면서 조금씩 가닥을 잡았습니다. 개개인의 방향도 중요하지만 우리나라 교육 목표와 방향도 알고 있어야 시대의 흐름을 이해할 수 있습니다.

미래 세대에게 필요한 능력은 무엇일까요? 이를 알기 위해서는 방향을 찾고 기준도 세워야 합니다. 개인적인 기준보다는 우리나라 교육과정 방향부터 알아보는 것이 더 중요합니다. 우리나라 1차 교육과정은 1954년~1963년입니다. 경제뿐만 아니라 교육과정도 방향을 잡아 발전하고 있었습니다. 그럼 현재 적용되고 있는 2015 개정 교육과정은 무엇을 목표로 하는지 살펴보겠습니다.

1. 추구하는 인간상

① 자주적인 사람

② 창의적인 사람

③ 교양 있는 사람

④ 더불어 사는 사람

2. 핵심역량

① 자기관리 역량

② 지식 정보 정리 처리 역량

③ 창의적 사고 역량

④ 심미적 감성 역량

⑤ 의사소통 역량

⑥ 공동체 역량

2015 개정 교육과정에서 추구하는 인간상을 살펴보면 자아 정체성을 확립하여 자신의 진로와 삶을 개척하고 문화적 소양을 바탕으로 인류 문화를 발전시키는 사람으로 키우고자 합니다. 또한 다양한 발상과 도전으로 새로운 것을 창출하며 세계와 소통하는 민주 시민으로서 배려와 나눔을 실천하는 사람으로 육성하고자 합니다.

핵심역량 6가지는 자기 주도적으로 살아갈 수 있는 능력, 문제를 합리적으로 해결하는 능력, 새로운 것을 창출하는 능력, 인간에 대한 공감적 이해와 감수성으로 삶의 의미를 발견하는 능력, 경청하며 존중하는 능력, 공동체 발전에 참여하는 능력을 뜻합니다. 이런 교육과정을 통해 사람으로서 갖추어야 할 기본을 다져 역량을 키워야 합니다.

그럼 우리가 말하는 공부는 중요하지 않은 걸까요? 물론 공부도 매우 중요합니다. 다만 '똑똑하다'와 '공부를 잘한다'는 동의어가 아닙니다. 똑똑한 아이로 키운 다음 그 위에 공부를 얹는 것이 더욱 중요합니다. 다시 말해 주체적으로 삶을 살아가는 똑똑한 아이로 바로 선 다음 공부해야 역량이 키워지고 추진력도 생기는 것입니다. 탱크를 크게 만들어 많은 물을 저장해야 다양하게 쓸 수 있습니다. 이처럼 아이들의 역량 탱크를 제대로 크고 튼튼하게 만들어야 평생의 에너지로 사용할 수 있습니다.

우리 아이들의 내면이 성장하고 한 인간으로 성숙해지리라는 것은 너무나 자명한 일입니다. 학기 초에 만나면 예비 중학생인 6학년이지만 아직 어린 티가 역력합니다. 그러나 졸업식 날 보면 어느덧 목소리도 변하고 농담도 곧잘 하는, 든든한 제자로 성장해있지요. 너무 아까워서 졸업해도 보내기 싫어집니다. '아, 잘 자랐구나.' 내심 뿌듯합니다. 학부모들 또한 이 아이들이 얼마나 대견할까요?

정성 들인 시간은 티가 나기 마련입니다. 하지만 시간이 지난 다음에 정성을 들이려면 더 큰 에너지가 필요합니다. 지금이 가장 중요한 시기입니다. 튼튼한 뿌리가 숲을 울창하게 만듭니다. 똑똑한 뿌리가 공부라는 숲을 울창하게 가꾸어갈 겁니다.

독일 철학자 니체는 자기 삶의 방식은 스스로 정한다고 하였습니다. 스스로 정하는 삶을 살아내는 사람이 진정으로 똑똑한 사람입니다.

영화 「템플 그랜딘」은 콜로라도 주립대학교 교수이자 미국의 농장 가축을 위해 위대한 업적을 남긴 주인공의 이야기를 담은 실화 영화입니다. 그랜딘은 2살 때 뇌장애 판정을 받고 격리 입원합니다. 학교에 다니면서 적응하지 못하고 친구들의 놀림을 받자 교사는 특수교육을 권유합니다. 그랜딘은 성장하면서 자폐아 판정을 받지만 어머니는 거기에 맞는 교육보다는 일반 학생들과 같은 교육을 고집합니다. 그랜딘이 적응하지 못하자 어머니는 그제야 방향이 잘못되었음을 깨닫습니다. 결국 그랜딘은 특수학교에 진학하고, 그곳에서 그녀의 재능을 발견한 선생님에 의해 적절한 교육을 받습니다. 그랜딘은 자신과 같은 자폐아들의 심신을 안정시켜주는 허그 머신을 발명하고 나아가 동물학자로서 가축 연구에 큰 영향을 끼쳤으며 교수로서 명성을 떨칩니다. 믿기지 않지만 실화입니다. 영화 마지막 장면에서 주인공은 자신만의 길을 당당히 걸어가며 다음과 같이 말합니다.

Different, Not less.

모자라지 않습니다. 단지 남과 다를 뿐입니다.

똑똑한 아이는 삶을 주체적으로 이끌어가고 현명한 부모는 올바른 삶의 방향을 향해 나아갑니다. 공부보다 사람이 먼저라는 것을 깨닫는 순간이 최선이고 행동하는 순간이 최고입니다. 자녀와 함께 가는 사람이 곧 현명한 부모입니다.

사춘기, 그냥 두어도 될까요?

사춘기와 갱년기가 싸우면 누가 이길까요? '사춘기와 갱년기의 줄다리기'라는 표현을 많이 합니다. 언젠가 어른이 되는 기적이 일어난다고 하지만 부모의 마음은 이미 전쟁 중입니다. 어떻게 하면 평온한 마음으로, 아이가 크는 과정이라고 생각하고 담담하게 웃을 수 있을까요? 가슴을 쓸어내리거나 한숨 쉬며 현관을 나간 적이 한 번은 있지 않나요?

환자의 완쾌를 돕는 일이 의사의 본분이고, 맛있는 요리를 통해 손님을 행복하게 하는 일이 요리사의 본분입니다. 그럼 부모도 본분이 있을 겁니다. 자녀 때문에 마음이 힘들다고 생각하면 관계가 멀어지므로 관점을 다르게 생각해볼 필요가 있습니다. 사춘기 이전의 양육 방법과 사춘기 자녀를 양육하는 방법에 차이가 있을 뿐입니다. 그래서 사춘기 자녀를 둔 부모는 자녀를 돌보기 위해 사춘기 공부를 해야 합니다.

학교에서 학기별 1회씩 대면 상담 시간에 학부모들을 만나면 참고 잘 지내려고 해도 자녀가 너무 예민해서 견딜 수가 없다는 이야기를 자주 듣습니다. 70% 정도의 부모들은 눈물을 감추지 못하며 힘들어합니다. 피부에 작은 상처 하나만 나도 아프고 나으려고 할 때는 가려워서 잠자기 어려운 게 인간입니다. 하물며 자녀와 부모 관계에 스크래치가 생겼는데 어떻게 편할 수 있겠습니까? 상처가 낫기 위해 가렵듯이 사춘기는 부모와 자녀가 건강하게 관계를 다시 이으려는 가려움증 같은 것입니다. 상처가 다 나아갈 때 느끼는 신호가 '가려움'이라면, 어른이 되려는 아이가 부모에게 보내는 신호는 '사춘기'입니다. 자녀가 보내는 사춘기 신호를 잘 이해하려면 일단 우리 아이가 사춘기가 왔는지 확인해볼 필요가 있습니다. 오랜 시간 교실에서 사춘기 아이들을 관찰하고 정리한 특성입니다. 여기에 몇 가지나 해당되는지 확인해봅니다.

교실과 가정에서 관찰되는 사춘기 아이들의 특성

□	SNS에 관심을 가지고 친구들과 연락하기를 좋아한다.
□	부모가 묻는 말에 짜증을 낸다.
□	아무리 급한 일이라도 결과는 생각하지 않고 자기가 하고 싶을 때만 움직인다.
□	쉽게 짜증을 내고 갑자기 기분이 변한다.
□	목욕 시간이 매우 길다.

□	밤이 늦도록 안 자고 등교 시간에는 깨워도 일어나지 않는다.
□	연예인의 외모에 관심을 가지고 따라 하려고 한다.
□	유행에 민감하며 자기만의 스타일을 고집한다.
□	옷에 냄새가 나는지 확인하며 빨래를 잘못했다고 화를 낸다.
□	옷 구매 사이트에 자주 들어가며 옷을 사달라고 자주 말한다.
□	용돈을 올려달라고 말하고 어디에 쓰는지 대답하지 않는다.
□	친구들에게는 친절하게 말하고 부모에게 특히 엄마에게 단답형으로 대답한다.
□	친구들이 나를 어떻게 생각하는지 굉장히 신경 쓴다.
□	방에 혼자 있는 시간이 많아진다.
□	여러 번 물어야 짜증을 내며 대답한다.
□	부모의 말은 무조건 반대하려고 한다.
□	남을 이해하려고 하기보다 무조건 이해받으려고만 한다.
□	친구들과 비교하는 것을 매우 싫어한다.
□	학교나 학원에서의 일을 부모에게 말하지 않는다.
□	여학생은 화장에 관심을 가지며 화장품을 사기 시작한다.
□	남학생은 게임에 더욱 집착한다.
□	동네에서 놀지 않고 행동반경이 넓어진다.
□	온라인에서 친구 만나는 횟수가 많아진다.

사춘기를 통과하지 않는 사람은 없습니다. 다만 시기가 다를 뿐입니다. 부모는 사춘기를 먼저 겪은 선배입니다. 관심만 가진다면 충분히 아이를 이해하고 도울 수 있으므로 먼저 남자아이와 여자아이의 다른 면에 대해 생각해보고자 합니다.

신체적 특징은 한집에 살고 있으면 눈으로 확인할 수 있는 영역이므로 생략하기로 합니다.

우선 심리를 이해하기 전에 뇌 구조를 알아볼까 합니다. 신경정신과 의사 루안 브리젠딘Louann Brizendine에 의하면 십 대 여학생의 뇌는 남학생에 비해 2~3배 빨리 성장한다고 합니다. 여학생들은 남학생보다 사고 체계가 훨씬 성숙하고 많은 정보를 저장하며 능숙하게 처리합니다. 남매지간이면 비교를 저절로 하게 되는데 이 차이로 인해 남자아이는 혼나는 경우가 많습니다.

남자아이는 제2차 성징이 나타나게 하는 남성호르몬 테스토스테론testosterone 수치가 여성호르몬인 에스트로겐estrogen과 프로게스테론progesterone 수치보다 높다고 합니다. 그래서 승부를 내는 운동이나 게임에 열광하며 패했을 경우 심하게 흥분합니다. 이런 생물학적인 변화 속에서 아이들은 스스로 통제하기가 많이 힘들어집니다. 이럴 때 뒷일은 생각하지 않고 감정대로 움직여서 문제를 일으키는 경우가 허다합니다. 세종사이버대학교 심리상담학과 곽윤정 교수는 저서 『아들의 뇌』(포레스트북스, 2021)에서 아들의 뇌량은 가늘고 길어서 좌뇌와 우뇌 간의 정보교환이 쉽지 않다고 합니다. 이렇게 생물학적인 차이로 남자아이와 여자아이의 행동과 생각이 다르므로 부모가 어떤 관점에서 아이를 이해해야 하는지 기준이 생깁니다. 사춘기 남학생과 여학생은 어떤 공통점과 차이점이 있는지 알아보려고 합니다.

교실에서 남자아이와 여자아이의 공통점

1. 또래 관계에 집착하며 쉬는 시간에 다른 반 친구들을 보기 위해 매시간 교실에서 나간다.
2. 목소리가 크고 친구들이 자신을 어떻게 생각하는지 관심을 많이 가진다.
3. 점심시간에 교실 텔레비전으로 아이돌 노래를 듣거나 스스럼없이 춤을 춘다.
4. 가족 이야기에 대체로 부정적인 반응을 보인다.
5. 등교 전 친구를 만나서 잠깐이라도 놀고 교실에 들어오려고 한다.
6. 아침 시간에는 힘이 없고 2교시 정도 지나면 수업에 참여한다.
7. 늘 운동장에 나가고 싶어 하고 단 10분만 주어져도 밖에서 놀고 싶어 한다.
8. 급식은 10분이면 거의 다 먹고 남는 시간에는 미리 약속한 친구들과 놀기를 좋아한다. 하교 후 바로 학원 가느라 시간이 없기 때문이다.
9. 깊이 생각하는 것을 싫어하고 단순한 활동만 선호한다.
10. 생각을 말하기보다 표정으로 찬반을 결정한다.
11. 이성에 관심이 높아지고 사귀는 아이들이 있으면 잘 사귀도록 응원한다.

학교에서 남자아이와 여자아이의 차이점

남자아이	여자아이
● 주의집중 시간이 길지 않다.	● 주의집중 시간이 길다.
● 사귀고 있는 친구들에 대해 관심은 많으나 실제로 사귀려고 애쓰지 않는다.	● 대체로 이성에 대한 관심이 많고 좋아하는 친구에게 의사표시를 한다.
● 운동을 많이 좋아하며 자투리 시간만 있어도 팀을 구성하여 운동한다.	● 운동장에 나가는 것은 좋아하나 친한 친구들과 모여서 이야기를 많이 한다.
● 외모에 관심이 없고 게임에 관심이 많다.	● 외모에 관심이 많으며 학원 가기 전 머리에 롤을 말아서 모양을 다듬는다.
● 보드게임을 좋아하며 특정 사람보다 반 친구들과 골고루 어울린다.	● 다른 반 친구들에 대해서 관심이 많고 특정 친구들만 만난다.
● 학급 활동이라면 이유도 묻지 않고 참여한다.	● 학급 활동이라도 이유가 이해되어야 하고 하기 싫으면 참여하지 않으려고 한다.
● 공감 능력이 다소 떨어진다.	● 상황에 대한 이해력이 높다.
● 자신의 의견과 맞지 않으면 정확한 의사를 표현한다.	● 자신의 의견과 맞지 않으면 말을 하지 않는다.
● 친구 간에 솔직하게 말하고 비밀을 만들지 않는다.	● 친구들끼리 비밀이 많다.

이제 아이들이 학교에서와 가정에서 하는 행동들도 살펴보겠습니다. 학부모와 상담해보면 학교와 가정 두 곳에서 하는 행동이 달라 놀랄 때가 있습니다.

"어머니, ○○이는 자신이 해야 할 일을 너무나 잘하고 친구 관계도 좋아서 원만하게 잘 지내요. 수업 태도도 좋고 집중도 잘해서 학업 성적도 아주 좋습니다. 그리고 친구들도 잘 도와줘서 친구들 사이에 인기가 아주 좋아요."

"어머, 선생님. 우리 아이가 그런다고요? 집에서는 방 정리도 안 하고 스마트폰만 들고 아무것도 하지 않아요. 뭐라도 시키면 짜증 내고 어릴 때랑 너무 달라서 감당하기 힘이 들어요. 정말 우리 아이가 학교에선 그런가요?"

실제 학교에서 문제없이 잘 지내는 경우가 훨씬 많습니다. 가끔 반대인 경우도 있습니다. 학교에서 교우관계, 학습 태도, 수업 준비와 관련된 활동 등 전반적으로 신경을 써야 하는 아이인데 학부모는 우리 아이는 집에서 너무나 잘하고 있다고 합니다. 상반된 이야기를 들을 때 어디까지 알려줘야 하는지 고민이 됩니다.

담임교사는 공동체 생활에서 아이들을 보는 기준과 해결 방법을 잘 알고 있습니다. 학교에서 보이는 아이의 좋지 않은 행동들을 학부모가 알게 되면 아이 정서에 영향이 갈 수 있어서 다소 순화해서 말하는 경우도 많습니다. 하지만 초등학교를 졸업하고 다시 저를 찾아 왔을 때 안정되고 성숙한 아이의 모습을 보면 이제 어른이 되었구나 싶어서 기특합니다. 아이들의 성장통을 부모의 손길과 시간이 도와준 것입니다.

우리나라 학교 밖 청소년의 경우 모두 가정이 불우해서 학교를 그만뒀을 거라고 생각하지만 그렇지 않은 경우도 많습니다. 「2018 여성가족부 학교 밖 청소년 실태조사」를 보면 자아의 성장과 생물학적인 요인 및 부모, 친구와의 관계로 인한 심적인 고통이 학교 밖 청소년이 되는 촉매제임을 알 수 있습니다.

원광대학교 경찰행정학부 이순래 교수의 「청소년비행의 발전 양태에 관한 연구」에 의하면 청소년기에 최초 비행을 저지른 소년은 대부분 그러한 행위 습관을 버리고 성인이 되었을 때는 더 이상 범죄를 저지르지 않는 경향이 있다고 합니다.

초등학교 6학년 때 부모의 양육이 인생에 바른 방향을 잡는 중요한 방향키가 됩니다. 자녀 양육은 무엇에 견줄 만한 데가 없습니다. 특히 어머니는 자신과 아이를 분리해서 생각하기보다는 한 몸처럼 느낍니다. 생각이 다 보이고 아이에 대해서 다 안다고 확신했는데 어느 날 낯설게 보이면 혼란스럽습니다. 자동차를 운전해야 하는데 갑자기 비행기를 운전해야 하는 상황이 온 것처럼 그야말로 난감하고 당황스럽습니다.

로봇 청소기의 원리를 잠시 생각해봅시다. 로봇 청소기는 청소 도중 건전지가 방전되려고 하면 충전 탭으로 돌아와서 스스로 완충하여 청소를 마칩니다. 이처럼 아이는 자기의 생각대로 움직이고 판단하면서 어른이 되는 연습을 하다가 방전되면 다시 언제 쌀쌀맞았냐는 듯이 부모 품을 찾습니다.

결국 자녀가 가장 필요로 하는 이는 부모입니다. 부모라서 화도 내고 말도 안 듣고 하고 싶은 대로 행동하며 부모 마음에 상처를 냅니다. 학교와 동네에서는 너무나 예절 바르게 행동하면서요. 그래도 아이들에게 가장 행복했던 순간을 쓰라고 하면 대다수는 가족 여행을 하면서 가족과 함께한 시간이 1위라고 말합니다. 이것이 가족의 힘이고 부모의 힘입니다. 대화는 까칠하게 하면서 가족 여행을 행복이라고 말하는 모순이 있지만 아이들에게는 부모가 인생의 베이스캠프입니다. 에베레스트 원정대가 눈보라를 맞으며 등반을 할 수 있는 바탕에는 베이스캠프가 있기 때문입니다. 언제든 돌아갈 수 있는 곳이 있어서 안심하고 정상을 향해 올라갈 수 있는 것이죠. 언젠가 다시 돌아가더라도 따뜻하게 위로받을 수 있으니까요.

허경은 작가는 『우리는 낯선 곳에 놓일 필요가 있다』에서 여행길에 가장 필요했던 건 일자리나 통장 잔고보다 시큰한 등을 감싸줄 '사람의 온기'라고 말합니다. '무엇이 가장 소중한가?'라는 명제에 대한 명쾌한 해답입니다.

아이들도 결국엔 감싸줄 손과 잘못을 가르칠 훈육의 손이 필요합니다. 이때 훈육의 손을 매라고 생각하는 경우가 있는데 때려서 가르친다는 것은 불가능합니다. 절대 해서도 안 됩니다. 액체가 넘치는 병의 뚜껑을 강력한 힘으로 억지로 닫는 원리와 같습니다. 언젠가는 폭발하기 마련입니다. 가르치는 훈육의 손이란 잘못했을 경우 올바르게 판단하도록 방향키의 역할을 하는 것입니다. 여기에서 손은 실제의 손이 아니라 '두 가지 역할', 따뜻함과 냉철함을 의미합니다.

사춘기思春期를 한자로 살펴보면 생각 사(思), 봄 춘(春), 기약할 기(期)로, 그대로 풀이하면 '생각의 봄을 만나다'는 뜻입니다. 그러므로 '사춘기라는 나무'가 봄을 만나 끊임없이 꽃을 피울 때, '부모라는 대지'의 냉철한 차가움으로 너무 서두르지 말고 조율하며, 때를 알아 피어나길 보듬어주는 부모의 따뜻한 손길이 필요합니다.

사춘기, 그냥 두어도 될까요? 아니요. 때론 따뜻하고 때론 냉철한, 부모의 능력을 발휘하세요. 자녀의 인생에 봄이 시작되었습니다.

사춘기는 혼자 여행 중

가족 여행을 다녀온 후 체험학습 보고서는 오로지 아이들의 몫입니다. 대체로 여러 번 이야기해야 보고서를 제출하는데 무엇을 했는지 하나도 기억이 나질 않는다고 합니다. 그러면 출발부터 어디에서 무엇을 먹었는지를 지역마다 적으라고 하면 그제야 생각이 난다고 합니다. 무엇을 보았는지 기억하지 못하는 게 태반입니다. 다양한 경험을 쌓아주고 추억을 선물하고 싶은 부모의 마음은 아랑곳없이 아이들은 그저 학교에 가지 않는 자유만으로 좋을 뿐입니다.

아이가 원해서 가족 여행을 계획하고 자신이 가고 싶은 곳을 가는 게 아니라 이미 짜인 일정대로 아무 기대나 계획도 없이 무작정 따라다녔기 때문에 기억을 못하는 것이죠..

사춘기도 여행과 같습니다. 하지만 도저히 부모와 함께할 수 없는 감정의 기복 속에서 혼자 여행하는 중입니다. 그래서 부모도 외롭고 아이는 더욱 외롭습니다. 하고 싶은 일이 있어서 고민하다가 갑자기 슬퍼지고 그러다 분노하고 이러지 말아야지 하면서 감정을 정리하기도 합니다. 이런 사춘기가 끝난 다음 우리 아이는 어떤 사춘기 보고서를 쓸 수 있을까요?

여행의 목적지를 알아야 하듯이 사춘기는 우선 자신의 마음이 어떤지 파악해야 하는데 아이들이 어려워하는 질문은 "네 마음은 지금 어때?", "지금 어떻게 하고 싶은데?" 이 두 가지라고 합니다. 오랜 침묵 끝에 "나중에 말해도 돼요?"라고 하는데 이 정도면 아주 훌륭합니다. 대체로 침묵으로 일관하지요.

여행도 도착한 후 체험해야 알듯이 생각이 떠오를 때 계획을 세우고 움직여봐야 자기가 이것을 좋아하는지 싫어하는지를 알 수 있습니다. 그러나 6학년이 되면 그럴 시간이 없어 보입니다. 늦어도 8시 40분까지 등교, 6교시 수업 후 2시 40분 하교, 학원 공부가 끝나야 집에 갑니다. 이 일정이 잘못된 건 아닙니다. 그저 아이들에게 생각할 시간이 없는 건 당연하다는 것이죠. 그런데 생각에는 긴 시간이 필요하지 않아요. 걸어가면서, 밥을 먹으면서, 가족과 대화하면서 다양한 상황에서 할 수 있습니다.

대화는 생각을 열어주는 촉매제이기에 적절히 대화의 물꼬를 터주는 것이 좋습니다. 만날 수 있는 시간은 식사 시간뿐인데다 주제가 없으면 잔소리처럼 들리기 때문에 어떤 주제에 맞는 대화를 하려는 노력이 필요합니다.

생각도 근육입니다. 생각을 자주 해야 다양한 생각이 떠오릅니다. 아이들이 말을 처음 배울 때 쉴 새 없이 조잘거려도 부모는 너무나 기특해서 흐뭇한 표정으로 다 들어주지요. 그러나 성장할수록 아이들은 듣는 상황에 익숙해집니다. 이미 어떤 말을 했을 때 좋지 않은 결과를 들어야 하는 경험이 쌓였기 때문입니다. 생각뿐 아니라 중요한 결정을 하려고 할 때도 주저하고 두려움이 생깁니다.

두 개의 톱니바퀴가 여행을 떠나면 어떨까요? 서로 크기가 다르다 보니 속도도 맞지 않고, 보는 것도, 생각도 다릅니다. 서로에게 맞춘다고 크기를 잘라내고 똑같은 시선으로 여행하면 더 좋을 것 같지만 재미가 없습니다. 둘 다 행복한 여행이 되려면 어떻게 할까요? 한쪽이 기다려야 합니다. 기다릴 수 있는 톱니바퀴는 부모입니다. 기다려준 경험을 받은 아이는 세월이 지나면 부모를 기다려줍니다.

아래 구체적으로 '혼자 여행 중인 사춘기 아이와 부모의 고군분투기' 사례 4가지를 소개합니다. 상황을 분석하며 세밀하게 읽어주세요.

사례 1 야구로 갔던 여행

어머니는 교사이고 ○○이는 남학생입니다.

어느 날 어머니 전화를 받았는데 공부를 잘하는 아이라서 공부를 열심히 했으면 좋겠다는 내용이었습니다. 키도 크고 운동신경도 발달하여 운동을 좋아할 아이였습니다. 하지만 어머니의 기대와 달리 아이는 이제 공부는 뒷전입니다. 야구선수가 되기 위해 열심히 야구 연습을 해서 체육 중학교에 진학하고 싶다고 선언을 했답니다. 학교에서도 수업 시간에는 전혀 아무것도 하지 않고 멍하니 운동장만 바라보곤 했어요.

그나마 등교를 하는 건 부모의 시야를 벗어날 수 있기 때문이었지요. 그렇다고 체육 시간에 열심히 하는 것도 아니고요. 어머니는 이러다가 중학교 진학을 앞두고 잘못된 선택으로 아이의 인생이 완전히 망가지지 않을까 노심초사하는 기색이었어요.

자식 이기는 부모 없다고 정말 답답할 노릇인 걸 누구나 공감할 것입니다. 어머니는 울면서 막막해서 밥도 넘어가지 않는다고 하는데 듣는 내내 안타까웠습니다. 5개월 동안 담임에게 아이를 맡겨달라고 허락받고 그동안 아이에게 부탁이 아니면 어떤 요구도 하지 말 것을 당부하였습니다. 일단 야구에 필요한 준비물을 구비하고 아버지와 주말에 좋아하는 구단 경기 구경을 자주 다녀오길 추천했습니다. 그리고 2학기에 체육 중학교에 진학 가능한지 경험케 하라고 조언했습니다.

한 달이 지나니 아이의 표정이 밝아지고 담임에게 말도 걸고 수업 시간에 교과서를 펴고 참여하는 모습을 보였습니다. 그리고 담임 책임하에 매일 한 시간씩 운동장에서 야구 연습을 하고 집에 보냈는데 4개월 하더니 흥미를 잃어가는 눈치였습니다. 계속 모르는 척 운동 연습을 지켜보는 가운데 여름방학이 오고, 개학 후 뜻밖의 말을 하더군요.

"선생님, 저 야구선수 하지 않을래요. 전 공부가 맞는 사람인가 봐요." 이때 덥석 "그래, 공부가 맞지!" 하고 맞장구를 치지 않고 "아니야, 눈치 보지 말고 네가 하고 싶은 걸 해야지." 하면서 수업 시간에 공부로 채근하지 않았더니 공부하고 싶어서 조바심을 태우더군요. 한 학기 동안 공부를 안 해서 아이들과 격차도 나고 자존심이 상해 씩씩거리는 걸 보면서 슬며시 쉬운 문제의 답을 물어봤어요. 의기양양하게 정답을 말하는 모습을 보고 이제 '야구로 갔던 여행'을 마치고 돌아왔구나 싶었습니다.

"야구로 한 학기 생활해보니 어땠어?"

"야구가 안 맞는 것 같아요. 전 공부가 적성에 맞아요."

"야구 운동으로 한 학기 보낸 걸 후회하니?"

"아니요, 야구선수가 꿈이 아니라는 걸 알았으니 괜찮아요."

사례 2 **감정 바닥까지 내려갔다 올라온 혼자만의 여행**

학부모 공개 수업 시간에 있었던 일입니다. 가족에 대해 이야기하고 있었는데 갑자기 △△이가 분노에 찬 목소리로 엄마가 집을 나갔으면 좋겠다고 소리 질렀어요. 순식간에 일어난 일이라 일단 "화가 많이 났구나. 이따가 이야기 다시 해볼까?" 하면서 수업을 계속 진행했습니다.

수업을 마치고 상담을 한 결과 가족은 5명인데 방은 3개이고 자신은 방이 없다고 합니다. 혼자 있을 때는 괜찮은데 어머니가 집에 있으면 숨이 막히고 화가 나서 어머니가 외출하기만을 기다린다고 하더군요.

자신도 이유를 모르겠다면서 부들부들 떨었습니다. 어머니가 특별히 자신을 힘들게 하지 않는데 그냥 싫어서 한 공간에 있는 자체가 고통스럽다고 하였습니다. 평소에는 배려심도 많고 남을 잘 도우며 수업 시간에도 열심히 참여하는 아주 기특한 학생이었어요. 처음 보는 모습이라 일단 속에 있는 감정을 쏟아내도록 긴 이야기를 나누고 집에 보냈습니다.

학부모에게 이 상황을 알리고 하루 정도 모르는 척하고 지내길 부탁했습니다. 그리고 아이가 쏟아낸 문장 중에 가장 많이 나온 말을 생각해보니 '공간, 집, 방, 외출, 미움, 동생, 아빠, 작업실' 대충 이런 낱말들이었어요. 자기만의 공간에 대한 욕구가 크고 이것을 해결해줄 수 있는 어머니가 도와주지 않아서 어머니에 대한 분노가 커진 것 같았습니다. △△이는 자신이 분노하는 이유를 몰랐고 이리저리 헤매고 있었던 것입니다.

다음 날 어머니와 상담하였습니다. 거실에 임시 칸막이로 최대한 독립된 공간을 만들어 아이를 존중해주고 아무나 들어가지 않도록 부탁했습니다. 손재주가 많은 아이라 자기만의 공간에서 만들기를 즐기며 일주일이 지나자 효과가 나타나기 시작했습니다. 아이가 먼저 어머니에게 다가와 말을 걸었다고 합니다.

단적인 예로 사춘기인 남학생은 자고 일어나면 자연스러운 현상으로 발기도 되는데 이런 사적인 영역까지 보호받지 못하다 보니 분노를 표출한 것입니다. '△△이는 감정 바닥까지 내려갔다 올라온 혼자만의 여행'을 마치고 돌아왔습니다.

"또 내보내고 싶은 사람 있어?" 하고 장난을 쳐보니 환하게 웃으면서 "아니요, 가족들이랑 잘 지내요." 하더군요.

사례3 자신이 감당 못 할 감정을 보내는 여행

교실에서 말이 없고 특정 친구 몇 명하고 친하게 지내는 □□이는 겉으로는 특별한 문제가 없어 보였어요. 그런데 학부모 상담 때 학원에 가기 싫다고 자해한다는, 부모가 감당하기 힘든 상황을 들었습니다. 여학생은 보통 문을 닫거나 대답하지 않는 묵비권을 행사하는데 자해 정도면 극도의 감정 상태인 걸 직감했어요. 6학년이면 공부해야 한다는 무언의 압박감을 가지고 있는데 외부에서 세게 밀고 들어오고 감정이 극에 달하자 스스로 낸 극약처방인 셈입니다.

학원을 안 다녀도 된다고 말해도 듣지 않고 극도의 흥분상태로 부모와 대치하고 있었어요. 담임인 제가 이 사실을 알고 있다는 것을 비밀로 하자고 하였습니다. □□이가 담임조차 회피할 수 있기 때문입니다. 일단 무조건 기분을 맞추려고 하지 말고 집보다는 외부에서 같이 시간을 보내길 권했습니다. 처음 가보는 식당, 쇼핑센터, 동네, 영화관 등에서 그냥 친구처럼 즐겁게 지내길 부탁했어요. 불안한 마음에 즐겁고 행복한 감정을 넣어 부정적인 감정들이 하나씩 넘쳐나올 때까지 기다려줄 것을 당부했습니다. 물통 안에 찌꺼기가 있으면 물을 계속 부어 찌꺼기가 밖으로 나오도록 하는 방법과 유사합니다.

2개월이 지난 후 □□이의 마음이 어느 정도 안정기에 접어들어 학교에 있는 위클래스 상담센터로 연계하여 상담받도록 하였습니다.

4개월째 학원을 가지 않고 학교 진도에 맞추어 혼자 공부하고 있다고 하더군요. 그리하여 '□□이는 자신이 감당 못 할 감정을 보내는 여행'을 건강하게 마치고 잘 돌아왔습니다.

사례 4 자신의 의지로 책임 있는 여행을

◇◇이는 학교의 모든 활동에 열심히 참여하며 친구들과도 아주 잘 지냅니다. 급식 시간에는 편식하지 않고 골고루 잘 먹고 긍정적으로 학교생활을 잘합니다. 그럼 무엇 때문에 사례를 쓰냐고요? 사춘기 아이들이 늘 부정적 행동만 하는 건 아니기 때문입니다.

수업 시간에 늘 눈을 반짝이며 교사의 말 한마디도 놓치지 않고 듣는데 일주일 전부터 수업 시간에 졸기 시작하더군요. 스마트폰도 없는 아이가 밤에 무엇을 하는지 궁금했지만 3일 정도 더 지켜보기로 했어요. 그래도 계속 졸고 있길래 이유를 물어봤더니 부모님이 해외여행 간 사이 혼자 1시간 더 일찍 일어나는 연습을 한다네요. 중학교 진학을 앞두고 기상 시간을 앞당기는 연습을 해보기로 했대요.

정말 기특한 생각이고 한편 부럽기도 하였습니다. 그래서 90분(1시간 30분)이란 수면주기를 설명하고 1시간 30분, 3시간, 4시간 30분, 6시간, 7시간 30분, 9시간…… 이 중에서 자신에게 맞는 수면시간을 선택해보고 한 달 후 학습효과가 가장 좋은 시간을 찾아보자고 했어요. 일주일만 자기 방식대로 하고 안 되면 위와 같은 방법으로 해본다고 해서 기다려주기로 했습니다. 3주 정도 지났는데 졸지 않고 수업에 참여하길래 어떤 상황인지 물어봤습니다. 체육관에 다니고 있는데 수면이 부족하면 학교에서 조는 시간이 많아서 수면시간을 다시 늘리기로 했답니다. 보통 지각할까 봐 부모가 아침마다 깨우는데 지각도 아이의 몫이므로 혼자 일어나도록 책임감을 느끼게 했던 것입니다. 이렇게 하여 '◇◇이는 자신의 의지로 책임 있는 여행'을 마치고 돌아왔습니다.

아이들은 이렇게 각자의 여행을 마치면서 어른이 되어가고 주변 사람들과 공감하는 능력이 생깁니다. 서울의 내부순환로는 서울 시내 도로를 연결하고 외곽도로로 빠지기 쉽게 숨통 역할을 합니다. 많은 경험을 하면서 아이들 마음에도 이런 내부순환로가 생깁니다. 다른 사람과 충돌을 피하고 자신의 감정도 살피면서 살아가는 법을 배워갑니다. 나무가 가지를 뻗지 않고 가만히 있으면 자라질 못하는 것과 같습니다. 어느 방향으로 가지를 뻗어야 하는지 정답은 없지만 그래도 가지를 뻗어야 성장합니다.

속담에 '작은 나무는 큰 나무 덕을 못 입어도 사람은 큰집 덕을 입는다.'라는 말이 있습니다. 부모는 사람을 키우는 중요한 사람입니다. 아이의 마음 가는 곳에, 아이가 뻗어내는 마음 가지에 사랑을 부어 사춘기 여행을 잘 마치고 돌아오길 기다려줍시다.

우리 아이의 사춘기 여행을 적어볼까요?

_______________ 의 ______________________ 여행

자녀의 고민이 부모의 고민은 아닙니다

마음을 열 수 있는 열쇠가 있다면 누구의 마음을 가장 먼저 열고 싶을까요? 다수의 부모는 자녀라고 대답합니다. 부모이지만 자녀의 마음을 도무지 알 수가 없습니다.

자녀가 있는 부모는 걱정으로 하루를 열고 근심으로 하루를 닫습니다. 국어사전을 보면 '걱정'은 '안심이 되지 않아 속을 태움'이란 뜻이고, '근심'은 '해결되지 않은 일 때문에 속을 태우거나 우울해함'이란 뜻입니다. 걱정으로 하루를 시작하다가 온종일 애를 태우며 저녁에는 우울해하는 부모의 마음을 대변하는 듯한 낱말입니다. 부모의 고민에 자녀의 고민까지 합쳐지다 보니 고민이 어느새 눈덩이처럼 불어나 부모의 삶은 더 무거워집니다. 이제 고민을 좀 덜어볼까 합니다.

얼마 전 한 결혼식장에서 사회자가 신랑 신부를 축하하는 손전등을 음악에 맞추어 흔들어주길 부탁했는데 50% 정도만 흔들어주는 장면을 보았습니다. 이 장면을 그대로 교실로 옮겨볼게요.

학부모 공개 수업 시간입니다. 반 정도의 아이들이 손전등을 흔들고 나머지는 가만히 있다고 가정합시다. 교실 뒤편에 있는 부모는 아이를 향해 뭐라고 할까요? 이때 흔들라고 말을 하는 부모는 자녀의 고민을 자기 것으로 만들어 답을 내고 자녀를 기다려주지 않습니다. 한편 부모가 먼저 음악에 맞추어 즐겁게 손을 흔들며 아이가 손을 흔들 때까지 차분하게 기다려주는 부모는 자신의 고민과 자녀의 고민을 분리한 것입니다. 전자는 자녀와 부모를 동일시하고, 후자는 자녀를 부모와 독립된 개체로 존중해준 것입니다.

‽, 이 부호는 '물음 느낌표'입니다. 무슨 의미인지 좀 더 살펴보기로 할게요. 1962년 미국의 광고 에이전시 사장이었던 마틴 스펙터는 새로운 기호 하나를 탄생시켰습니다. 이를 '물음 느낌표'라고 합니다. 대한민국의 석학 이어령 선생은 이를 보고 "물음표와 느낌표를 오가는 것이 내 인생이고, 그 사이에 하루하루의 삶이 있었지."(『이어령 80년 생각』, 위즈덤하우스, 2021)라고 말씀하였습니다. 누구나 이렇게 물음표와 느낌표 사이를 오가며 인생을 살고 있습니다. 여기에서 물음표는 고민으로, 느낌표는 성장으로 재해석해보면 어떨까요? 다시 말해 고민은 성장의 발판이고 자녀의 고민을 내가 대신한다면 자녀에게 성장을 막는 가림막을 세우는 것과 같습니다.

아래 표는 37년간 학부모와 아이들을 관찰한 결과입니다. 고민에서 출발하여 부모의 영향에 따라 달라지는 결과를 눈으로 확인해보겠습니다.

자녀 고민과 부모의 역할에 따른 변화 단계

(A) 자녀 고민	염려 / **부모가 재촉**	부모 분노	부모 해결	부모 잔소리	자녀 의기 소침	자녀 고민 회피	**부모 고민**
(B) 자녀 고민	발상 / **부모가 기다림**	자녀 의지 생김	자녀 방법 시도	다양한 경험 누적	자녀 자존감 상승	자녀 독립 시작	**자녀 해결**

A와 B, 어느 쪽도 쉽지 않습니다. 유형 A의 경우 부모가 재촉하면 아이의 생각은 가던 길을 멈추고 부모에게 혼나지 않을 정답을 찾기에 급급합니다. 부모는 부정적 에너지를 사용하고 같은 공간에 있는 아이는 부정적 에너지를 온몸으로 다 받아내지요. 이런 경우는 성장기에만 관련 있는 것이 아니라 대학교와 사회생활을 할 때도 부모와 같은 유형의 사람을 만나면 부정적인 결과를 초래합니다. 또한 더 나아가 부모와 같은 유형의 배우자를 만나면 연애 기간에는 표출되지 않다가 결혼해서 허니문 기간이 끝나면 불협화음이 생길 수 있습니다. 부모가 되어 자녀를 키우게 되면 가장 익숙한 패턴으로 자녀를 양육하려는 경향을 보입니다. 주먹 크기의 눈 뭉치가 거대한 눈덩이

로 불어나게 된 결과입니다.

늘 안 좋은 결과만 있는 것은 아닙니다. '우리 부모는 이랬으니 나는 절대 그러지 말아야지.' 하면서 더 좋은 부모로 변하기도 합니다. 하지만 그동안 아이가 받은 상처는 복구되지 않고 부모와 자녀의 관계는 틈이 생겨 뫼비우스띠처럼 상처가 끝나질 않습니다.

자녀를 키우는 일이 얼마나 마음 쓰이는 일인지 그걸 몰라주는 자녀에게 서운합니다. 그래도 부모는 자녀를 선택해서 낳은 거지만 자녀는 부모를 선택해서 태어난 게 아니므로 책임은 온전히 부모의 몫입니다.

그러나 부모가 자녀 스스로 해결할 때까지 기다려주는 여유를 가진다면 놀라운 효과를 볼 수 있습니다. 유형 B의 경우 자녀에게 고민이 생기면 부모는 일단 들어줍니다.

자녀가 "엄마, 난 토의 시간에 '아니오'라는 말을 하질 못해. 분명 반대 의견이 있는데 주저하다가 다른 친구가 그 말을 하면 너무 아쉬워. 아, 아까 내가 말을 할걸. 이렇게 생각할 때가 많아."라고 한다면 어떤 말을 해줄까요? 조언하려고 무리하기보다는 쉬운 추임새를 넣어주면 아이는 생각하면서 천천히 말을 합니다.

모든 아이가 이런 반응을 보이는 건 아니지만 늘 학교에서 경험해보면 아이들은 답을 찾아가는 경우가 많습니다. "흠, 정말 고민이네.", "어떤 의견이었는데?", "오호, 기발하다. 어디서 그런 아이디어를 생각했어?", "그거 한번 우리 집에서 사용해볼까?" 이런 식으로 대화를 이어가면 됩니다.

여기에서 유의할 점은 고민을 듣고 어떤 방향을 제시하지 않는 것입니다. "좋은 의견이구나. 그럼, 다음에는 틀려도 무조건 말해." 이러면 문제는 원점으로 돌아갑니다. 방법을 알려주기보다는 좋은 의견을 제시한 아이의 생각에 공감이 먼저입니다.

이런 대화가 쌓이다 보면 아이에겐 생각하는 힘이 생기고 자신의 고민을 부모에게 패스하지 않습니다. 잔소리하는 에너지와 기다려주는 에너지의 크기는 같습니다. 그러나 그 결과는 매우 다름을 알고 있으나 실천하기란 쉽지 않습니다. 그래서 부모는 매일 자녀 양육을 공부하고 성찰하며 끝나지 않는 숙제를 풀고 있습니다.

고민을 100% 해결하기 위해 접근하면 힘이 듭니다. 스스로 해결해가는 과정에서 방법을 찾고 생각하는 근육이 튼튼해지면 자존감이 상승합니다.

'자존감이 높다'는 것은 '자존심이 세다'란 말과 같은 뜻이 아닙니다. 자존감이 올라가면 자존심은 내려갑니다. 자존감은 남과 나를 소중하게 여기며 함께 나아가고 누구의 의견이라도 수용하는 넉넉한 마음입니다. 자존심이 센 아이는 절대 타인을 인정하지 않고 자기중심적으로 행동하며 항상 내가 주인공입니다.

교실에서 아이들을 보면 이런 법칙으로 생활하고 있는 것을 종종 볼 수 있습니다. 고민하는 과정에서 얻는 가치는 어떤 말로도 다 표현할 수 없습니다. 스스로 고민하고 답을 찾아간 아이는 다음에 같은 상황이 오면 그때는 기본 체력이 잘 다져진 달리기 선수처럼 바로 달리기 시작합니다.

초등학교 고학년이 되면 영상 촬영하고 편집하여 발표하는 수행평가가 많습니다. 담임교사가 일일이 역할을 지정해주고 자세히 지도하는 반에서는 다음에도 담임교사가 똑같은 역할을 해야 아이들이 움직입니다. 하지만 담임교사가 배가 안전하게 다니도록 도와주는 등대처럼 전체적으로 회의가 다른 방향으로 흘러가지 않도록 적당히 조율해주는 역할만 한다면 다른 학급에 비해 회의 시간이 곱절 들어도 모두가 자신의 역할에 만족하게 됩니다. 모두 각자의 역할이 있습니다. 그 역할을 하기 위해 우리는 이 세상에 태어났습니다. 그 역할을 감당하도록 기다려주는 사람은 바로 부모입니다.

사춘기 자녀를 둔 부모라면 자신이 부모에게 받은 사랑이 어떤 것인지, 받은 상처는 없는지 되짚어보는 시간도 가져봅니다. 상처가 되었던 부분은 풀어보고 마음을 데우는 따뜻한 사랑이 있다면 되새겨보는 연습이 필요합니다. 누구를 사랑하기 전에 자신의 마음부터 살피고, 마음 그릇을 잘 빚어놓아야 자녀를 사랑하는 마음도 담을 수 있습니다. 아픈 기억을 덮지 말고 대면하여 스스로 위로해보세요.

자연만 자정 능력이 있는 것이 아니라 사람의 마음도 자정 능력이 있어 스스로 위로할 수 있습니다. 다행히 부모에게 넘치는 사랑을 받았다면 그 사랑을 지금 자녀에게 온전히 보여주세요. 사랑을 줄 때는 나중이 아니라 지금입니다.

아이에게 "엄마, 아빠는 어떤 부모야?"라고 물어보세요. 어떤 대답이 올지 예상할 수 없습니다. 나름 애쓰고 살았는데 아이가 예상치 못한 대답을 해서 상처가 될 수도 있습니다. 상처를 대면하고 아이가 왜 그런 생각을 했는지 말로 오해를 풀기보다는 행동으로 보여주세요. 반대로 아이가 긍정적인 대답을 했다면 충분히 위로받을 수 있습니다. 어른도 긍정적인 대답을 원하는 것은 마찬가지입니다. 학기마다 아이들은 통지표를 받습니다. 부모도 통지표를 받는다고 생각하고 긴 세월 묵혀두지 말고 가볍게 정리하세요.

부모가 자녀를 위해 고민한다면 자녀는 자신이 사랑받고 있다는 걸 압니다. 아무리 사춘기 아이라도 '부모님이 나를 위해 이렇게 고민하고 애쓰고 있구나.' 하고 진심을 느끼거든요. 부모도 성장합니다. 부모가 자녀와 같이 성장하는 가정에서 자란 아이들은 밝고 건전합니다. 아이가 고민을 소화하는 동안 부모는 기다려주는 미덕이 필요합니다. 믿고 기다려보세요.

나는 어떤 부모일까?

소방관보다 빨리 움직이고 응급실 당직 의사보다 더 능숙하게 일을 처리하는 분들이 있습니다. 봉사직이며 퇴직도 없고 휴가는 더더욱 없습니다. 이름하여 친정 엄마!

아이들은 결혼한 후에도 문제가 생기면 "엄마, 어떡해. 큰일 났어!"라고 부모를 찾습니다. 문제를 해결하는 방법은 늘 '부모'였으니까요. 아이가 실패할까 봐 두려워 부모가 미리 무언가를 제시한 과거가 부메랑이 되어 현재 진행형으로 나타나는 겁니다. 이 세상에 100% 성공은 없습니다. 하지만 실패를 통한 배움의 가치는 100배입니다.

학교에서 보면 대체로 4가지 유형의 부모가 있습니다. 과연 난 어떤 유형일까 고민해보는 시간도 아이한테 도움이 됩니다.

유형 A: 아이가 하는 모든 일을 통제하는 부모

유형 B: 아이 대신 변명하는 부모

유형 C: 책임감을 키워준다고 아이를 방임하는 부모

유형 D: 아이와 균형을 맞추어 각자 역할을 잘하는 부모

유형 A: 아이가 하는 모든 일을 통제하는 부모

수업 시간에 발표를 잘하고 주어진 일에 최선을 다하며 공부할 때 의문점이 있으면 꼭 해결하고 지나가는 ○○이는 학급에서 모두가 부러워하는 아이입니다. 수행평가나 모둠 발표 활동에 열심히 참여하여 모둠원이 모두 같이 하려고 줄을 서기도 합니다. 전 교과 모든 영역에 뛰어나고 자신의 의견을 분명하게 잘 나타내며 자신의 꿈을 위해 무엇을 해야 하는지 알고 열심히 노력하고 있습니다. 체육 시간에 운동을 잘하여 같은 팀이 되면 팀을 승리로 이끄는 역할을 하며 미술 시간에 창의적인 능력을 발휘하여 남이 생각하지 못한 작품을 잘 만들어냅니다.

담임이 써주는 완벽한 생활기록부입니다. 그럼 무엇이 문제일까요? 바로 그 '똑똑한 아이'가 아닐까요? 이대로 성장한다면 그야말로 모두가 원하는 탄탄대로입니다.

부모가 기대한 완벽한 프레임대로 잘 자란 아이입니다. 하지만 담임이 차마 생활기록부에 쓰지 못한 말이 있습니다. 더군다나 부모를 설득해야 하는 난관이 있습니다. 아이는 속으로 전쟁 중입니다. 사춘기가 오고 자신의 가치관이 생기려고 꿈틀거리며 부모가 짜놓은 틀에서 벗어나 스스로 고민하고 결정한 방향으로 가고 싶어 합니다. 그

러나 절대로 잘 짜인 틀 안에서 벗어나질 못합니다. 그래서 ○○이는 학급 아이들 사이에서 교묘하게 친구를 따돌리며 자신을 좋아하는 아이들의 마음을 자기 맘대로 휘젓고 다녔습니다. 아이들은 ○○이와 멀어지면 학급 생활에 어려움이 생길 수 있어서 참고 따라주느라 상황은 점점 곪아가고 있었죠. ○○이한테 상황을 물어보면 '전혀 아니다, 너무 억울하다'면서 울음을 멈추지 않았습니다.

○○이는 다른 사람보다 자신의 마음이 더욱 중요한 아이입니다. 스스로 변호해야 이 상황을 모면하고 모범생의 위치도 지킬 수 있고 더구나 부모가 원하는 모습대로 살아갈 수 있다고 생각했습니다.

이 상황에서 부모 상담은 어렵습니다. 부모가 문제를 인지하지 않은 시점이라 ○○이에게 시간을 주기로 하였습니다. 감정을 가라앉히고 담임의 관심으로부터 조금 멀어지도록 상황을 만들었죠. 늘 인정받는 아이였는데 관심이 멀어지니 애써 감추어둔 다른 모습이 서서히 올라오더군요. 담임에게 반항하기, 친구와 다투기, 수업 시간에 집중하지 않기, 친구를 대놓고 눈치 주기, 준비물 공유하지 않기, 욕설 등. 위의 생활기록부와 완전 다른 면을 보였습니다. 이것도 ○○이의 감추어진 내면입니다. 전혀 다른 모습을 대면하는 마음이 힘들었을 겁니다.

다시 상담 시간을 가졌습니다. 하고 싶은 일, 새로운 관심이 생겼는데 못 하는 이유를 모르겠다고 합니다. 학원을 쉬고 친구들과 놀러 다니고 버스를 타고 멀리 옷을 사러 가고 싶고…… 사춘기 여자아이들이 하고 싶은 걸 다 말하더군요. 그럼 "선생님이 도와줘도 될까? 아니면 혼자 해결할 수 있겠어?"라고 물어봤더니 도와달라고 하더군요. 우선 지금까지 학급에서 하지 말아야 할 행동을 멈춰줄 수 있냐고 부탁했더니 ○○이도 바로 고쳐나가기 시작했습니다.

사실을 부모가 어떻게 받아들일지가 항상 가장 힘든 관문입니다. 역시나 우리 아이는 절대 그러지 않는다고 부정하며 담임을 회피했습니다. 부모와의 기나긴 줄다리기 상담 끝에 부모는 겨우 사실을 인정하였습니다. ○○이에게 시간을 주고 기다려주겠다는 약속까지 받았습니다. 다만 기다리는 동안 관계 회복을 위한 노력도 당부드렸어요. 자율성을 높이고 ○○이 스스로 기준을 세워 생활 속에서 배우고, 실패를 통해 깨닫다 보니 예민하던 부분이 둥글어지고 모든 관계가 회복되기 시작하였습니다.

유형 B: 아이 대신 변명하는 부모

6학년인데 아이 대신 담임교사에게 변명하는 부모가 있을까요? 네, 있습니다.

아이들끼리 다툼이 생길 때면 서로 충분히 생각을 나눈 다음 이해하도록 합니다. 하지만 너무 속상해할 경우 상대방을 용서할지 말지 하루만 시간을 달라고 하는 경우도 있습니다. 용서도 아이의 몫이라 서로 시간을 주기로 하고 하교를 시켰는데 학부모한테서 바로 전화가 걸려옵니다. 그리고 긴 변명을 늘어놓습니다.

용서받는 시간을 기다리는 것, 용서할 시간을 갖는 것, 모두 배움의 과정으로 기회는 온전히 아이의 것인 만큼 누구에게도 박탈할 권리는 없습니다. 가령 준비물을 제대로 챙겨오지 못했을 때 부모가 굳이 왜 준비하지 못했는지 자세히 설명하려 합니다. 아이는 옆반 친구에게 빌리는 등 충분히 스스로 해결할 수 있는데도요. 이렇게 사소한 것조차 스스로 말할 기회를 박탈당하는데 부모는 또 아이한테 어딜 가든 당당하게 말해야 한다고 당부합니다. 연습할 기회가 없는 아이는 혼란스럽기만 합니다.

유형 C: 책임감을 키워준다고 아이를 방임하는 부모

부모와 자녀의 역할은 물과 공기의 경계처럼 서로의 역할을 넘나듭니다. 아이한테 모든 걸 맡기고 기다리라면서요? 그럼 부모는 어떻게 하라는 건가요?

예를 들어 아이가 자전거를 사달라고 합니다. 언제 살지, 어떤 가격대를 살지는 부모가 결정할 수도 있고 아이와 조율할 수도 있습니다. 다만 자전거를 언제 탈지, 자전거를 타고 누구를 만날지, 어떻게 탈지는 아이의 몫입니다. 자전거를 샀는데 타지 않고 한 달 동안 그냥 두어도 아이의 몫입니다. 여기에서 방임은 헬멧과 보호대 등 안전장비를 착용했는지 확인도 안 하고 내버려두는 것입니다. 방임이란 아이한테 책임감을 주고 알아서 하라는 것과 다릅니다.

현장학습을 가야 하는데 아이한테 알아서 준비해 가라는 말은 책임감을 키워주는 것이 아닙니다. 아이 스스로 충분히 할 수 있는 일을 맡기는 것이 책임감을 키우는 것입니다.

유형 D: 아이와 균형을 맞추어 각자 역할을 잘하는 부모

균형을 맞춘다는 건 안정감을 의미하므로 그만큼 중요하다는 뜻입니다. 과연 사춘기 자녀와 균형 있는 생활이 쉬울까요? 아니요. 바람에 날아가는 '연'과 '사춘기'는 같은 날말처럼 보일 때가 있어요. 아이와 균형을 맞추려면 부모의 삶부터 균형 있는 삶이어야 합니다. 부모가 기우뚱하면 자녀도 흔들립니다. 샌드위치처럼 자녀의 고민, 부모의 공감, 부모의 고민 듣기, 자녀의 공감, 서로 의견 교환 등을 차곡차곡 쌓아가야 합니다.

일단 자녀의 고민부터 들어봅니다. 공감이 중요하다는 사실은 모두 인지하고 있습니다. 이때 리액션도 중요합니다. 고개를 끄덕이거나 다정하게 웃어주거나 아니면 턱에 손을 괴고 '나도 너만큼 네 문제를 고민하고 있어.' 하고 무척 걱정되는 표정을 보여줍니다. 사람의 특성상 대화를 나누면서 자신의 고민이 해결되는 경우가 많기 때문입니다.

부모와 자녀의 관계에서 공감은 마음을 연결해주는 통로입니다. 공감해주면 최소의 에너지로 최고의 효과를 볼 수 있습니다. 공감을 통해 부모와 자녀의 감정이 균형을 이루면 드디어 대화가 가능해집니다. 감정의 균형이란 자녀가 인지하고 느끼는 만큼의 무게로 다가

가는 것을 말합니다.

마음의 무게를 어떻게 알 수 있을까요? 힘들다고 했을 때 어떻게 도와주면 되는지 눈을 맞추며 물어보면 됩니다. '말해줘서 고마워. 많이 힘들구나. 어떻게 도와주면 되니?' 세 마디만 하면 아이는 마음의 무게가 줄어들고 혼자 해결할 용기가 생기기도 합니다. 절실하게 도움이 필요하면 부모의 진심을 보았으므로 속을 터놓기도 하고, 가벼운 일이면 스스로 털어냅니다. 아이가 손을 내민 만큼 다가가면 됩니다. 도움을 받을 건지 자녀가 결정하도록 부모는 기다립니다.

그런데 아이들은 힘들다는 말 대신 종종 무언가 안 하고 싶다는 말을 더 많이 합니다. 이때 많이 힘든 상황입니다. '이사 가면 안 돼? 학교 안 가면 안 돼? 오늘 회사 가지 말고 같이 있어주면 안 돼?' 이런 말들은 부정의 개념이 아니라 어떤 상황으로부터 자신을 보호하기 위해 보호벽을 스스로 세운 것입니다. 절실하게 도와달라는 뜻이죠.

'짜증 나. 얄미워. 잘난 척해. 보기 싫어. 급식 맛없어. 동생 귀찮아. 재수 없어.' 이런 말들은 단지 요즘 예민한 상황이므로 그냥 자기가 하는 말을 들어주고 호응해달라는 뜻입니다.

어느 날, 한 학부모의 전화를 받았습니다. 늘 성실히 공부하던 학생인데 담임교사가 무섭다고 등교를 거부해서 어머니가 혼을 냈더니 울고만 있다는 거예요. 아이는 너무나 절박한 상황에서 도움을 받으려고 부모에게 진심을 열었는데 무조건 학교에 가라고 하면 마음이 거절당한 느낌을 받습니다. 이 부분에 대해서 부모가 아이에게 사과하길 권유했어요. 아이가 좋아하는 음식을 같이 먹으면서 마음이 편안해질 때까지 기다려주라고 조언을 드렸어요. 그랬더니 사실은 담임이 무서운 게 아니라 학급에 친구가 없어 등교하기 싫었다고 합니다. 사춘기 아이한테 또래 관계가 중요한데 친구가 없으니 견디기 힘들었던 거예요. 자녀 감정이 곤두박질치고 있는데 부모가 옳다고 생각하는 방향으로 끌고 가면 관계가 흔들립니다. 자녀가 마음을 열고 이야기하면 반응해주고, 마음을 여는 데 시간이 걸린다면 기다려주는 연습을 해야 합니다. 예를 들어 갑자기 아이가 학원에 안 간다고 드러누우면 보통 부모는 벼락같이 화를 내며 무조건 가라고 강요하는데 이는 부모 쪽으로 힘이 쏠린 경우입니다. 이런 상황에서 자녀는 늘 불안합니다.

어릴 때는 부모가 균형을 조절할 힘이 있지만 사춘기 때는 자녀가 균형을 조절하려고 합니다. 배톤 터치가 이루어지면 이때부터 부모는 힘들어집니다. 자녀가 성장하기 위해 힘을 쓰기 시작한 시기이므로 부모가 공감해주며 대화하는 연습이 필요합니다. 예를 들어 공부가 부진하든지 지각을 자주 하든지 이런 일들은 스스로 깨달을 때까지 기다려줍니다. 친구 관계로 마음이 아프다면 누구보다 먼저 말을 들어주고 부모가 친구를 만들어주기보다 담임교사와 상담을 통해 아이가 적응해가도록 기다려줍니다.

위 네 가지 유형의 부모를 보면서 어떤 생각이 들었나요? 세상의 모든 부모는 자식을 위해 살고 있습니다. 하지만 부모는 아이를 대신하여 아무것도 할 수 없어요. 부모는 아이의 동반자요, 조언자일 뿐 아이의 '인생 배'에서 선장이 아니라는 것만 명심하고 순간마다, 부모의 욕심이 혹시 아이를 힘들게 하고 있는 건 아닌지 한 번씩 돌아보기 바랍니다.

부모의 길도 꽃길이어야 합니다

가장 무겁고 쉬 끝나지 않으며 막연하기만 한데 이끌어갈 수밖에 없는 것이 있다면 무엇일까요? 바로 부모의 역할입니다. 부모의 노력만큼 자녀도 어떤 결과를 보여주기 바라기 때문에 부모는 괴롭고 힘이 듭니다. 그런데 뒤집어서 생각하면 부모의 역할은 '부모만 잘하면' 충분할 수 있습니다. 부담스럽게 느껴진다면 '부모만 잘하면'을 '부모 먼저'로 바꾸어 생각해봅시다.

교직 37년을 마무리하고 퇴직한 후 19살 때 접었던 작가의 길을 시작하려고 계획을 세우는데 허공에 집을 짓는 듯 너무나 막막했어요. 교직 37년 동안 가슴 뜨겁게 느꼈던 것들을 송두리째 공유하고 싶었습니다. 누구든 좋은 부모가 될 수 있다는 응원뿐만이 아니라 중학생이 되고 대학생이 되어 찾아오는 셀 수 없이 많은 제자들의 인생 행로를 보면서 안타까웠던 점들, 그리고 현장판 솔루션과 확실한 신념을 학부모들에게 고스란히 전달하고 싶었습니다.

일단 퇴직을 하고 3개월은 신생아처럼 잠만 자다가 이제 뭔가 할 수 있겠다 싶어서 대형서점을 수도 없이 다녀보았지만 길은 보이질 않았습니다. 목차는 어떻게 짤지, 꼭지는 어떻게 이어가야 하는지 배워가는 일이 쉽지 않았습니다. 그런데 준비하는 시간도 만만치 않아서 고민하고 있는데 세 자녀가 '대학원 다닌다'고 생각하라며 발상의 전환을 주었습니다. 무슨 고민이 생겼을 때마다 생각을 전환하는 법을 저에게 배운 아이들이 이번에 엄마한테 도움을 주더군요.

어느 날 급격히 늘어난 어려운 업무로 고민하는 큰딸이 "엄마가 핀을 꽂고 열심히 글을 기획하는 모습을 보면서 투덜거렸던 내가 미안하더라. 언젠가 배워야 할 업무이니 피하지 않고 일단 해볼래. 그래도 투덜거리는 건 좀 들어주라."라고 진한 감동을 보내주었어요.

막다른 벽에는 문을 달면 된다고들 합니다. 이렇게 큰딸은 막다른 벽에 문을 만들고 문밖에 무엇이 있을지 막막하더라도 나가려는 모습에 고맙기도 하지만 여전히 곁에서 지지해줘야 한다는 것을 새삼 느꼈습니다.

임용고시와 씨름하고 있는 둘째는 큰 가방을 메고 한밤중이 되어야 집에 들어옵니다. 몹시 힘이 들어보여도 그냥 웃으면서 맞이합니다. 어느 날 모니터 앞에 앉은 엄마를 보고 "엄마, 얼른 합격해서 그 책 삽화 내가 그려줄게." 하는데 그날의 고단함을 털고 잠자리에 드는 둘째가 너무나 고마웠습니다.

세 자녀가 "엄마는 우리가 입시, 재수 때나 시험에 몇 번을 떨어져도 걱정 없이 잘 자고 잘 웃고 어떻게 그럴 수 있었어? 고민 없었어?" 하고 물어봅니다. 걱정 없는 부모가 어디 있겠습니까? 부모의 불안함을 긍정적인 일로 채우는 것이 제가 고민을 대하는 방법입니다. 세 자녀의 전공이 문과, 이과, 예체능으로 서로 달라서 5번의 입시가 늘 어려웠습니다. 그러나 자료를 찾고 자녀와 머리를 맞대고 의논하며 자신의 길을 가도록 함께했습니다. 아이들이 부모가 되었을 때 어떤 역할을 해야 할지 미리 배워둔 시간이기도 합니다. 눈빛에 담은 격려, 행동으로 보인 결단, 고민하며 해결하는 과정이 아이들의 삶에 깊숙이 뿌리내렸으니까요.

제가 퇴직하기 전이었어요. 코로나 시국에 영상을 제작하여 수업에 올려야 하는 일이 많다 보니 움직이는 시간이 턱없이 부족했죠. 2년간 체중이 5kg 늘어나서 옷이 안 맞아 은근히 스트레스가 쌓였어요. 공무원 시험공부를 2년 반 동안 하던 큰딸도 10kg 늘어 운동이 시급한데 이제 합격이니 마음껏 먹고 논다고 뜻밖의 선언을 하더군요. 혈압이 자꾸 올라 체중을 줄여야 하는데 말로 하면 잔소리처럼 들릴 게 뻔해 제가 먼저 운동을 시작했습니다.

3개월 후 5kg이 빠진 엄마를 보더니 퇴근 후 운동 같이하자고 제안을 해왔습니다. 현재 큰딸도 10kg을 빼고 아주 만족해합니다. 먼저 운동하는 엄마의 모습이 딸에게 길 도우미 역할을 했던 거죠. 부모가 거울이라는 말은 꼭 인격적으로 훌륭한 모습만을 의미하는 것이 아니라 삶에서 작은 목표를 향해 나아가는 과정을 보여주는 것입니다.

학급에서 30명의 아이를 맡고 있으면 30명의 학부모가 있어 고민이 60가지 이상이라고 봐야 합니다. 상담, 문제 해결로 정신없이 하루를 보내고 퇴근해도 해결하지 못한 상담 때문에 고민은 끝나지 않습니다. 보통 이럴 땐 평소보다 걷는 시간을 더 늘려 생각을 정리한 후 다음 날 상담을 마무리합니다. 중등 임용고시를 준비하고 있는 둘째가 그런 제 모습을 지켜보다가 갑자기 생기 있는 목소리로 말합니다.

"어이, 선배. 그만 쉬어. 이제 내가 좋은 선생님 할게. 올해 꼭 합격해서 엄마 후배 선생님 될 테니까."

둘째는 제가 학부모 상담 후 고민하고 학급 아이들 걱정하는 모습에 동기부여가 되었다고 합니다. 이렇게 부모가 먼저 걸어간 길이 자녀에게는 나침반입니다. 가다가 실패하더라도 그 나름대로 의미 있는 결과이므로 삶으로 보여주는 모습이 오랫동안 기억에 남고 마음에 남아있을 겁니다.

부모가 열심히 사는 모습만큼 건강한 부부의 모습을 보여주는 것도 매우 중요합니다. 전 부모님이 열심히 살았지만 자주 다투는 모습을 보고 자랐죠. 그래서 결혼하면 절대 아이들 보는 앞에서 싸우지 않겠다고 다짐했어요. 그러나 살다 보면 싸울 일이 없겠어요? 신혼부터 싸울 일이 생기면 어릴 때 부모님 모습이 떠올라 무조건 참았습니다. 아이들이 큰소리 듣지 않게 하려고 조용히 해결하는 방법을 택했어요.

아이들은 부모가 싸우는지도 모르고 밝게 잘 컸으나 크면 클수록 더 이상 숨길 수가 없었습니다. 엄마가 일방적으로 참고 있다는 것을 눈치채기 시작했어요. 아이들이 결혼하면 배우자의 부당한 행동에 대해 필요 이상으로 분노를 일으키며 문제가 확대되지 않을까 염려가 생겼습니다.

그때 선택한 방법이 상담입니다. 저는 3년 전에 10개월 동안 상담을 받으면서 과정마다 마음의 변화를 세 자녀와 이야기했습니다. 덕분에 큰딸도 거부감 없이 상담을 통해 건강한 배우자 관계를 배워 가고 또한 자신이 어떤 사람인지 알아가는 유익한 시간을 가졌습니다. 왜 상담을 받아야 하는지 반문하지 않았습니다. 상담을 통한 좋은 효과를 간접적으로 경험한 아이들은 취업하면 자신의 봉급으로 필요할 때 상담을 받아보겠다고 합니다.

부모가 먼저 가는 길은 부모에게도 유익해야 합니다. 자녀에게 본이 되는 것도 중요하나 부모의 건강한 삶이 우선입니다. 그 위에 자녀의 삶이 바로 섭니다. 건강한 몸을 만들고 나에게 맞는 가치관을 세우고 그 가치관대로 반듯하게 살아가는 모습이 좋은 부모의 자세입니다. 내면의 깊이에서 우러나오는 향기와 외면을 함께 가꾸어야 합니다. 나이에서 오는 연륜을 자기만의 스타일로 발전시켜가는 부모의 모습이 자녀에게도 멋있게 느껴집니다.

자녀는 참 고약합니다. 움직이지 않으면서 부모에겐 많은 걸 요구합니다. 거기에 모두 맞출 수는 없습니다. 다만 우리가 성숙한 사람이 되기 위해 우리 자신을 채워나가야 합니다.

무조건 자녀를 위해 희생하고 근검절약하며 살기보다 부모도 삶을 즐겨야 합니다. 부모도 즐기는 삶이 있어야 자양분도 나오고, 보금자리에서 자녀들도 즐겁습니다. 부모의 건강한 삶이란 나에게 도움이 되는 삶, 자녀에게는 배움이 있는 삶입니다.

저는 가장 후회되는 일이 정말 사소한 것이긴 하지만 피부를 가꾸지 않고 햇빛에 방치하여 주름이 진 얼굴과 상한 손입니다. 이제 열심히 가꾸면서 거울도 자주 보고 자신을 더 사랑하려고 합니다. 자녀의 학원비 만만치 않지요? 사교육비만 줄여도 생활이 훨씬 여유로워지고 노후를 걱정하지 않아도 되는데 참 어렵습니다. 하지만 비싼 투자가 아니라면 부모의 외적인 모습도 가꾸어야 합니다. 세월은 훌쩍 지나가버리고 거울을 마주하니 어떤 모습이 보이나요? 서글프지 않나요?

부모도 누군가의 자녀입니다. 친정어머니가 볼 때마다 "아이들 집안일 좀 시켜. 나는 내 자식이 더 소중하다."라고 말씀하십니다. 맞습니다. 여러분, 자신을 소중히 가꾸세요. 부모 자신을 가꾸는 일에 더욱 마음을 내고 행복해야 합니다. 부모의 길도 꽃길이어야 합니다. 오늘부터는 자신을 가꾸는 일에 첫 단추를 끼우고 당당히 서보세요. 그리고 마음을 담아 실천하세요.

부모의 변화 파노라마를 지켜본다면 자녀 역시 구체적인 목표를 정하고 실천해나가는 의지를 키울 겁니다. 자녀는 한 번에 바뀌지 않습니다. 부모의 말보다 빠른 것은 행동이기에 실천하는 과정을 함께 하세요. 실천이 따르지 않는 말은 메아리로 들립니다. 산에서 울리는 메아리는 화답하는 즐거움을 주지만 자녀에게 돌아가는 메아리는 관계를 어긋나게 합니다.

작은 생활 목표라도 당당하게 정하고 부모가 먼저 움직이면 귀보다는 눈이 더 많은 것을 감지합니다. '백 번 듣는 것보다 한 번 보는 것이 낫다(百聞不如一見)'는 백문불여일견을 동기부여로 삼길 바랍니다.

2교시

불안한데 무조건 믿어야 할까요?

신뢰는 잔소리 빼기, 의욕 첨가하기

"오늘 기분을 날씨로 표현해볼까?"

"먹구름이요."

"공부하기 싫어요. 더 자고 싶어요."

"그럼 모두 집에 갈까? 에이, 공부하지 말자."

"선생님도 그렇게 가르치고 싶진 않아. 방에 누워서 어제 보던 영화 그냥 보고 싶어. 1교시는 과목 변경! 취침!"

"일단 먼저 자. 모두 엎드려봐."

그러면 아이들이 호기롭게 책을 덮고 엎드리기 시작하죠. 3분도 되지 않아 키득거리며 다시 살아납니다. 그리고 3분 정도 지나면 여학생 몇 명이 공부하자고 합니다. 이런 청개구리가 따로 없습니다. 거의 40분 수업에서 10분을 허비했지만 남은 30분으로 더 열심히 공부합니다.

아이들은 어떤 상황이든 선생님은 수업하고, 학생들은 공부해야 한다는 것을 너무나 잘 알고 있습니다. 더욱 중요한 점은 공부하기 싫다고 해도 선생님은 선생님 방식대로 혼내지 않고 잠을 깨워서라도 공부시킨다는 것입니다. 그동안 선생님과 공부하면서 신뢰가 형성된 결과입니다. 한번 소신껏 고집을 피워보니 마음이 가벼워졌습니다. 신뢰는 잔소리 빼고, 의욕 첨가하기입니다.

이해 − 잔소리 = 신뢰 & 의욕

이해 + 잔소리 = 반항 & 의욕 상실

위의 계산 과정을 살펴보면 더하기보다 빼기가 훨씬 이득입니다. 그럼 부모의 신뢰는 자녀에게 어떤 영향을 줄까요?

A와 B가 등교하는데 두 여학생의 표정이 좋지 않았어요. A는 억울한 표정이고, B는 울먹이고 있었어요. 수업이 막 시작되는 시간이어서 "수업 끝나고 도와줘도 될까?" 하고 물어봤더니 괜찮다고 합니다. 수업하는 동안 A는 표정이 좋아졌는데 B는 여전히 어두웠습니다. 간단하게 보면 A는 감정 자정능력으로 평상시로 돌아왔고 B는 감정 자정능력이 작동하지 않았던 모양입니다. 자연환경은 그대로 두면 자정능력이 있어서 복구되지만 사람은 양육방식과 교육 여하에 따라 감정 자정능력의 유무가 결정됩니다.

방과후 두 아이의 감정과 상황을 파악하기 전에 먼저 두 가지 규칙을 세우고 지켜줄 것을 부탁했지요.

첫째, 상대방이 이야기할 때 끝까지 듣기.

둘째, 상대방이 이야기 할 때 이해되는지 판단하기.

B: "약속은 반드시 지켜야 하는데 왜 안 지켜?"

A: "아니 약속은 지키는 것이지만 갑자기 집에 일이 생겨서 못 지킬 수도 있어."

A와 B는 왜 다를까요?

 A의 환경	A의 부모는 나이에 맞는 사소한 결정을 신뢰하고 맡긴다. 결과가 실패라도 질책하지 않는다. 중요한 일은 아이가 요청하면 충분히 들어준다. 나이에 맞게 의견을 존중해준다. 퇴근하면 일상 대화로 떨어져 있었던 시간을 사랑으로 충천한다. 엄마가 급한 일이 있으면 자녀를 어리다고 생각하지 않고 부탁한다.	**신뢰 형성** ↑

 B의 환경	문제가 생기면 부모와 오랜 시간 대화한다. 부모의 마음에 체크리스트가 있어서 다 확인하며 묻는다. 원하는 대답이 아니면 다시 친절하게 계속 물어본다. 엄마의 로드맵에서 이탈하지 않고 계속 대화를 주도한다. 아이는 대화에서 하차하지 못하고 듣는다. 부모가 원하는 대답이 무엇인지 학습되어 그대로 답습하고 대화를 끝내버린다.	↓ **의욕 상실, 반항, 불안**

하교 후 같이 놀기로 했는데 A는 사정이 생기면 약속을 동의하에 취소하고 B는 무슨 일이 있어도 약속을 지킨다고 합니다. 아이들과

상담을 마치고 학부모와 여러 차례 상담한 결과 A와 B의 다른 점을 터득했습니다.

감정과 상황을 충분히 물어보고 관심을 준다는 공통점은 있습니다. 다만, 아주 사소하게 다를 뿐입니다. 대화의 주인공이 누구이고 지금 누구의 마음이 상했는지가 관건입니다. A의 환경에서 대화의 주인공은 자녀이고 마음이 상한 쪽도 아이입니다. 그런데 B의 환경에서 부모가 더 속이 상해 있고 아이는 뒤로 밀려나 있습니다. 신뢰는 주고받아야 마일리지가 생깁니다. 신뢰의 마일리지는 살아가는 데 필요한 에너지원이고 미래를 꿈꾸게 하는 원동력입니다.

과학 시간에 배운 플라나리아를 기억하나요? 녀석은 잘라도 계속 다시 살아나며 몸을 복제합니다. 심지어 신경에 저장된 기억도 재생이 된대요. 오래전 느꼈던 신체적 고통을 기억하는 물고기도 있어요. 이처럼 기억이란 놀라운 능력입니다. 좋은 기억은 오래 기억하면 삶의 원동력이 될 테지만 좋지 않은 기억이 능력을 발휘해 계속 복제된다면 어떨까요? 감정 속으로 파고 들어가 육체마저 더 이상 에너지를 발산하지 못하게 만듭니다.

신뢰 하나로 소중한 자녀가 성장할 수 있다면 도전할 가치가 충분합니다. 부모에겐 놀라운 능력이 있습니다. 빙그레 웃으며 쳐다보기만 해도 자녀에게 무한한 힘을 줍니다. 부모는 태양에너지처럼 닳지도 않고 잘하든 못하든 골고루 비추어야 합니다. 부모의 신뢰는 은행 복

리이자보다 더 잘 불어납니다. 그런데 태어나서 매 순간이 걸음마처럼 새롭기만 한 아이들에게 신뢰는커녕 어른들의 기준으로 판단하고 'NO'를 하면 아이는 의욕 상실에 분노, 반항까지 보일 것입니다.

큰딸이 중학교 때 있었던 일입니다. 휴일에 심심해서 비디오 가게에 갔더니 사장님이 이 가게 비디오 다 보지 않았냐고 하더군요. 깜짝 놀라 비디오를 하나씩 확인해보니 큰딸 이름이 또박또박 적혀 있었습니다. 100% 외국영화더군요. 하교 후 학원 가기 전 동생들도 없을 때 혼자 조용히 나름대로 사춘기를 즐기고 있었구나 싶어서 사장님께 제가 알고 있다는 사실을 비밀로 해달라고 부탁하고는 그 뒤로 가게에 얼씬도 하지 않았습니다. 혹 마주치면 혼자만의 소소한 즐거움이 사라질까 모른 체했죠. 얼마 전 큰딸이 영어를 잘하는 요인이 여러 가지인데 그중 중학교 3년 동안 외국영화 비디오를 본 것이라고 하길래 말했어요.

"난 알고 있었어. 그런데 혼자만의 비밀이라 지켜주고 싶었어."

"아니, 그렇다고 이렇게 오랫동안 비밀로 했어? "

"널 믿으니까. 비디오 보고 학원 갔겠지. 혹 비디오 보느라 학원 빠졌다면 너무 재밌어서 그런 게 아닐까?"

큰딸이 엄청난 통찰을 했다는 표정으로 한마디 했어요.

"자식은 이렇게 키우는 거구나!"

신뢰는 간혹 생색내지 않을 때 더욱 진가를 발휘합니다. 신뢰를 받고 자란 딸이 장차 아이를 양육할 때 신뢰로 관계를 쌓아간다면 저의 자녀 양육 가치관은 대물림되는 겁니다.

아들이 고등학교 2학년 때 성적표는 보여주지 않겠다고 하더군요. 이유도 묻지 말라, 대신 공부는 열심히 하겠다는 폭탄선언이었죠. 그렇게 시간이 지나 드디어 수능 성적이 나오는 날, 결과는 어땠을까요? 오라는 대학이 한 곳도 없었습니다. 3박 4일을 울며 아빠를 졸라 재수학원에 등록하고 다시 공부하더군요. 좋은 대학에 가기를 기대하고 재수시키지는 않았어요. '그냥 부모로서 인생에 한 번 더 기회를 주자.'고 했더니 남편이 허락했던 것입니다.

신뢰는 오래 삭힐수록 진국입니다. 삭히는 동안 부모 속은 새카맣게 타들어가겠지만 부모가 기다려주지 않으면 자녀 인생에 변화는 없습니다. 신뢰는 인간관계의 기본이나 제대로 쌓아가기란 여간 힘든 게 아닙니다. 귀한 자식이라 하늘에 별이라도 따주고 싶은 심정이죠? 그렇다면 신뢰를 주세요. 가장 뜻깊은 선물입니다. 신뢰는 부모가 자녀에게 줄 수 있는 것의 완결판입니다. 신뢰는 부모가 곁에 없어도 아이가 너끈히 세상을 헤쳐나가게 하는 힘입니다.

부모는 페이스메이커입니다

마라톤에서 페이스메이커의 역할은 매우 중요합니다. 페이스메이커는 경기가 시작되면 선수와 속도를 유지하면서 같이 달리다가 30km 정도에서 빠져줍니다. 가속도가 붙고 끝까지 달릴 힘을 페이스메이커가 조절해주었기에 선수는 결승선까지 달릴 수 있습니다. 페이스메이커는 선수가 최고의 기록을 낼 수 있도록 옆에서 긴장도 풀어주고 용기도 주면서 응원하는 마음으로 같이 달립니다. 페이스메이커는 1등을 하라고 선수를 재촉하지 않습니다. 또 어느 지점에서 선수가 힘을 낼 수 있는지 너무나 잘 알고 있습니다. 부모도 페이스메이커입니다. 누구보다 자녀가 어디까지 달릴 수 있고 어디에서 멈추는지 상세히 알고 있습니다.

부모도 자녀를 알고, 자녀도 부모를 알아야 함께할 수 있습니다. 서로 이해하려면 많은 경험이 필요한데 요즘은 부모와 자녀가 함께할 시간이 없습니다. 횟수보다 진한 깊이가 더 중요합니다. '사랑해' 100번보다 따뜻하게 한 번 안아주세요.

아들이 초등학교 5학년 때 일입니다. 공부하고 싶을 때까지 기다리자는 마음으로 두었더니 수학, 국어 점수가 반에서 최하위까지 내려갔어요. 담임선생님한테 불려가서 단단히 쓴소리를 들었습니다. '엄마가 교사인데 왜 아이를 이렇게 망치고 있냐?', '나중에 어느 대학 갈 건지 걱정도 되지 않냐?'며 쏘아붙이는데 솔직히 할 말이 없었습니다.

저녁에 아이도 학교에서 꾸중을 들었는지 오자마자 울상을 하면서 "엄마, 나 바보인가 봐. 똑같이 교실에서 공부하는데 선생님이 설명하는 말 못 알아듣겠어."라고 하더라고요.

"우리 아들 바보 아니지. 우리 한 과목만 공부해볼까? 제일 잘하는 과목이 뭐지?"

"음, 난 과학이 좋아."

"그래, 이번 시험공부는 과학만 하자."

2주 동안 과학만 파고들다가 시험을 봤는데 96점을 맞았습니다. 공부도 하면 된다는 것을 깨달은 아들은 그 후 학교생활을 잘하더군요. 왜 공부도 못하냐고 채근했더라면 아들은 자신감을 되찾지도, 스스로 자기 인생을 개척하지도 못했을 겁니다. 초등학교 6학년 때 거의 전교 꼴등까지 갔었던 아들이 어느새 대학을 졸업하고 올해 번듯한 대기업에 취직했습니다.

초등학교 1학년 담임을 맡았을 때였습니다. 그 오랜 전통인 받아

쓰기를 여지없이 해야 했습니다. 칸 공책에 열심히 연습하고 일주일 뒤 받아쓰기 시험을 보는데 양손을 꼭 쥐고 초조해하는 아이들의 모습이 보기 안타까웠죠. 틀려도 된다고 해도 절대 아니라고 하며 아이들은 담임선생님 입만 쳐다보았습니다.

채점은 그 자리에서 해야지 아니면 언제 채점하냐고 온종일 따라다녔습니다. 몰라서 배우려고 학교에 왔는데 모르는 걸, 틀리는 걸 벌써 두려워하다니 마음이 아팠어요. 그런데 아이들이 하나씩 받아쓰기 공책을 받아보고 나서 점수가 이상하다고 고개를 갸우뚱했습니다.

10문장에서 10문장을 틀리면 90점

10문장에서 한 문장만 맞으면 91점

10문장에서 두 문장만 맞으면 92점

"얘들아, 0점이 어디 있어. 그 문장에서 다 맞고 한두 글씨만 틀렸는데? '꽃이 바라에 흔들여서 꽃잎이 떨어진다'에서 '바라에는 바람에', '흔들여서는 흔들려서'가 맞지만 딱 두 글자만 틀린 거 맞잖아."

그제서야 아이들은 안심하는 눈치였습니다. 이제 겨우 8살, 부모와 떨어져 가방 메고 학교에 와서 앉아 있는 것만으로도 기특한데 점수로 아이들 마음에 멍이 들게 할 순 없었습니다.

국가대표들의 경기를 보면 어떤 감정이 드나요? 저는 지금도 태극기를 어깨에 걸친 선수들의 모습이 눈앞에 선해서 그때의 감격으로 가슴이 울컥합니다. 경기가 끝나면 그 벅찬 감정을 감추지 못하고 선수들은 코치와 감독에게 달려가 얼싸안고 웁니다. 힘들 때 같이 했기 때문입니다. 그럴 때 코치와 감독은 말없이 등을 두드립니다. 무슨 말이 필요할까요?

선수들의 멍과 초등학교 1학년의 마음에 든 멍은 분명 다를 것입니다. 나이에 맞는 공부도 물론 필요하지만 살아가면서 마음이 단단해져 주변 사람과 관계를 잘 맺는 법, 넘어지면서 일어서는 법을 배우고, 아프면서 위로받아야 성장합니다. 성공보다 좌절할 때 일어나는 방법이 더욱 중요하고 절실한 시대입니다. 아이들은 그만큼 난관도 많고 빠르게 변화하는 시대에 살고 있습니다. 실패 없는 결승선은 없습니다.

수행평가지 하나만 줘도 초조해하고 눈동자가 흔들리는 아이들입니다. 잘하라는 말보다는 그냥 사탕 한 개씩 주면서 "애들아, 사탕 먹으면서 풀자."라고 하면 그때야 웃습니다. 교사로서 사탕 한 개가 주는 위로도 못 주는 사람이구나 싶어서 미안해지곤 했습니다.

부모 역시 중요한 타이밍에 적절히 도움을 준다면 자녀도 성공해서 기쁘고 부모도 그 결과를 함께 즐길 수 있습니다. 자녀와 부모의 신경전도 줄어들고 작은 힘으로 큰 결과를 얻을 수 있습니다. 자녀가 도와달라고 요청하면 요청한 만큼만 도와주면 됩니다. 6학년이 되었으니 네가 알아서 하라고 두면 아이는 책임져야 할 분량이 많아서 부담됩니다. 그럼 어디까지 도와야 할지 감이 잘 오지 않나요? 예를 들어보겠습니다.

미술 시간에 아이들의 능력 차이로 작품 수준이 현저하게 달라집니다. 준비물을 주면 가만히 앉아 아무것도 안 하는 아이가 있습니다. 방법을 몇 번이고 설명해도 "어려워요."라고만 합니다. 이런 아이들은 가만히 있으면 어느 타이밍에 선생님이 도와준 경험이 있어서 일단 선생님만 빤히 쳐다봅니다. 저학년 때부터 도움을 받아왔기에 어느 시점에 도와주는지도 알고 있습니다.

이렇게 15분 정도 지나면 3개 모둠은 앉아 있고 3개 모둠은 일어나서 친구들이 어떻게 만드는지 구경하라고 합니다. 친구들의 작품을 보고 필요한 준비물이 있으면 더 가져가도 된다고 안내하지요. 아이디어를 얻고 어떻게 할지 감을 잡고 앉으면 반대로 나머지 3개 모둠이 교실을 돌아다니며 친구들의 작품을 관찰하고 작품을 업그레이드합니다.

교사가 직접 도와주는 것은 교사의 속도에 맞게 학생의 속도를 올리는 것이고, 친구의 작품을 보고 아이디어를 얻도록 도와주는 것은 과속방지턱처럼 아이의 속도에 맞게 조절하는 것입니다. 조금만 지렛대를 움직여주고, 조금만 속도를 줄이면 아이들의 창의력은 반짝입니다. 생각지도 못한 기발한 방법으로 결과물을 만들어냅니다.

이제 우리 아이들이 발을 동동 구르지 않고 언제든지 손을 내밀면 페이스메이커처럼 나타나 지렛대 역할을 할 부모가 되어 사춘기를 무난하게 보낼 준비가 되었나요? 지혜로운 부모는 자녀를 지혜의 숲으로 이끌어줍니다.

맏이도 막내도 똑같은 아이입니다

얼마나 손이 많이 가야 한 아이가 성장하는지 우리는 잘 알고 있습니다. 둘째 육아는 큰아이를 키우며 한번 경험했으니 더 잘하리라 기대하지만, 그 기대는 아이를 키우면서 여지없이 무너져 내립니다. 개성이 다른 둘째 아이가 버젓이 '아니에요, 전 달라요.' 이러네요. 첫째와 둘째의 경기가 이제 개최되었습니다. 육아를 '전쟁'이라고 하면 부모의 사랑이 희석될까 봐 다른 말로 표현하고 싶지만 이 단어가 가장 적절한 건 어쩔 수가 없네요.

탄생은 축복입니다. 식탁 의자 잡고 일어서기만 해도 운동신경 좋다고 난리고, 엘리베이터에서 앞집 사람한테 웃기만 해도 사회성 이미 완성, 엄마 아빠를 정확하게 부르기만 하면 어휘력은 더 이상 걱정 뚝, 먹기 싫은 음식 뱉어내기만 해도 주관이 뚜렷해서 소신 있는 아이……. 그런데 이런 큰아이에게 격변의 시기가 옵니다. 자기랑 닮은 아이가 나타났습니다. 배고프면 울고 졸려도 울고 맨날 엄마만 찾는데 엄마는 기특하다고 눈에서 꿀이 뚝뚝 떨어집니다. 단지 맏이와 막내, 순서만 다른데 맏이가 느끼는 육아 환경은 시작부터 다릅니다.

학부모 상담 때 교실로 들어오는 모습을 보면 대충 누구의 부모님인지 감이 옵니다. 머리를 쓸어올리거나 웃는 모습, 심지어 의자에 앉을 때, 그리고 말투와 말하는 속도, 눈빛 등이 많이 닮았습니다. 이렇게 서로 많이 닮았으니 가족으로서 잘 살고 있다는 증거일까요? 그러나 학교에서 담임으로 있다 보면 매년 상담이 필요한 아이와 학부모가 늘어나고 있습니다. 사람은 같을 수 없습니다. 그 차이를 존중받아야 좋은 가정, 좋은 사회가 됩니다. 차이와 차별은 다릅니다. 그리고 맏이가 되고 막내가 되는 것은 태어난 순서대로 역할을 맡는 선착순 게임이 아닙니다. 맏이와 막내는 똑같은 아이입니다. 차별 두지 않아야 잘 자라고, 자라면서 스스로 역할을 깨달아 자기 자리를 찾아갑니다.

자기 자리를 찾아가는 자녀를 양육하기 전에 특징을 알아보는 것이 급선무입니다. 옛날처럼 형제 관계가 많은 상황이 아니라서 반드시 적용되는 것은 아니지만 학교에서 보이는 고학년 학생들의 모습과 학부모들과의 대화를 통한 일반적인 기준에서 정리한 출생 순서별 특징을 알아보겠습니다.

① 맏이의 특징

- 책임감이 강하다. 그래서 동생들에게 권위를 내세우는 경우가 많다.
- 처음 태어난 아이라서 온 가족의 관심을 받은 만큼 관심과 인정을 받으려는 욕구가 크다.
- 부모가 가장 에너지가 많고 젊은 시기에 활동적인 육아를 했기에 부모와 닮은 행동 특성이 보인다.
- 주변을 잘 살피며 상황 파악을 잘한다.
- 리더십이 있으며 상황을 지켜보고 꼭 도와야 할 경우에만 움직인다.
- 가족 이야기를 잘 하지 않는다.

② 둘째의 특징(셋째가 있는 경우)

- 친구들과 어울리기 좋아한다.
- 새로운 것에 흥미를 많이 느낀다.
- 손재주가 많으며 창의적이다.
- 칭찬하면 굉장히 좋아하고 다소 예민하다.
- 현장학습 때 재미있게 어울리는 법을 알아서 친구들을 즐겁게 한다.
- 친구에게 필요한 것을 잘 챙겨준다.

③ 막내의 특징(둘째가 있으면 셋째)

- 부모의 허용적인 분위기 속에서 자라 교사를 편하게 대한다.
- 친구들에게 하고 싶은 말을 참지 않고 잘하며 표정이 밝다.
- 잘하는 것이 있으면 자랑하고 싶어 한다.

- 가족 이야기를 많이 한다.

이런 다양한 특성이 있는 아이들이지만 한 가정 안에서 부모가 아이들을 어떤 태도로 대하는지 서열별 부모의 양육 태도에 대해서도 알아보겠습니다.

① 맏이

- 동생이 있으므로 모범이 되어야 한다고 강조한다.
- 사소한 실수만 해도 많이 혼을 낸다.
- 기대감이 높아서 수준 높은 결과를 요구한다.
- 학업에 대한 기대감이 높다.
- 자녀의 친구 관계에 관심이 높다.
- 부모의 마음을 종종 이야기한다.
- 아이의 의견을 존중한다.

② 둘째와 셋째

- 맏이의 말을 들으라고 강요한다.
- 맏이와 비교한다.
- 허용적이고 잘못에 대해 관대하다.
- 스킨십이 많다.
- 작은 결과에도 칭찬을 많이 한다.

부모가 이와 같은 양육 태도를 보인다면 맏이는 막내가 있어서 힘들다고 생각합니다. 반면 막내는 맏이 때문에 아무리 잘해도 인정받지 못한다고 불평입니다. 부모는 공평하게 대한다고 생각하나 맏이와 막내는 어느새 경쟁하는 사이가 됩니다. 그래서 사소한 문제도 큰 싸움으로 번지게 되거나 말을 아예 하지 않기도 합니다.

양육 방법을 달리하면 맏이와 막내의 관계에 변화가 있지 않을까요? 그래서 출생 순서별 양육 방법에 대해 알아보려고 합니다.

먼저, 맏이의 양육 방법입니다.

1. 동생들 앞에서 혼내지 않고 방에서 조용히 인격적으로 대우하며 대화한다.

부모를 대신하여 모든 짐을 지는 건 아니지만 부모가 돌아가신 후 구심점이 되는 사람이므로 권위를 인정해주어야 합니다. 형제 중에서 가장 나이가 많으므로 동생들이 보는 앞에서 존중해주어야 합니다.

2. 집안일을 나누어서 할 때 맏이라고 무조건 많이 주지 말고 학원, 친구와의 약속 등 일정을 서로 조율해서 상황에 맞게 나눈다.

사춘기가 되면 관심 분야도 많아지고 친구들과 약속도 있으므로 시간을 고려해야 합니다.

3. 맏이의 물건, 용돈을 동생들에게 나누어줄 때는 맏이가 결정하

도록 한다.

받는 것에 익숙한 막내는 맏이가 주는 물건에 고마워하지 않기 때문입니다.

4. 맏이는 막내보다 크니까 더 잘해야 한다고 비교하지 말자.

맏이는 먼저 태어났다는 이유로 막내보다 뭐라도 더 해야 합니다. 태생적인 책임감 때문에 심리적인 부담감이 있습니다.

5. 맏이와 데이트하자. 처음에는 관심과 사랑을 전폭적으로 받지만 동생이 태어나면서 부모와 긴밀하게 관계 맺는 기간이 짧기 때문에 신경 써준다.

부모와는 거리가 살짝 멀어지고 친구가 생기면서 자신만의 생각이 확립되어 불협화음이 시작됩니다. 부모와 멀어진 틈에 친구들이 들어옵니다.

6. 사춘기를 가장 먼저 겪으므로 관심을 가지고 대화를 많이 한다.

부모는 사춘기 자녀가 처음이라 힘이 듭니다. 항상 부모의 통제 속에 잘 있던 아이가 탈출하려고 하니까 벅차게 느껴집니다. 자연스레 막내를 보면 더 사랑스럽지만 맏이의 사춘기를 보는 막내도 있으니 사춘기 맏이를 허용적인 태도로 감싸줍니다.

이제 막내의 양육 방법에 대해 알아보겠습니다.

1. 너무 어리게만 보지 말자.

막내가 생각하기에 맏이만 인정해주는 것처럼 보입니다. 막내의 경우 맏이 이야기만 옳다고 생각하는 부모에게 공정하지 못하다는 생각이 들므로 충분한 설명을 해야 합니다. 막내도 한 사람으로 존중해줄 필요가 있습니다.

2. 받는 것에 익숙하지 않도록 하자.

물질적인 것만 이야기하는 것이 아닙니다. 막내라서 무조건 배려받아야 하는 건 아닙니다. 막내도 배려하는 법을 배워야 합니다.

3. 스스로 할 수 있는 일은 도움 없이 하도록 한다.

식사 때 수저 놓기, 신발 정리하기 등 사소한 일을 하여 성취감을 갖도록 합니다.

4. 막내는 늘 맏이가 쓰던 물건을 물려받기에 새 물건을 사고 싶어 한다.

재활용은 경제적으로 합리적인 방법이라는 점을 알려주는 게 좋습니다. 나아가 맏이도 지인에게 물건을 물려받는 모습을 막내에게 보여줍니다. 그리고 막내의 물건을 다른 사람에게 줄 일이 있으면 깨끗하게 포장하여 주는 장면을 보여줍니다. 또한 종종 경제적인 면을 고려하지 말고 자기 몫의 물건을 사줍니다.

5. 2학년 정도 되면 간단한 감기일 경우 병원에 혼자 가도록 연습시킨다.

신체 부위를 손으로 짚어 머리에서부터 내려오면서 어디가 아픈지 말하고 진료받는 연습을 합니다.

6. 어리지만 식당에 가면 남더라도 맏이와 똑같이 1인분을 시켜주

어야 한다.

막내는 어리므로 항상 어른의 식사를 덜어 먹는 일이 많습니다. 남더라도 1인분을 시켜서 식사 예절을 가르치고 막내도 맏이와 똑같은 대접을 받도록 인식시킵니다.

부모도 아이를 키우면서 배워가기에 맏이와 둘째 또는 셋째의 양육 방법을 달리합니다. 가정마다 다른 양육 기준으로 아이의 특성에 맞게 양육하는 것이 정답입니다. 맏이와 막내의 기준은 출생 순서지만 학교에서 교사의 입장으로 보면 옳고 그름에 대한 명확한 기준을 가지고 자녀를 양육하는 일이 무엇보다 중요합니다.

사춘기가 되면 아이들은 부모를 보면서 나름의 기준을 세웁니다. 무조건 칭찬한다고 해서 좋아하거나 부모 가까이 가지는 않습니다. 같은 형제, 자매라도 적당한 거리를 두어 감정에 휘말리지 않도록 중재하는 것이 좋습니다. 성장기에는 형제, 자매 간 일반적으로 유대감이 그렇게 좋지는 않습니다. 부모가 이 관계를 개선하기 위해 개입하기보다 시간을 두고 기다려주는 것도 좋습니다.

사춘기 자녀에겐 특히 공정성을 가진 부모의 역할이 훨씬 더 중요합니다. 잘했으면 다 같이 잘했다고 하고 잘못한 경우는 정확한 이유를 들어 일목요연하게 설명하여 억울함이 없도록 해야 합니다. 차별보다는 구별이 중요합니다. 부모에게 공정한 사랑을 받고 억울함 없이 자란 아이들은 서로를 인정하는 데 익숙합니다.

맏이도 막내도 똑같은 아이입니다. 맏이라고 해서 어른이 된 건 아닙니다. 맏이라고 "아, 전 충분히 받았어요."라고 말하길 기대하나요? 부모의 사랑은 특별해서 반으로 나누어도 작아지지 않습니다. 서열별로, 아이마다 다른 양육 방법으로 부모에게 충분한 사랑을 받고 있음을 느끼도록 오늘부터 실천해보는 건 어떨까요?

'문제아'가 아니라 그냥 문제가 있을 뿐입니다

우리 아이에게 문제가 생기면 그 아이의 이름은 '문제아'일까요? 문제와 아이를 분리하면 비난으로부터 아이를 지킬 수 있습니다. 너무나 뻔한 이야기인데 사실 굉장히 어려운 일입니다. 어렵다고 그냥 둘 수는 없습니다. 상처는 그냥 두면 늘 곪기 마련이니까요. 어렵지만 자녀와 부모가 노력하여 상처를 치유해나가는 이야기를 시작합니다. 교실에서 문제와 자녀를 분리하지 못하여 고민인 사례를 들어보겠습니다.

사례 1

○○이는 직장 다니는 어머니와 충돌이 잦습니다. 저학년 때는 학원을 꼬박꼬박 잘 다녔는데 6학년이 되니 빠지는 횟수가 점점 많아지더니 학원 선생님의 전화를 받는 일이 엄마의 일상이 되었습니다. 죄송하다는 말도 한두 번, 반복되는 사과를 계속하려니 슬슬 ○○이가 미워지기 시작했죠. 말도 눈길도 곱지 않았겠죠. ○○이도 어머니의 잔소리에 이

젠 참을 수 없는 지경이어서 어느 날 방문을 발로 차고 거실로 뛰쳐나가 거의 이성을 잃은 듯 욕을 했다고 합니다.

어머니는 ○○이의 행동을 보고 너무 놀라서 할 말을 잃었고 아빠한테 말하면 더 큰소리 날까 조용히 덮었습니다. 중요한 시기에 성적이 떨어질까 봐 "학원 가기 싫으면 때려치워."란 말이 목구멍까지 올라왔다가도 삼켜버린다고 합니다.

어머니와 상담하면서 '학원을 거부하는 자녀가 문제인 게 아니라 학원을 가고 싶지 않은 아이의 마음이 해결할 문제'라는 점과 학원을 가지 않는다고 비난받을 일은 아니라는 것을 거듭 말씀드렸습니다.

"학원 왜 가기 싫은 거니?"

"중학교 가면 공부 많이 해야 하잖아요. 6학년 때 맘껏 놀고 싶어요. 제 실력으로 학교 공부를 잘할 수 있는데 어머니가 괜한 걱정을 하고 있어요."

아이는 자신의 실력을 믿지 못하는 어머니가 답답해서 눈물을 흘렸습니다.

"그럼, 3개월만 학원 쉬고 놀아볼까?"

그 뒤 ○○이는 하교 후 놀 친구가 없어서 2개월만 쉬고 다시 수학학원만 다니기로 했답니다.

사례 2

△△이는 6학년 여학생입니다. 친구 관계로 어머니가 힘들어하고 있

었습니다. 여학생들이 7명 정도 무리를 지어 선생님들 몰래 왕따를 시키거나 마음에 들지 않는 아이한테는 어깨를 툭 치거나 하며 은근히 괴롭혔습니다. 어머니는 그 친구들을 멀리하라고 했지만 아이는 선뜻 친구와의 관계를 정리하지 못해서 의견충돌이 잦았습니다. 어머니는 매일 휴대폰을 검사하고 모든 일상을 미주알고주알 보고하라고 했습니다. △△이의 불안 지수는 날로 높아졌고 잠도 잘 못 자는 상황까지 왔지요. 날이 갈수록 아이는 학교에서 매사에 의욕을 잃고 점심시간만 되면 복도에 나가 그 친구들과 어울리기만 했습니다.

어머니와 상담하면서 일단 휴대폰을 검사하기보다 사용 시간을 엄격히 제한하도록 조언했습니다. 또 아이와 외식하면서 왜 그 친구들을 정리하지 못하는지 절대 묻지 않도록 하고, 역으로 그 친구들이 왜 좋은지에 대해 얘기를 나누어보라고 했습니다. 그런데 그 친구들과 어울리는 이유는 좀 엉뚱했습니다.

"친구들은 외모에 관심도 많고 옷도 잘 입고 화장도 잘해서 예뻐 보여요. 그 친구들과 같이 옷 사러 다니고 화장도 배우고 예쁘게 꾸미면 기분이 좋아져요."

아이의 속마음을 듣고 패션 사이트에서 디자인을 같이 고르고 시간이 날 때 차를 타고 가서 옷도 사고 데이트도 자주 하기 시작했습니다. 외모에 대한 자신감이 생기면서 바쁜 일정이 생기면 친구들을 만나지 않기도 하고 옳지 않은 행동에 대한 판단도 생겨 새로운 친구를 사귀기 시작했습니다.

아이들은 문제를 가지고 있을 뿐, 아이 자체가 문제는 아닙니다. 문제가 생기면 문제와 자녀를 분리하세요. 문제와 아이를 분리하지 않으면 '문제아'가 되어버립니다. 문제와 아이를 분리하는 데는 연습이 필요합니다. 문제를 해결하기 위해서 의견을 나누다 보면 반대 의견이 나오기 마련이고 비난하는 것처럼 들릴 수도 있어 서로가 힘들어질지도 모릅니다. 가족은 힘입니다. 문제로 인해 가족관계가 멀어지기보다 문제를 해결하면서 서로에게 힘이 되어야 합니다.

그럼 이제 문제와 자녀를 분리하는 방법을 알아보겠습니다.

1. 아이의 문제가 무엇인지 먼저 파악한다.

의식적으로 머리에서 문제와 자녀를 분리하는 상상을 해야 합니다. 문제가 무엇인지 간략하게 글로 적어봅니다. 문장보다는 간단한 단어로 적어보는 것이 좋습니다. 문장으로 쓰면 자녀의 글은 보통 반성문 느낌이 나고 부모의 글은 훈계처럼 보입니다. 말로 하면 부모의 부연 설명과 자녀의 변명이 길어져 의견충돌이 생기고 서로 비난하게 되지요. 일단 문제라고 생각되는 낱말을 적어보면 자연스럽게 문제에만 집중하게 됩니다. 글로 적는 속도는 말로 하는 속도보다 느리기 때문에 감정을 정리할 시간도 생깁니다.

이런 연습을 하다 보면 부모와 자녀는 문제에 대한 객관적인 태도가 형성됩니다. 이후 다른 문제가 발생해도 아이는 겁내지 않고 부모에게 도움을 요청하며 문제가 확대되는 것을 방지할 수 있습니다.

2. 비난하는 언어와 격한 감정을 절제하고 아이의 말에 경청하며 공감해준다.

언어는 소통을 위한 수단입니다. 또한 타인과 감정을 공유하며 그 감정을 전달하기 위한 윤활유입니다. 표정으로 감정을 나타낸다고 생각해보세요. 8번 웃고 2번만 화내도 아이들은 부모가 자주 화를 낸다고 생각합니다. 표정도 이렇게 각인되기 쉬운데 비난하는 언어는 오죽할까요? 마치 부식되지 않는 화살촉을 달고 심장으로 직진하는 화살과 같을 것입니다. 일단 심호흡을 하고 아이의 말을 들어보세요. 가장 많이 나오는 단어를 간추려보면 아이의 마음이 보입니다. 그 단어들이 아이의 상황입니다. 경청은 아이의 마음을 이해하고 부모의 의견을 배제하는 태도입니다. 부모가 잘 들어주면 아이는 문제를 해결하면서 경청과 배려를 배웁니다. 일거양득인 셈입니다.

3. 해결하는 방법에 대해 아이와 함께 의논하고 의견을 존중하자.

문제 해결이 논점은 아닙니다. 해결하는 방법을 아이 스스로 찾도록 아이의 의견을 존중해주면 됩니다. 생쥐의 미로실험처럼 문으로 가는 길은 다양합니다. 부모의 의견과 다르다고 방법이 틀린 것은 절대 아닙니다. 설사 좋지 않은 결과가 나오더라도 아이는 그 방법이 틀렸다는 것을 배울 수 있습니다.

4. 지난날 잘못을 했더라도 선입견 없이 아이를 대하고, 아이의 결심이 작심삼일이 되더라도 이해하고 포용하며 인정해주자.

자녀는 배우는 사람입니다. 실수도 반복하고 결심도 자주 합니다.

하지만 아직 어려서 결심을 생활화하여 습관으로 만들기엔 역부족입니다. 이때 부모의 따뜻한 포용이 필요합니다. 포용하면 회전문처럼 돌아갈 것 같지만 오히려 미안하고 나름대로 의리도 생겨서 약속을 지키려고 노력합니다. 똑같은 실수를 반복했다고 '그래, 네가 그렇지 뭐.'라고 해버리면 아이의 작심삼일을 '작심하루'로 순식간에 바꾸어 버리는 셈입니다. 아이가 잘못하면 부모는 자동으로 래퍼가 되기 쉽습니다. 숨 쉴 틈 없이 지난날이 소시지처럼 줄줄 매달려 나오죠. 선입견을 걷어내고 믿고 기다려보세요. 아이들은 천천히 바뀝니다. 문제 파악, 비난 금지, 경청, 공감, 존중, 포용, 인정 이 7가지가 문제와 자녀를 분리하는 핵심 방법입니다. 문제를 해결하는 핵심 방법은 사실 학교에서도 똑같이 적용됩니다.

3월 2일, 처음 교실에서 아이들을 만나면 탐색전이 시작되느라 눈만 반짝이고 조용합니다. 아이들은 어떤 선생님인지 궁금해서 눈만 깜빡이고 교사는 어떤 아이들인지 탐색합니다. 6학년이 되면 최고 학년이라서 학교에서 조금 함부로 하는 경향이 있는데 첫날만은 아주 온순합니다. 그런데 가끔 이런 대화가 펼쳐집니다.

"선생님, 저 아세요?"

"아니, 오늘 처음 만났잖아?"

"어, 소문 못 들으셨어요? "

"응, 왜?"

이렇게 미리 자신에 대해서 좋지 않은 선입견이 있는지 떠보는 경우가 있습니다. 이럴 때 다른 아이들처럼 똑같이 대해야 그 아이도 좋은 면만 보이려고 노력합니다. 새 학년이니 새롭게 시작하고 싶은 마음일 겁니다. 하지만 결심이 그리 쉽나요? 그러다 본색을 드러내기 시작하고 도돌이표처럼 돌아가면 '네가 그러면 그렇지!'가 아이의 마음에 마침표를 찍습니다.

감정이 상하면 문제는 해결되지 않고 다음 대화도 이어지지 않습니다. 문제를 해결하는 방법을 배우지 못한 아이는 문제를 쌓아두기만 합니다. 그래서 선입견이 생기는 겁니다.

학급 아이들에게 동생을 때릴 때 "미안한 마음이 들지 않았니?"라고 물었더니 대개 비슷한 표현을 하더군요.

처음에는 '혼나고 말자.'라고 생각하다가 갈수록 '아, 또 나만 혼나겠네.', '아까 달래서 부모님이 모르게 할걸.', '벌써 몇 번째야, 아 지겨워.', '무조건 잘못했다고 해버리자.'라고 생각한답니다. 그러다 마지막에는 아예 동생을 모른 척해버린대요. 겉으론 우애를 나누는 형제애가 꽃피는 것처럼 보이지만 밖에서는 반갑다고 동생이 달려오는데 모른 척하고 지나간답니다. 학교에서, 길에서 형이나 동생을 만나면 어떻게 하냐고 물어보면 거의 70% 정도는 모른 척한다고 합니다. 반갑지 않냐고 하면 대답도 하기 싫다는 듯 고개를 흔듭니다. 아이의 마음이 어디로 가고 있는지 보이나요?

아이는 가정에서 자신이 늘 문제를 일으키는 원인 제공자라고 생각합니다. 죄책감과 반항심이 동시에 일어나 일단 문제가 생기면 대화를 단절하고 방으로 들어갑니다. 부모는 무시당한다는 감정에 욱하며 더 강한 방법으로 통제하므로 악순환만 반복됩니다. 이럴 때 잠시 시간을 갖되 정확하게 시간을 정해줍니다. 설사 원하는 결과가 아니더라도 기다려야 합니다. 문제 해결을 위한 비난의 화살이 아니라 중도의 화살을 따라가보세요.

오늘의 핵심 키워드로 우리 집 가훈을 만들어
예쁘게 걸어볼까요?

우리 집 가훈 만들기	
키워드	핵심 문제 파악, 비난 금지, 경청, 공감, 존중, 포용, 인정
가 훈	예시: 비난 NO, 서로를 인정하는 공감 돌풍을 일으키자.

부모 마음은 흔들려요

등교하려고 가방을 메고 서있던 아이가 근심 어린 얼굴로 부모를 힐끗 쳐다만 봐도 마음은 1초에 19~90번의 날갯짓을 하는 벌새보다 더 흔들립니다. 불을 끄고 떡을 썰던 한석봉의 어머니도 아마 흔들렸을 겁니다.

부모가 자녀의 거울이라면 흔들리는 부모를 보고 자녀도 같이 흔들릴까요? 흔들린다는 것은 고민한다는 뜻이고 고민한다는 것은 성장한다는 표현입니다. 자녀는 '성장'하는 부모를 보고 부정적인 생각을 하지 않을 겁니다. 반대로 자녀가 흔들린다면요? 부모는 부정적인 태도와 언어를 금지하고 고민한 만큼 성장한 자녀를 보며 내심 기특하게 생각해야 합니다.

자녀 양육에는 정답이 없습니다. 다만 올바른 방향으로 나아가고자 하는 부모의 의지와 이를 받아들이고 배우는 자녀의 노력이 합쳐져 자녀 양육의 기틀을 만듭니다. 완벽한 팀플레이가 필요합니다.

과학 시간에 산과 염기를 구별하기 위해 리트머스시험지를 사용합니다. 이름을 적지 않은 비커에 용액을 넣고 푸른색 리트머스지를 넣으면 붉게 변합니다. 그럼 이 용액은 산성입니다. 과학시간에 산성과 염기성 용액을 섞어서 적당히 중성 용액으로 맞춥니다. 산염기 지시약인 페놀프탈레인 용액을 떨어뜨리면서 중성이 될 때까지 산성과 염기성 용액을 섞으며 실험을 계속 시킵니다. 실험 내내 아이들은 초조해합니다. 중성이 나올 때까지 실험해야 하는데 정확하지 않으니까요. 어느 정도 시간이 지나 드디어 중성 용액이 만들어지면 만세삼창에 버금가는 소리가 터집니다. 다음 시간에 또 중성 용액을 만들라고 하면 척척 잘합니다.

부모와 자녀 관계도 이 실험과 같습니다. 어느 지점에 맞추어야 하는지 잘 모르다가 시행착오를 겪고 나면 불협화음 없이 잘 지냅니다. 부모의 역할은 임의로 끝낼 수가 없습니다. 그러므로 흔들려도 가야 합니다. 엄마의 직업이 교사라면 흔들리지 않을까요? 교사로 37년, 엄마로 34년을 살았지만 저 역시 여전히 흔들립니다. 자녀의 일이기 때문입니다. 살과 피를 나눈 생명으로 우리 곁에 온 아이가 어찌 사랑스럽지 않을까요? 이 세상에서 자기 몫을 다하라고 부모는 아이 대신 흔들리며 나아가고 있습니다.

아무것도 하지 않고 있으면 불안으로 마음이 증폭합니다. 왜 부모의 마음은 불안이 높아질까요? 자녀 의사와 상관없이 혼자 해결하려고 하면 불안이 증폭합니다. 이럴 때는 아이에 대해서 잘 알고 있는 교육전문가인 담임교사의 협조를 구하세요. 자녀의 문제로 선입견이 생기면 어쩌나 하는 우려 때문에 망설이다가 문제가 커지면 그때 학교 교사에게 연락하는 경우가 많습니다. 아이가 깨어 있는 동안 긴 시간을 함께하는 사람도 교사이고, 아이에게 영향을 많이 주는 사람도 교사입니다. 담임교사와 충분히 소통해야 합니다. 담임교사는 객관적이고 다양한 경험이 있습니다. 학부모들은 바로 담임교사의 피드백과 도움을 받을 수 있습니다. 전문 상담이 필요한 경우 학교에 있는 상담센터를 활용하기 바랍니다. 학교에 상담센터가 없을 경우 교육청 산하기관에도 있으니 활용하면 됩니다.

담임교사는 부모보다 객관적입니다. 공자께서 말씀하시길, '삼인행, 필유아사언(三人行, 必有我師焉)'. 그러니까 세 사람이 함께 길을 가면 거기에는 반드시 나의 스승이 있다는 뜻입니다. 하물며 자녀를 1년 맡아 가르치는 교사에게 도움을 많이 받을 수 있는 건 당연지사입니다. 교사는 아이 교육을 위해 존재하는 사람입니다. 주저하지 말고 상담받고 고민을 덜어보세요. 상담을 통해 어떻게 흔들리는 부모의 마음이 변해가는지 살펴보겠습니다.

○○이는 6학년 여학생입니다. 아이가 등교한 후 부모에게 자주 전화를 해서 부모님이 고민이라고 합니다. 아이의 통화 내용과 교실 상황을 한번 비교해보겠습니다.

학생: 누가 날 보고 웃었어.

교실 상황: 아이들은 가만히 있지 못하므로 웃으면서 돌아다닌다.

학생: 선생님이 나만 쳐다봐.

교실 상황: 수업 태도가 좋아서 교사와 눈이 자주 마주친다.

학생: 급식이 이상해서 못 먹겠어.

교실 상황: 학교 급식은 기초식품 5군을 기준으로 골고루 나오기 때문에 아이들이 좋아하지 않는 것도 있다. 그리고 사람마다 식성이 달라서 다 기준을 잡을 수 없다.

학생: 친구가 나랑 안 놀고 다른 아이들하고만 놀려고 해.

교실 상황: 친한 친구끼리 놀기도 하지만 하고 싶은 놀이가 같으면 다른 친구와 놀기도 한다.

학생: 졸업사진 촬영인데 오늘 헤어스타일이 이상해.

교실 상황: 졸업사진은 가급적 앞머리가 눈을 가리지 않고 얼굴 전체가 다 나오도록 촬영한다. 학부모 입장에서 얼굴에 잡티 하나만 있어도 재촬영을 요구하기 때문이다.

학생: 수학이 어려워. 오늘 못 풀었는데 남아서 공부한대.

교실 상황: 다른 교과는 40분으로 수업이 충분한데 수학은 40분 수업으로 부족할 때가 있어서 누적되지 않도록 20분 정도 남아서 더 풀고 간다.

학생: 선생님이 체육 시간에 편한 옷 입고 오래, 난 이 옷이 좋은데.

교실 상황: 체육 시간에는 활동량이 많으므로 운동하기 편해야 하고 그

렇지 않으면 넘어져서 다친다.

학생: 귀걸이 간단한 걸로 하래. 체육 시간에 긴 목걸이 하지 말래.

교실 상황: 체육 기구에 귀걸이나 목걸이가 걸려서 다치는 경우가 있어서 하고 싶다면 간단한 것을 추천한다.

일상을 고스란히 부모에게 중계하는 아이는 교사가 상황을 아무리 설명해도 이미 불안이 증폭되어 누구 말도 들리질 않습니다. 요즘은 휴대폰 규제도 인권침해라고 해서 학교에서 일괄 보관하지 않습니다. 그래서 직장 다니는 어머니한테 전화를 계속 했나 봅니다.

이 학생의 경우 저학년일 때 매일 저녁 어머니가 그날 있었던 일을 물어보고 확인했다고 합니다. 사실 대화보다는 부모가 만들어놓은 체크리스트였습니다. 부모는 불안해서 확인하고 아이는 매일 불안을 연습했던 것입니다.

어머니와 아이는 늘 긴장된 상태에서 상황을 정확하게 파악하지 못하고 필요 이상으로 예민하게 받아들였던 것입니다. 어머니와 상담하면서 대화 방법을 바꾸어보도록 했습니다.

예시 대화 1

이전 대화: 급식 맛있었어?

달라진 대화: 점심에 볶음밥 먹었는데 맛있더라. 전에 우리가 먹었던 중국집 있잖아, 거기보다 맛있더라. 넌 학교 급식 중에 뭘 좋아해?

예시 대화 2

이전 대화: 졸업사진 잘 찍었어?

달라진 대화: 오늘 졸업사진 촬영했구나! 와, 옛날 생각난다. 우리도 사진 촬영하면서 엄청 웃었는데……(실제로 어머니 앨범을 꺼내서 같이 본다).

이전 대화는 아이가 중심인 것처럼 보이지만 자세히 살펴보면 급식을 맛있게 먹었는지, 졸업사진을 무사히 잘 찍었는지 확인하는 질문일 뿐입니다. 달라진 대화를 보면 학교 상황을 확인하기보다는 일상 대화를 나누고 있고요. 관점을 달리하면 대화가 달라집니다. 처음에는 어머니의 발화 내용이 길어도 시간이 지날수록 아이가 말하는 시간이 길어집니다. 무엇보다 확인하는 대화가 아닌 친구와의 대화처럼 자연스럽게 전개됩니다.

그럼 흔들림과 불안의 차이는 무엇일까요? 흔들리는 것은 이렇게 할까? 저렇게 할까? 고민하는 것이고, 불안한 것은 정해놓은 순서나 규칙대로 되지 않을까 봐 걱정하는 것입니다. 예를 들면 '여름방학 때 선행학습을 할까? 아니면 겨울방학 때 선행학습을 할까?' 이건 흔들리는 것이고 시기를 정하면 답이 나옵니다. 요즘 인사도 하지 않고 방에 들어가는 사춘기 아이 문제를 '담임선생님과 의논하나? 아니면 그냥 성장하도록 내버려둘까? 우리도 이렇게 어른으로 잘 컸는데…….'라고 생각하는 것도 흔들리는 것입니다.

그러나 '오늘 현장학습 갔는데 놀이기구 무서워하지 않고 잘 탔을까? 버스에서 안전한 자리에 앉았을까?' 이건 불안입니다. 안전하고 무섭지 않게 타야 한다는 부모 나름의 규칙을 정한 거죠. '오늘 수행평가 본다고 했는데 점수 낮게 맞아서 울면 어쩌지?' 이것도 불안입니다. 반드시 높은 점수를 받아야 한다는 기준을 부모와 아이가 무언으로 약속한 거죠.

불안이 쌓이면 자존감이 낮아지고 자존감이 낮아지면 선택 장애가 생기고 학교에서 친구들과 모둠 활동을 할 때 주저하다가 정작 하고 싶은 활동에 참여하지 못합니다. 불안해하지 말고 당당하게 생활하라는 말이 자녀를 더 불안하게 합니다. 화장실 가고 싶은데 자꾸 조금만 참으라고 하면 더 가고 싶은 심리와 같습니다. 흔들림과 불안을 구분하고 부모가 먼저 편안해져야 부모와 함께 생활하는 자녀도 편안해집니다.

자녀 인생의 주인공은 자녀입니다. 그러므로 마음의 변화를 이끌기 위해선 늘 대화로 시작해야 합니다. 단 마음이 정리된 다음, 대화를 시작해야 합니다. '나의 Best friend는 내가 키운다.'고 생각하면 좀 가벼워집니다. 사춘기만 잘 지나가고 공부할 시기가 오면 6학년 때 차라리 폭풍처럼 지나가길 잘했다고 생각할 날이 있을 겁니다.

흔들림이 가라앉으면 유리병처럼 때로는 무엇이 문제인지 투명해집니다. 조급하게 결론짓지 말고 천천히 생각하며 자녀와 함께하세요. 부모라서 혼자 짐을 다 지고 간다고 생각하면 더 힘들어집니다. 자녀를 위한 고민은 긍정적인 흔들림이고 혼자가 아니라 우리 모두 같이 흔들리고 있으니 잠시 숨을 돌리고 차 한 잔의 여유로 쉬어가면 어떨까요?

자녀와 자연스러운 스킨십

사춘기가 되면 신체적, 육체적으로 변화가 일어나서 자연스럽던 스킨십이 서로 불편할지도 모릅니다. 지금까지 허그를 잘하던 딸이 아빠를 피한다든지, 아침에 깨울 때 엉덩이를 두드리면서 깨우던 엄마를 불편하다고 들어오지 말라고 하면 서운한가요? 자녀는 고학년이 되어도 귀여운데 너무 빨리 떨어져 나가는 느낌이라 서운할지도 모르겠네요.

스킨십이 정서 안정, 스트레스 해소 등에 좋다는 사실은 누구나 다 알고 있습니다. 먼저 일상생활에서 사춘기 자녀와의 스킨십에 대해 알아보려고 합니다.

1. 일상생활에서 스킨십의 문제점

사춘기 때 부모의 스킨십은 조금 생각해볼 필요가 있어요. 몸이 성숙되어가고 변화가 생겨 부모를 싫어하고 피하게 됩니다. 당연히 자녀를 존중해주어야 합니다. 스킨십은 자녀가 어려도 동의를 구해야 하는데 더구나 사춘기라 몸과 마음이 예민하니까요. 가족이라고 해도 부모 마음대로 하는 건 자제해야 합니다. 교실에서 '가족끼리 스킨십도 동의를 구해야 한다.'고 하면 아이들은 너무 이상하대요. 그럼 "친한 어른이 와서 동의 없이 스킨십해도 될까?"라는 질문에는 안 된다고 합니다. 아이가 귀여워도 동의를 구하지 않고 함부로 안아주는 행동은 삼가야 합니다.

예를 들어 할아버지, 할머니, 큰아버지, 큰어머니 등 어른들을 만났을 때 아이 스스로 안기지 않으면 그냥 환하게 웃으며 "오랜만이네. 한번 안아봐도 될까?" 이렇게 물어보는 것이 원칙입니다. 실생활에서의 성교육 1단계입니다. 이때 아이는 자기 몸에 대한 권리는 자신한테 있다는 생각이 자연스럽게 들거든요. 이런 생각을 키워준 다음 자연스러운 스킨십을 이어가면 됩니다.

2. 일상생활에서 스킨십 요령

① 허그를 원하지 않으면 하이파이브로 기쁨을 나눈다.

허그 대신 다소 과장된 몸짓으로 기쁨을 표현합니다. 조금 어색하더라도 발을 구르며 격하게 기쁨을 표시해봐요. 이렇게 자세히 설명하는 이유는 어릴 때는 몸짓으로 기쁨을 전달하다가 성장할수록 "잘했어, 축하해!"라는 한마디로 마음을 표시한다고 학급 아이들은 꽤 서운하대요. 그래서 담임인 제가 입을 가리고 발을 동동 구르며 기뻐해주면 6학년 아이라도 빙긋이 웃어요. 이런 관계가 2개월 정도 쌓이면 저한테 달려와 신나게 자랑하는 일이 늘어납니다. 여학생인 경우 저에게 허그하는 아이들도 있답니다.

② 가볍게 등을 톡톡 두드려준다.

어떤 때는 말보다 등을 토닥토닥 두드려주는 격려가 더 큰 효과를 볼 수 있어요. 사실 사춘기 아이는 무엇을 하든 크게 반응하지 않아요. 아쉽게도 싫을 때만 강하게 반응하죠. 그렇지만 마음으로는 좋아해요. 부모로부터 받는 인정과 격려는 엄청난 용기를 주니까요.

③ 어깨와 어깨로 슬쩍 스킨십한다.

한쪽 어깨만 슬쩍 스쳐지나가면서 "멋있어! 오! 생각이 기발한데?"라고 칭찬과 몸짓을 곁들여주세요. 말이 없으면 부딪친 줄 알아요. 말로 표현해주어야 어깨의 촉감을 느끼면서 칭찬받아 어깨가 으쓱해지는 느낌이 들 거예요.

④ 아침에 깨울 때 머리를 쓰다듬어준다.

잠이 살살 깨면서 누군가 옆에 있구나 하고 위로를 받습니다. "이러다 지각하겠어!"라고 큰소리로 깨우지 말고 머리를 쓰다듬어주면서 잠이 깨도록 기다려줍니다. 지각하면 어쩌냐고요? 지각해서 혼이 나는 것도 아이의 몫입니다.

⑤ 스트레칭하면서 그날 있었던 이야기를 들어준다.

아이들은 장시간 앉아 있어서 늘 등과 어깨가 뭉치고 하체가 붓고 뻐근하대요. 아이가 스트레칭을 거부하면 강요할 필요는 없어요. 서로 스트레칭하거나 근육을 두드려주면서 마음의 안정을 찾아갑니다. 마음 아픈 것도 잘 살펴야 하지만 공부하느라 어디가 아픈지 알고 돌봐주려는 마음에 자녀도 흐뭇해합니다. 수업 시간에 스트레칭하면 거의 어른 수준으로 “어, 시원하네.”라는 리액션이 나와요.

⑥ 목욕하고 나면 머리를 말려준다.

학교와 학원을 오가고 과제를 끝내고 나면 늦은 시간이 되어버려요. 아무리 씻으라고 해도 안 씻고 조금만 더 논다고 하는데, 잔소리 끝에 씻고 나면 머리도 말리지 않고 그냥 드러누워요. 이때 머리를 드라이기로 말려줍니다. 귀찮은 일을 부모가 해주면서 오늘 하루 수고했다고 아주 낮은 목소리로 이야기합니다.

여섯 가지 방법 외에도 다른 방법들이 많답니다. 아까 물어보고 스킨십을 하라고 했는데 매번 물어봐야 할까요? 몇 번 물어보면 허용치가 생깁니다. 다만 마음이 먼저이면 어떤 행동을 해야 하는지 답이 보입니다. 서로가 편한 가운데 마음을 나누는 방법을 찾아보면 됩니다. 29살 딸이 공부하다가 지치면 업어달라고 해요. 팔을 벌리고 업어주는 시늉을 하면 업히는 척하면서 어린이처럼 좋아합니다. 스킨십은 힘들 때 알아주고 마음을 받아주는 행동입니다.

부모가 매일 짧게나마 신나게 같이 놀아주었던 추억이 쌓여야 내적 친밀감이 생기는데 그렇지 못할 경우 아이가 성장할수록 거리는 멀어질 수밖에 없어요. 맛있는 반찬, 좋은 장난감, 신나는 놀이공원…… 어딜 가든 아이의 마음은 완전히 충족되지 않습니다. 전화로 2시간 대화해도 만나서 30분 이야기한 것만 못하다는 뜻이에요. 놀이하면서 감정과 스킨십이 샌드위치처럼 켜켜이 쌓여야 합니다. 야외에서 부모와 땀을 흘리며 많은 시간을 보낸 경험이 없었기에 사춘기 자녀는 이제 '운동 갈래? 등산 갈래?' 하면 대답은 한결같이 'NO'입니다. 지나간 시간을 되돌릴 수 없는데 어떡하나요? 기회를 만들어 볼까요? 먼저 운동을 통한 사춘기 자녀와의 스킨십에 대해 알아보겠습니다.

1. 운동을 통한 스킨십 효과

① 공동의 관심사가 생긴다.

일부러 대화 시간을 가지지 않아도 마음이 열리고 운동뿐만 아니라 친구와 비슷한 상황이 있었던 이야기도 하게 되므로 자녀의 생활을 알 수 있습니다.

② 집 안에 있는 것보다 조심해야 할 상황이 적다.

집 안에 다른 가족이 같이 있다면 행동에 제약이 많습니다. 그러나 외부공간은 훨씬 자유롭습니다. 집 안에 같이 있으면 하지 말아야 할 행동이 보이기 시작하고 바로 지적하고 싶습니다. 그러나 운동 중에는 지적할 일이 생겨도 경기 끝나고 이따가 말해야지 하다가 이해하거나 잊어버립니다.

③ 동네에서 경기하다 보면 자녀가 어디에서 무얼 했는지 알게 된다.

"오늘, 뭐 하고 지냈니?" 자녀 입장에선 전혀 관심으로 들리지 않습니다. 추궁 같아서 혼나지 않으려고 머리를 짭니다. 그러면 부모는 빨리 대답을 안 한다고 또 한 소리 합니다. 그러나 자녀와 운동을 시작하면 자녀와 걸어가면서도 아이에 대한 많은 정보를 얻을 수 있습니다. 밖에서 아이의 친구를 만날 수도 있고 친구의 부모님을 만날 수도 있답니다. 친구를 만나면 어떤 얘기를 나누는지도 들어보고 아이스크림을 사주면서 같이 운동할 수도 있으니까요. 온 마을이 아이 하나를 키운다는 미담을 들어보셨죠? 실제 학교에서 응급상황이 오면 부모의 친구가 와서 아이를 데리고 가는 경우도 흔히 볼 수 있습니다.

④ 온 가족이 운동하는 것도 좋지만 한 자녀만 데리고 나가서 운동하면 특별한 관계가 형성된다.

사춘기라서 조용히 이야기하고 싶거나 특별한 대우를 받고 싶을 때가 있어요. 그런 경우 부모와 단둘이 운동하러 갑니다. '난 진짜 관심을 많이 받는구나.' 싶을 거예요. 6학년이라도 단둘만의 데이트를 좋아할 때가 많아요. 돌아올 때 가족들 몰래 작은 선물도 사주고요. 그럼 다음 운동도 기대하지 않을까요? 두 사람이 운동하게 되면 쉬는 시간이 별로 없어서 아주 격렬해집니다. 땀을 흘리며 운동하고 나면 서로 친밀감을 느끼며 가슴이 꽉 차는 것 같아집니다.

⑤ 자녀와 운동하면 올바른 부모상이 정립된다.

자녀는 운동하면서 '나도 커서 우리 부모처럼 자녀와 좋은 시간을 보내야지.'를 깨닫게 됩니다. 똑똑한 아이란 바로 살아가는 지혜를 배워가고 실천하는 아이입니다.

대한민국이 좋아하는 손흥민 선수의 경기를 많이 보았나요? 너무나 자랑스럽죠. 매스컴을 통해 경기 도중 혹은 경기가 끝나면 허그하거나 옷을 벗어주면서 동료애를 쌓아가는 모습을 많이 볼 수 있습니다. 스킨십이 빛을 발합니다. 보통 운동은 스킨십이 아니라고 생각하는데 실은 가장 좋은 스킨십은 운동입니다. 경기 도중 서로의 눈빛만으로 팀플레이를 해도 굉장한 유대감이 생겨요. 배드민턴이든 볼링이든 수영이든 가족끼리 좋아하는 운동을 정해봐요. 횟수보다 함께하는 마음의 농도가 더 중요합니다.

2. 운동을 통한 스킨십 준비 방법

① 좋아하는 운동경기를 관람한다.

무조건 "오늘 축구할래?"가 아니라 "오늘 경기 보러 가자. 가면서 맛있는 것도 먹고 옷도 사자."고 해봅니다. 신나게 하루를 보내고 나면 어느 날 "배드민턴 콜?" 했을 때 아이는 조금씩 반응해요. 이때 배드민턴을 하면서 라켓끼리 하이파이브, 공을 주고받으면서 하이파이브, 목이 말라서 음료를 주고받는 손끝끼리 스킨십, 자신도 모르게 엄청난 스킨십을 주고받을 겁니다.

② 좋아하는 운동기구와 운동복을 사러 간다.

프로선수들 경기도 관람하고 아이가 잘하고 싶어 하면 집에 있는 것보다 좋은 걸 사러 갑니다. 가기 전 미리 스마트폰으로 머리를 맞대고 어떤 것을 살지 고민하는 시간도 필요해요. 운동기구를 사러 가서 그럽감을 느끼며 즐기는 시간도 중요합니다. 사춘기가 되면 외모에 관심이 집중되므로 멋있는 운동복도 필요해요.

③ 새로운 장소에서 운동한다.

동네에서 운동하면 늘 가던 곳이라 호기심이 생기지 않아요. 아이들도 1+1을 좋아합니다. 운동 가면서 새로운 곳도 보고 경험도 쌓으면 유대감도 더 생긴답니다.

④ 운동에 딸, 아들 구분하지 않는다.

아이가 운동을 좋아하면 성별을 구분하지 말고 함께 즐기면 됩니다. 단, 주의할 점은 운동하러 간다고 일찍 깨우지 마세요. 어른이 새벽 6시에 일어나는 것과 아이가 새벽 3시에 일어나는 느낌이 같다고 합니다. 아이들은 더 충분히 자야 합니다. 월요일 아침에 수업하기 전 일요일에 무엇을 했는지 물어보면 새벽에 등산 갔는데 정말 싫었다고 합니다.

⑤ 폴라로이드 카메라로 운동경기 사진을 촬영한다.

운동하고 나서 그 자리에서 경기 모습을 사진으로 볼 수 있고 돌아오는 차 안에서 보기도 합니다. 행복했던 기억을 마음에 잘 담는 과정이죠. 그리고 시간이 나면 추억 속의 장면들을 거실벽에 전시하는 것도 추천해요. 추억은 오래 기억하고 간직해야 사랑으로 변합니다.

⑥ 운동 종목이나 놀이는 아이 스스로 정한다.

아무리 건강에 좋아도 아이가 싫어하는 건 오히려 역효과가 납니다. 재촉하지 말고 가족에게 맞는 운동 종목을 다양하게 정하도록 해요. 스스로 결정하면 책임감이 생겨서 조금 더 적극적으로 참여합니다.

⑦ 지인 찬스를 쓴다.

가족끼리 운동하면 지루할 수 있으니 지인이랑 편을 나누어 경기하면 '우리 가족 이겨라!'가 됩니다. 지인이랑 건전하게 지내는 방법을 보여주는 일석이조의 효과가 난답니다. 친구와 건강한 시간을 보내는 방법을 배우는 계기이기도 합니다. 잠시 스마트폰과 멀어질 수도 있어요.

이런 방법 외에도 다양한 운동 종목과 오락이 있습니다. 가족끼리 머리를 맞대고 고민해보세요. 의외로 사춘기 자녀의 행동이 언제 문제였나 싶을 정도로 스르르 없어지기도 합니다. 땀을 흘리고 서로 닦아주며 환하게 웃어주던 순간을 평생 잊지 못할 겁니다.

자녀의 생일을 메모지에 적어 잠시 숫자를 읽어보세요. 그날 처음 만나 가슴에 안았던 따뜻한 느낌을 세상의 그 어떤 말로도 표현할 길이 없을 겁니다. 오늘, 무거운 가방을 메고 돌아오는 자녀에게 아기 때 천사처럼 부모에게 주었던 따뜻한 사랑을 허그로 다시 돌려주는 건 어떨까요?

사춘기 아이에게 워킹맘은 엔젤맘?

조남주 작가의 『82년생 김지영』(민음사, 2016)이 출간되면서 우리나라에 워킹맘 여성의 경력 단절이 사회적 화두가 되었습니다. 어느 날 학급 아이가 불쑥 이 책을 주길래 무슨 내용인가 싶어 읽기 시작했습니다. 그런데 나중에 아이가 "작가가 우리 이모예요."라고 해서 깜짝 놀랐습니다. 개인적으로 더 친근하게 느껴져 다시 한번 읽으며 많은 공감을 했습니다. 처음엔 갈등하는 30대 기혼 여성의 이야기인가 싶었는데 다시 읽다 보니 '경력 단절이 없었다면 주인공의 삶은 어떤 변화가 일어났을까?' 하는 생각이 들었습니다.

교실에서 실과 시간에 가정에서 하는 일을 조사하여 그래프로 만들면 아직도 어머니가 하는 일이 훨씬 많은 경향이 있습니다. 어머니의 노동을 당연하게 여겨왔던 아이들도 그래프를 그려보면 어머니한테 미안한 마음이 든다고 합니다. 물론 일반적인 수치입니다. 아버지가 아이를 돌보는 가정도 요즘 늘어나는 추세지만 대체로 위와 같은 경향이 많다는 걸 볼 수 있었습니다.

2021년 통계청 자료를 보면 경력이 단절되는 주된 이유가 육아(64만 명)임을 알 수 있습니다. 2위가 결혼(41만 4천 명), 3위는 임신과 출산(32만 1천 명), 4위는 가족 돌봄(6만 9천 명), 5위는 자녀교육(6만 2천 명)입니다. 이 다섯 가지를 전체적으로 살펴보면 자녀를 출산하고 키우면서 일어나는 여러 가지 상황으로 인하여 여성은 다니던 직장을 그만두게 된다는 것을 추론할 수 있습니다.

자녀를 생각하며 얼마나 많은 고민 끝에 퇴사를 결정했을까요? 많이 안타깝습니다. 유치원 때는 종일반이 있어서 힘들어도 퇴사하지 않고 버티다가도 아이가 초등학교 1학년에 입학하면 퇴사를 고민하는 어머니들을 종종 볼 수 있습니다. 학교 교사들도 대체로 아이가 초등학교 1학년에 입학하면 휴직계를 내고 아이를 돌봅니다.

초등학교 1학년은 수업을 마치면 급식을 먹고 난 뒤 방과 후 수업을 듣더라도 어머니의 퇴근까지 공백 기간이 많아서 이때 심리적으로 갈등이 많이 생긴다고 합니다. 친정과 시댁의 도움도 받을 수 없는 상황이라면 더욱 어려워집니다. 초등학교 1학년 아이들은 수업을 마치고 나가면서 가장 먼저 하는 일이 엄마와의 통화입니다. 일정을 공유하고 아이가 안정된 마음으로 하교하면서 다음 스케줄로 이동해야 하기 때문입니다.

초등 5학년까지 아이는 무사히 학교를, 부모는 그럭저럭 직장을 다녔다고 해도 6학년이 되는 순간 어머니 마음에 다시 회오리가 불기 시작합니다. 중학교 3년, 고등학교 3년 총 6년이 인생에서 중요한 시기 같고 그래서 6학년 때 공부를 더 열심히 해야 하는데 사춘기라는 불청객이 찾아와 자기주장이 확고해지니 엄마는 안절부절못하게 됩니다.

초등학교 저학년 때는 알림장을 통해 준비물도 챙겨주고 학교생활을 엿볼 수 있었다면 6학년 때는 알아서 한다면서 아무것도 공유하지 않습니다. 그런데 툭하면 전날 저녁, 그것도 늦은 밤에 다음 날 학교에서 필요한 준비물을 통보만 합니다. 이럴 때 부모는 화도 나면서 자책하기 시작합니다. 대체로 아이한테 미안하다는 표현을 많이 하고 담임에게 아이가 준비를 못 했다며 사과까지 합니다. 준비는 당연히 아이의 몫인데 학교에서 준비물이 없어서 혼나지 않을까 부모가 더 전전긍긍합니다. 꾸중을 들으면 한 번에 고쳐지는 습관인데 부모가 미안해하니 아이는 당연하게 여기고 자기 탓이라는 생각조차 하지 않습니다. 심지어 학부모 상담을 해보면 이런 상황들이 미안하고 속상해서 눈물을 보이는 경우도 허다합니다.

그런데 아이들은 부모가 직장 다니는 것과 상관없이 학교생활을 너무나 잘하고 있습니다. 간혹 준비물을 못 챙겨오면 친구한테 빌려서라도 위기를 척척 넘깁니다. 학교에 갖다줄 사람이 없으니 본인이 자구책을 마련하더라고요. 다음 세 가지 사례를 보면서 워킹맘들도 당당하게 자녀 앞에 서기를 바랍니다.

사례 1

학기 초 ○○이가 6학년 교과과정을 꽤 어려워하더군요. 특히 수학을 어려워해서 방과후 일주일에 두 번 정도 담임과 수학을 복습하는 건 어떻겠냐고 했더니 부모님이 아이와 의논하고 답을 준다고 하시네요. 통상 담임이 지도한다고 하면 감사하다고 흔쾌히 받아들이는데 의외의 답변이었어요. 며칠 후 ○○이가 학원에서 필요한 부분을 배우기로 했다고 하는 거예요.

○○이는 논리적으로 추론하고 새로운 과학적 사실을 도출해내는 과정을 좋아하는 대신 미술 시간에 작품 만드는 걸 상대적으로 어려워했어요. 하지만 조금만 힌트를 주면 금방 따라오고 친구들이 만들 때 아이디어를 제공하는 모습을 보면서 회복탄력성이 높다는 것을 발견하였어요. 수학 실력도 날로 좋아졌고 친구들끼리 다툼이 있을 때 가만히 보고 있다가 무엇이 잘못인지 정확하게 판단하고 상대가 기분 나쁘지 않게 협조하는 모습을 볼 수 있었어요. 또한 친구들이나 담임교사가 다른 방식으로 무언가 해보길 권해도 기분 나빠하지 않았습니다. 바람직한 모습으로 변해가는 ○○이의 부모는 가정에서 어떻게 했는지 궁금하시죠?

"우리 집은 자신의 일은 '자신이 한다.'라는 기본원칙이 있어요. 그리고 결과가 어떻게 되든지 아이의 몫이라서 그 부분에 대해선 터치하지 않아요. 그리고 아무리 좋은 것이라도 아이가 하지 않겠다고 하면 일절 권하지 않아요. 필요하면 요구할 테니까요. 대신 가족 여행을 많이 다닙니다. 다양한 주제로 이야기를 많이 해요. 실제로 아직 먼 이야기지만 ○○이가 어떤 배우자를 데리고 와도 반대하지 않을 생각이에요. 어릴 때부터 생각을 존중받고 살았는데 성인이 되어서 갑자기 반대하는 건 우리 집 가치관과 맞지 않아요. 아빠는 아이들과 새로운 지식을 공유하고 일의 가치에 대해 대화를 많이 해요. 삶을 책임지는 태도로 살라고 가르치고 경제 교육을 시키고 있답니다. 주식을 조금씩 하면서 경제 변동과 선택에 대한 책임을 지도록 가르치고 있어요. 공부도 자기의 선택이죠. 필요하면 그때 하지 않을까요? 저도 이제 어느 정도 경력이 쌓이다 보니 좀 더 자기 계발하려고 노력 중이에요. 부모가 어떻게 사는지 보여주는것도 중요한 교육이니까요. 부모도, 자녀도 삶을 열심히 살면서 가족으로서 건강한 모습을 보이는 게 중요하다고 생각해요."

사례 2

△△이 어머니는 아이가 사춘기가 되면서 소리 지르고 제발 그냥 두라며 반항해서 너무 힘들다고 하더군요. 워킹맘이라 아이를 제대로 못 챙기나 싶어서 미안하고 괴로워하셨어요. 상담 내내 마음이 너무 아팠죠.

도덕 시간에 부모 마음과 자녀 마음에 관한 수업을 일부러 하고 나서 아이의 표정을 보았어요. 무언가 생각하는 눈치였어요. 그래서 슬쩍 물어봤더니 어제 부모와 싸웠대요.

“그냥 두면 되는데 자꾸 다른 아이랑 비교해요. 참을 수가 없었어요.”

“그럼 혹시 어머니에게 미안하다는 문자 보낼래?”

“네, 그럴게요.”

아이는 바로 수긍하고 문자를 보냈습니다. 이렇게 사춘기는 어른과 아이 사이를 왔다 갔다 합니다.

사례 3

코로나로 줌 수업과 대면 수업이 병행되고 있었는데 줌 수업이 10분 지나도 ㅁㅁ이가 들어오지 않았어요. 20분쯤 지나 드디어 줌 수업에 참여했어요. 그런데 뒷배경이 수상했어요.

“지금 어디니?”

“선생님, 지금 편의점인데요. 사발면에 물을 붓고 기다리면서 줌 수업 들어왔어요.”

“물 부은 지 얼마 됐어?”

“지금 막 부었어요.”

“그럼 먹는 시간 얼마나 걸릴까?”

“먹고 집에 가면 25분 정도 걸려요.”

“25분 뒤에 줌에서 볼까?”

아이는 정확히 25분 뒤에 다시 줌 수업에 들어왔는데 마침 수업이 끝났어요. 그런데 정말 끝일까요? 아닙니다.

이 아이만 남기고 모두 퇴장시키고 "이제 수업하자."라고 했더니 아이가 어리둥절해하더군요.

"사정이 생겨서 늦게 들어오는 건 너의 책임이니 마치는 시간도 네 책임이야."

다음 날부터 ㅁㅁ이는 수업에 정말 열심히 참여했답니다.

아이들도 생각하고 행동하면서 판단합니다. 서툴러 보여도 자기 인생을 사는 것입니다. 큰딸도, 둘째 딸도 "엄마가 직장 다녀서 좋았어. 사춘기 때 친구들이랑 학원 가기 전에 간식도 먹고 영화도 보고 즐겁게 잘 보냈지. 잔소리 안 해도 그냥 어른이 있으면 조심스러운데 빈집이어서 오히려 좋았어."라고 하면서 워킹맘인 절 엔젤맘이라 불러주네요.

열심히 살아가는 부모를 보면서 아이도 자기의 세상을 만들고 있답니다. 세상 그 어떤 위인보다 열심히 살아가는 부모가 아이에게는 더 좋은 롤모델입니다. 다른 곳으로 잠시 가더라도 다시 돌아올 겁니다. 부모의 품은 아이들의 터전이니까요. 물론 고구마 백 개는 먹은 것처럼 답답하겠지만 우리가 기다려줘야 하지 않을까요?

3교시

6학년 자녀와 대화가 술술 풀리는 방법 있을까요?

자녀와 데이트해요

아이들은 퇴근이 없습니다. 직장 상사와 먹고 자야 한다면 어떨까요? 같이 있으면 좋고 위로받고 용기를 주며 상생하는 것이 가족관계지만 사춘기가 되고 고학년에 올라가면 공부에 대한 중압감이 날로 커집니다. 교실에서 보면 공부를 안 하는 아이들이 오히려 학업 스트레스가 더 많습니다. 공부가 스트레스면 공부를 하면 되잖아요? 그런데 안 합니다. 그럼 어떻게 해야 할까요? 자녀와 데이트하러 나가세요.

집에 오면 부모는 집안일과 자녀를 챙겨야 하고, 자녀는 자녀로서 해야 할 일을 합니다. 각자 책임과 의무를 다하느라 눈코 뜰 새 없는데 아이와 데이트라니요? 자녀의 마음을 알아보는 가장 쉽고 빠른 방법은 데이트입니다. 가족 외출과 자녀와의 데이트는 조금 다릅니다. 같이 한다는 개념은 같아도 준비 과정 그리고 데이트 도중, 집에 온 후의 모습이 달라요.

아이한테 일의 우선순위를 정하라고 하면 자신의 일이 가장 급하고 커 보인다고 합니다. 그래서 힘들 때, 하고 싶은 말이 있을 때, 혹은 급한 요청이 있을 때 손을 내밀었는데 부모가 모른 척하거나 바쁘다는 핑계로 잠깐 기다리라고 하면 정말 서운해합니다. 서운한 마음이 쌓이고 쌓여 아이가 마음의 뚜껑을 닫아버리기 전에 데이트를 해야 하는 이유입니다.

어느 날 점심시간이었어요. 복도를 급히 가는데 다른 학급 아이가 갑자기 저를 불렀어요.

"선생님께 이제 다시는 인사 안 해요."

"응? 갑자기 왜? 설명해줄래?"

"한 달 전 점심시간에 인사했는데 선생님이 지나쳤어요. 그래서 인사 안 해요."

"아, 그랬어? 정말 미안해. 서운했겠다. 그때 못 들었나 봐. 부탁 하나만 해도 되니? 다음에는 선생님 보면 크게 인사해줄래?"

다른 반 학생이지만 더욱 친해지는 계기가 되어서 졸업식 때 교실까지 와서 인사하고 가더군요.

아주 작은 오해가 상처로 남을 수도 있어요. 아이들은 상처를 받으면 쌓아두고 마음을 조금씩 닫나 봅니다. '닫힌 마음 열기 프로젝트'에 앞서 데이트가 뭔지 좀 더 알아볼게요. 지구인이라면 데이트를 모를 사람이 없겠지만 '질문 언박싱'을 시작합니다.

1. 자녀와 데이트는 왜 하나요?

서로가 소중한 존재이고 필요한 사람이며 가족임을 받아들이는 과정입니다.

2. 지금까지 자녀와 데이트 잘하고 있는데 안 해도 되나요?

계획을 구체적으로 세우고 데이트하면 결과가 훨씬 좋아져요.

3. 어색해서 오히려 더 멀어지면 어떻게 하나요?

어색해서 데이트하는 거랍니다. 그렇지만 횟수가 늘어나면 부모가 먼저 행복해질 거예요.

4. 앞에서 말한 데이트의 효과 말고 다른 것이 있을까요?

요즘은 공부만 하다가 바로 사회생활을 시작하는 경우가 많아요. 사람과 사람 사이에 오고 가야 하는 다양한 매너와 절차 등을 습득하지 못한 채 어른이 되어 관계 맺기를 힘들어합니다. 어릴 때부터 부모와의 데이트를 통해 매너를 배우고 몸에 익혀야 해요. 지금의 시간 투자가 나중에 대학 입시, 취업 면접 때도 빛을 발할 겁니다.

5. 자녀와 데이트할 때 주의할 점은 무엇인가요?

지금까지 물건 챙겨주고 들어주고 식사 주문까지 부모가 몽땅 했다면 이제더는 대접받는 느낌을 주면 안 돼요. 아이한테 차 문 열어달라고 하고 의자도 빼달라고 하고 메뉴판 보고 식사 주문도 하라고 시키세요. 자녀가 귀찮다고 거절할지도 모른다고요? 거절 못 할 만큼 좋은 곳, 횟수보다 질을 높이면 됩니다. 식사하고 계산하면서 직원에게 맛있게 먹었다고 센스 있게 칭찬하는 모습도 간접 교육입니다. 혹시 발레파킹을 했다면 직원에게 매너 있게 인사하는 법도 가르치고요.

6. 데이트해도 다음 날 원래대로 돌아와서 실망하면 어쩌죠?

당연히 한 번에 바뀌지 않아요. 그렇지만 사춘기 때 사람 간의 예절을 배우고 상대방을 존중해야 한다는 것을 가르치는 것은 부모의 본분입니다.

7. 꼭 1:1 데이트를 해야 하나요?

1:1 데이트를 해야 상대방에게 집중할 수 있어요.

이제 구체적인 계획 단계입니다. 실제 연인들이 하는 데이트와 비교해볼까요?

순서	연인들 데이트	부모와 자녀의 데이트
언제 만날까?	서로 상황을 보고 날짜 정하기	가족이므로 편안한 상황일 때 데이트할 날짜 정하기
횟수	상황을 봐서 수시로 만난다.	가족 데이트라서 횟수가 적다.
무슨 옷 입을까?	각자 가장 멋있는 옷 입기	혹 필요하면 새로 구입한다. (특별한 느낌이 들도록)
장소 찾기	맛집, 여행지 찾기	자녀와 부모의 관심사 위주로 장소 찾기
교통편	대중교통 또는 자동차	가급적 자동차로 이동 (조용히 대화하는 시간 필요)
경비 계산	데이트 통장을 만들거나 합의해서 부담한다.	부모:자녀=9.5:0.5 (이동 시 간단한 간식은 자녀 부담)

선물이 필요한가?	대체로 특별히 축하가 필요한 경우에 선물한다.	데이트하면서 자녀가 갖고 싶어 하는 물건을 유심히 보고 가격이 적당하면 몰래 사서 집에 도착한 뒤 자녀가 샤워하는 동안 침대에 몰래 두기. 이때 너무 고가는 패스. 소비개념이 희박해진다.
자기 전 카톡하기	수시로 하고 '굿나잇' 카톡 필수	자기 전 이모티콘 하나 정도 보내기
다음 약속은 언제 할까?	데이트하면서 생각하거나 주중에 생각날 때	자녀와 데이트하면서 호기심 생긴 장소 또는 자녀와 데이트 장소 목록 만들기도 추천하나 아들일 경우 목록 작성은 자제한다.
식당 예약하기	리드하는 쪽이 예약한다.	각자 가고 싶은 곳 정하고 나서 장소 공유하기
거리 비교하기	거리 비교는 하지 않는다.	자녀와 부모의 일정을 참고하여 최적의 장소 선정
카톡 프로필	서로가 연인임을 증명하는 사진	얼굴 나오는 프로필이 싫으면 그날 같이 간 장소 올리기(자녀가 싫어하면 부모만 프로필 올리기)
깜짝 영상	기념일 혹은 프러포즈할 때	예시) 같이 간 장소의 하늘만 계속 촬영해서 일정 기간이 지난 후 2분 정도 영상 만들어서 등교했을 때 보내기

'이렇게까지 수고를 해야 하나?' 이런 생각마저 들죠. 가정마다 혹시 모를 유사시를 대비해 보험을 들잖아요. 이 보험이 종신보험이면 더욱 마음이 든든합니다. 자녀를 '보험'에 비유하는 표현이 다소 적당하지 않으나 보험이라고 생각을 한번 해봅니다. 착한 자녀가 효도할

까요? 아니요. 부모와 오랜 시간 같이 보낸 자녀가 효도합니다. 효도가 필요 없다고요? 경제적인 능력과 상관없이 사람은 나이 들면 누군가의 곁이 필요합니다. 나이 들어 애쓴 보람도 없이 자녀와 멀어지면 그것보다 더 슬프고 억울한 일은 없을 겁니다.

자녀와 부모의 미래를 위한 시간 투자입니다. 그리고 자녀도 부모의 마음을 알고 이해하고 부모의 의견을 이전보다는 잘 받아들여요. 모든 의견을 다 받아들이는 것은 아닙니다. 하지만 인생을 살면서 정말 중요한 결정을 할 때 부모의 의견을 존중하며 보다 신중하게 선택할 겁니다. 그동안 부모와 좋은 관계를 유지해왔으니까요. 애쓴 만큼, 들인 시간만큼 자녀는 바뀝니다. 데이트하면서 정말 행복한 시간을 보내야 합니다.

다산 정약용은 오랜 유배 생활에도 편지로 마음을 주고받을 정도로 부모와 자식 사이가 극진했다고 합니다. 늘 옆에 있지만 얼마나 함께했나요? 부모 자신, 그리고 자녀의 현재와 미래를 위해 오늘 이 시간을 적립하면 먼 훗날 수십만 배로 늘어난 사랑을 함께할 수 있습니다.

가장 따뜻한 언어는 시선입니다

사람은 마음에 담은 걸 고스란히 눈으로 표현합니다. 행복한 눈은 행복을 주고 분노의 눈은 분노를 줍니다. 우리는 언제 자녀의 눈을 똑바로 볼까요?

A: "내 눈 똑바로 보고 말해. 저번에 뭐라고 그랬어?"

B: "내 눈 똑바로 보고 말해. 얼마나 기뻐하는지."

어느 문장이 더 자연스러운가요? 우리는 눈을 어떤 용도로 사용하고 있었을까요? 아기 때는 어떻게든 눈 한번 맞추려고 부모는 안간힘을 다 씁니다. 지금은 어딜 보고 있을까요?

'시선을 받는다', '눈총을 받는다' 둘 다 시선입니다. 그런데 눈총은 매우 강력한 눈빛입니다. 눈총은 감시의 눈과 비슷합니다. 시선의 긍정적인 면과 부정적인 면을 살펴보겠습니다.

감시하는 눈은 부정적인 감정을 마음에 담아 한 번에 눈을 통해 내보냅니다. 이런 눈을 보면 말하지 않아도 1초 만에 상대가 어떤 마음인지 알게 됩니다. 그러면 행동이 부자연스러워지고 상대를 보는 눈이 방향을 잃게 됩니다. 그런데 자꾸 눈을 똑바로 보라고 하네요. 오죽하면 '따가운 눈총'이라고 할까요? 그래서 가정에서 비난을 많이 받고 자란 아이들은 학교에서 교사의 눈을 바로 보지 않고 항상 다른 곳을 보고 이야기합니다. 잘 못 알아듣고 다시 물으면 혼내는 줄 알고 대답을 안 하기도 합니다.

사랑의 눈은 긍정적 감정을 마음에 담아 눈을 통해 내보냅니다. 자녀와 부모는 서로의 눈을 보고 눈으로 먼저 대답합니다. 다정한 눈빛으로요. 담을 수 있는 마음을 최대한 눈에 담아 한 번에 사용합니다. 긍정적인 눈빛을 받고 자란 아이는 잘 모르면 웃으면서 모른다고 당당하게 말합니다. 이렇게 눈빛에 따라 아이의 행동이 달라집니다.

수업 시간에 아이들한테 가장 편하고 포근하면서 안락한 기분이 드는 시간이 언제냐고 물으면 하루 일정이 끝나고 방에 누워 스마트폰을 볼 때라고 합니다. 왜 그때가 가장 편할까요? 그 이유는 시선이 없기 때문입니다. 더 풀어보면 감시하는 시선이 없기 때문입니다. 직장으로 비유하자면 직장 상사가 멀리 해외 출장을 간 셈입니다. 부모 입장에서는 너무 억울하죠. 잘되라고 관심 차원에서 보낸 시선인데 아이는 그렇게 느끼지 않으니까요. 그렇지만 한편으로는 부모의 시선이 가장 큰 힘인 것은 변함없습니다.

시선의 힘에 관한 이야기입니다. 2010년 뉴욕현대미술관에서 행위예술가 마리나 아흐라모비치가 새로운 퍼포먼스를 준비했습니다. 그 이야기를 들은 사람들은 바쁜 뉴욕 사람들이 참여하지 않을 거라고 말합니다. 하지만 퍼포먼스는 예상을 뒤엎고 736시간 동안 850만 명이 참여했다는 결과를 만들어냅니다. 이 행위예술은 바로 아무런 행동도 하지 않고 가만히 책상을 마주하고 마리나 아흐라모비치의 눈을 바라보는 것입니다. 별것 아닌 일 같지만 의외로 사람들은 그녀의 눈을 통해 위로를 받았다고 합니다. 이것이 바로 시선의 힘입니다.

다양한 긍정적인 감정을 눈에 담아 보내면 이런 시선을 받는 자녀의 마음은 찬란하게 빛이 납니다. 눈은 압축파일입니다. 부모의 눈을 통해 압축된 눈빛을 자녀의 눈으로 보내면 자녀의 바탕화면인 마음에서 몇 배로 불어납니다. 그때 자녀의 마음은 저절로 열립니다.

나그네의 외투를 벗게 하려고 바람과 태양이 내기하는 동화 기억나죠? 결국 태양이 바람을 이기고 따뜻함으로 나그네의 외투를 벗게 합니다. 바람은 폭풍을 내보내면서 나그네를 노려보지 않았을까요? 단순히 온도의 차이가 아니라 시선의 차이도 있었을 겁니다. 가장 따뜻한 언어는 긍정적 시선의 힘입니다.

시선이 중요하다고 하니 이제야 저녁마다 아이를 앉혀두고 눈을 바라보자고 하면 흔쾌히 들어줄까요? 사춘기 아이가 호락호락 응해줄까요?

그렇다면 다른 방법으로 시선 맞추기 연습을 해볼까 합니다.

1. 사진 촬영을 하면서 자녀의 눈을 자세히 쳐다본다.

'우리 아이 눈이 이렇게 생겼구나.' 아기 때 말고 이렇게 자세히 쳐다본 적이 없을지도 모릅니다.

2. 눈높이를 맞춘다.

아이의 키가 작으면 몸을 낮추고 아이 키가 크면 약간 거리를 두고 봅니다.

3. 아이가 말을 걸 때 응급상황이 아니면 아이를 돌아보며 천천히 눈을 맞추고 나서 대화한다.

'난 너의 말을 들을 준비가 되어 있어.'라는 신호를 보내는 것입니다.

4. 눈에도 근육이 있으니 눈 근육 움직이기 유튜브 영상을 보고 연습한다.

표정으로 많은 걸 나타내므로 평소에 얼굴 근육 움직이는 연습을 많이 하는 것이 좋습니다. 거울을 보고 한 2분 정도 웃는 연습도 해보는 걸 권장합니다.

5. 엘리베이터에서 지인을 만나면 눈인사하는 모습을 아이에게 보여준다.

반갑다고 말도 하지만 눈으로 다정하게 인사하는 모습을 보여주는 것이 중요합니다. 아이는 지금 몸으로 배워가는 중이니까요.

6. 가족 눈 그리기 대회를 한다.

사춘기 '그분'은 하기 싫어도 상품이 있으면 합니다. 어쨌든 가족의 눈을 자세히 볼 기회를 가져보는 것이 좋습니다.

7. 가만히 자는 자녀의 얼굴을 본다.

자는 얼굴을 보면 아이의 표정이 고스란히 있습니다. 어떤 표정으로 자고 있는지 마음으로 들여다보세요.

이런 방법으로 연습하다가 더 좋은 방법을 터득하면 멈추지 말고 계속 실천합니다. 우리는 사랑에 익숙한 부모가 되어가고 있습니다. 눈은 현관 비밀번호와 같습니다. 올바른 번호를 눌러야 현관문이 열리듯이 반듯하고 따뜻한 눈으로 보아야 자녀의 마음이 열립니다. 그러기에 앞서 부모의 마음부터 잘 살펴봅니다. 혹 남아 있는 감정 찌꺼기를 청소해야 한다면 긍정적인 여가를 보내면서 털어버립니다. 자녀를 바라보는 시선에 좋은 감정을 담아두어야 하니까요.

안도현 시인의 '겨울 강가에서' 한 구절을 읊어봅니다.

강은,
어젯밤부터
눈을 제 몸으로 받으려고

강의 가장자리부터 살얼음을 깔기 시작한 것이었다.

어느 날, 제 마음에 들어온 이 시의 내용은 이러합니다. 눈이 강물에 녹아내립니다. 강물은 그 모습이 안타깝습니다. 그래서 강물은 눈이 내리기 전에 강물의 흐름을 바꾸어보지만 눈은 계속 녹아내립니다. 눈이 철없이 자꾸만 내려서 강은 눈을 몸으로 받으려고 살얼음을 깔았습니다. 강의 '시선'이 느껴지지 않나요? 부모의 마음이란 강물과 같습니다. 눈 같은 자식들이 안타깝고 사랑스러워 어떻게든 마음으로 받아내고자 강물을 얼려 눈을 지켜주려고 합니다.

아이들이 부모의 마음을 모를까요? 지금은 잘 모를 수도 있죠. 그런데, 세월이 지나면 알게 되더라고요. 지금은 부모의 마음을 몰라도 부모의 길을 담담하게 가고 있으면 언젠가는 뒤돌아 부모의 눈에 시선을 줄 날이 옵니다. 『임연화의 학부모 7교시』 제자들이 가는 길을 조금 먼저 걸어간 제가 늘 응원하는 시선을 보냅니다. 용기를 내어 걸어가세요. 용기를 낸 그곳에서 자녀는 성장합니다.

부모와 자녀의 1:9 대화 법칙

여자친구 혹은 아내들이 가장 많이 하고, 남자 또는 남편들이 가장 무서워하는 질문이 뭔지 알고 있나요?

"지금, 내 마음 알아?"

그런데 부모는 한결 더 어려운 질문을 합니다. 노벨상을 받아야 풀 수 있는 질문입니다.

"딸, 아빠가 무슨 말 하려는지 알지?"

"아들, 엄마가 저번에 말한 거 기억 안 나?"

대화 속 자녀의 마음을 풀어볼게요.

"딸, 아빠가 무슨 말 하려는지 알지?"

내가 뭘 잘못했나? 저번에 친구랑 몰래 간 거 눈치챘나? 그냥 대화하자고 한 건데 미리 고백할 필요 없지. 아니야, 먼저 고

백해야지. 정말 미리 알고 있는데 모른 척하면 내일 친구들 약속 가지 말라고 할 거야. 저 눈빛, 지금 대답 안 하면 분노 게이지 올라갈 기세인데 어쩌지? 일단 밝은 목소리로 "뭘요?"라고 해보자.

정말 아이를 위해서 진지하게 좋은 이야기를 하려고 한 건데 딸은 성의를 보이지 않고 대답까지 안 하고 있으면 대화가 장렬히 결렬되죠. 밝은 모습은커녕 철없다는 생각이 들어요.

대화하려고 했어요. 그래서 최선을 다하려고 이런저런 생각을 하고 있었는데 갑자기 대화를 종료하다니! 에라, 다음에는 무조건 숙제 있다고 해야지.

"아들, 엄마가 저번에 말한 거 기억 안 나?"

저번에 무슨 말 했지? 어, 기억 안 나네. 어제인지 한 달 전인지. 아, 진짜 모르겠다. 엄마 화났구나. 일단 농담으로 분위기 풀어볼까. 아니면 피곤한 척할까? 아, 모르겠다. 그냥 가만히 있자.

몇 번도 아니라 수천 번 말했는데 여전히 '소귀에 경 읽기'지. 지금 다리 떨며 생각 없는 저 모양 봐라. 언제까지 참아야 하나. 그렇게 경고했는데 아니, 엄마 말을 무시하는 거야?

아들은 확실하게 말해주지 않으면 일상의 대화가 퀴즈풀이로 진행됩니다. '다음부터는 엄마 없을 때 식탁에 앉아야지. 아님 혼자 밥 먹는 게 차라리 편해.' 식탁이 남북정상회담보다 엄숙해지는 기분이 들겠죠.

이렇게 부모와 자녀의 대화 비율은 10:0, 부모의 완승입니다. 그런데 부모는 기분이 왠지 찜찜하고 화까지 납니다. 그런데 부모와 자녀의 대화를 1:9로 역전해야 한다고요?

부모의 언어는 마음의 뿌리에서 영양을 공급받습니다. 마음의 뿌리가 충분하고 튼튼하면 부모는 지혜로운 말을 하고, 부모의 역할을 충실히 해낼 겁니다. 부모는 언어로 아기를 키우고 청소년, 청년으로 성장시켜 세상에 보냅니다. 자녀는 돌아와 쉬고 싶을 때 부모의 위로하는 말을 들으며 편안한 휴식을 취합니다.

부정적인 마음이 가득하면 부정적인 대화가 나오고 대화의 결론도 다른 방향으로 거침없이 흘러갑니다. 부모의 자존감도 낮아지고 이 흐름은 자녀에게도 악영향을 줍니다. 마음을 긍정적 방향으로 바꾸기만 하면 해결될까요? 별점 1개인 식당이 예쁜 그릇만 바꾼다고 미슐랭이 되는 것은 아니듯 부모가 먼저 마음을 바꾸는 일에 적극적으로 움직여야 합니다.

부부관계, 부모와의 관계, 타인과의 관계가 문제인지 원인을 찾아내고 이를 개선해나가는 의지가 곧 자녀와 대화하기 위한 준비운동입니다. 부정적 심리 요인 중에는 부모와의 불편한 관계도 있습니다. 그러면 사춘기 자녀를 둔 부모가 자신을 길러준 부모와의 관계로 인해 자녀에게 어떤 악영향을 주는지 살펴보겠습니다.

6학년 남학생인데 친구들과 싸우기만 하면 옷을 잡아당기는 것이 아니라 맨살만 찾아서 손톱으로 긁어버리는 아이가 있었어요. 아무리 설득해도 화가 나면 친구의 몸을 긁길래 어느 날 점심시간에 운동장을 걸으면서 물어보았어요.

"○○아, 누가 이렇게 ○○이 팔을 할퀴고 그럴까?"

아이가 이때다 싶어 큰소리로 "엄마요."라고 하는 겁니다.

"엄마가 언제 이렇게 팔을 할퀴니?"

"엄마 말을 안 듣고 가만히 있으면요."

"엄마한테 사과받고 싶어?"

"네, 엄마가 사과했으면 좋겠어요. 진짜로 엄마를 할퀴고 싶어요."

너무나 안타까운 상황이죠. 아이와 상담하고 나서 어머니와도 대화를 나누었습니다. 어렸을 때 친정어머니께서 시키는 대로 해야 혼내지 않았다고 합니다. 익숙한 패턴으로 부모님께 항변하지 못하고 고착화되어 결혼까지 오고 아이를 낳은 거죠. 어른이 되는 연습 없이 결혼을 하고 육아를 하려니 감정 조절이 되지 않아 너무 힘들었다고 합니다. 그러다 화가 나면 아이를 할퀴기까지 했던 것입니다. 그런데 아이의 상처를 보면 죄책감이 들어 더 잘해주다가 화가 나면 다시 상처를 주곤 했대요.

"부모님께서 많이 연로하시겠지만 전화로 어렸을 때의 상처를 말씀드리세요. 그리고 지금 아이한테도 그런 행동을 할 정도로 마음이 아프다고 얘기해보는 건 어떨까요? 친정어머니께 사과받고 싶다고 정직하게 얘기해보세요. 그리고 당신의 손자까지 아프다고 알려주세요."라고 조언을 했습니다.

당신의 딸이 사춘기 자녀를 둔 부모가 되었지만 어렸을 때 받은 상처 때문에 힘들어하고 있고, 당신의 행동이 소중한 손자한테까지 영향을 미친 것을 아시고 화를 내시던 친청어머니께서는 결국 미안하다고 하셨다고 합니다.

그 후 ○○이는 친구들을 할퀴는 횟수가 줄어들었고 한 달 정도 지나니 할퀴는 습관이 완전히 없어졌습니다. ○○이의 어머니는 마음의 뿌리에서 분노를 찾아 친정어머니와의 관계를 해결하고 긍정적인 언어를 사용함으로써 행동을 바꿀 수 있었습니다. 자녀의 마음의 뿌리에서 억울함과 분노를 찾아 건강하게 성장하도록 도와주었더니 자녀의 자존감이 회복되고 학급 아이들과의 관계도 개선되었습니다.

그럼 왜 부모와 자녀의 대화는 1:9가 되어야 하는지 알아보겠습니다.

1. 감정을 정리하는 시간도 대화이다. 사람은 입으로 소리를 내어 말하는 것 외에 시선, 표정 등 다양한 형태로 소통한다.

① 부모가 감정을 정리하는 동안 자녀도 스스로 감정을 정리합니다.

② 자녀와 대화할 수 있는 환경을 만드는 동안 자녀는 대화할 마

음의 여유가 생깁니다.

③ 자녀의 표정을 살피는 동안 자녀는 무슨 말을 할지 시간을 갖고 생각을 정확하게 표현할 준비를 합니다.

④ 처음부터 부모는 침묵하고 자녀만 말하는 형태가 아니라 부모가 환경을 만들고 기다려야 합니다. 부모의 초조함을 절대 눈치채지 못하게 합니다.

⑤ 부모는 할 말을 하지 않고 기다려주면서 자녀가 부모보다 더 많이 말하도록 기회를 주는 것도 부모의 또 다른 대화 방식입니다.

2. 자녀의 마음이 궁금한 부모가 말을 더 많이 하는 것은 듣지 않겠다는 뜻이다.

① 물건을 사러 갔을 때 판매자가 쉴 틈 없이 말을 하면 구매 의욕이 생기지 않습니다. 어떤 물건이 필요한지 파악하지도 않고 팔고 싶은 물건을 광고합니다. 듣고 싶다면 입을 닫고 귀를 열어야 합니다. 말하고 싶은 내용이 있는데 부모가 들어주지 않으면 자녀는 다른 대상을 찾아 말하거나 때론 올바른 결정을 내리지 못하는 경우도 생깁니다.

② 지난번에 했던 말을 똑같이 해도 잘 들어주어야 합니다. 자녀도 말하면서 지난번과 지금의 마음이 달라진 자신을 발견하게 됩니다. 이를 통해 논리정연하게 말하는 연습을 반복적으로 할 수 있어요.

3. 자녀는 대화를 나누기에 앞서 감정을 나누고 싶어 한다. 그래서 감정을 나눌 때는 말보다 공감하는 표정이 중요하다.

대화의 최종 목적은 감정을 나누는 일입니다. 설사 비논리적이라고 해도 감정을 깨뜨리는 대화는 자제해야 합니다. 감정은 대화로 들어가기 위한 문과 같습니다. 대화를 시작하기 전에도 마음의 준비운동이 필요합니다.

실제로 대화하면서 주의할 점과 자녀의 속마음을 알아보겠습니다.

1. 표정이 좋지 않아도 절대 먼저 물어보지 말자.

아직 대화할 준비가 안 됐다고요.

2. 표정이 좋지 않은데 부모의 곁으로 오더라도 끝까지 아는 척하지 말자.

엄마, 아빠 옆에 그냥 기대고 싶어요.

3. 표정으로 대화하자. 네가 말하지 않아도 난 네 편이야.

아빠, 엄마 얼굴을 보니 일단 안심이에요.

4. 자녀가 울 때 왜 우는지 채근하지 말자.

지금 너무 억울하고 너무 화가 나. 그래서 우는 거야. 같이 슬퍼해줘. 울고 나니 속이 시원하네. 달달한 간식 먹고 싶네. 먹고 나니 졸리네.

5. 자녀의 이야기가 비논리적이어도 따지지 말고 감정을 쏟아내는 중이라고 생각하고 끝까지 들어준다.

지금 마음이 엉망진창이에요. 그래도 일단 들어줘요.

6. 자녀의 대화를 옳고 그름으로 판단하지 말자.

무엇이 잘못되었는지 알아도 그냥 무조건 내 편 들어줘요.

7. 자녀가 정답을 찾아갈 수 있도록 정답을 말해주지 않는다.

기다려주니 마음이 편해지네. 그럼 내일 생각해야지.

8. 대화를 요청하면 천재지변이 아닌 경우 무조건 대화에 응한다.

지금 너무 급해. 그런데 나한테만 중요한 일인가?

9. 평소에 다양한 컨텐츠를 통해 자녀가 알지 못하는 새로운 지식으로 대기한다.

이런 것도 알고 계시네? 오, 재밌다. 아까 그거 고민 아니네? 오호, 이거 스마트폰으로 찾아보자.

부모는 진지하게 대화에 임하지만 자녀는 황당한 반전을 보일 때가 있어요. 그래도 대화 속에서 자녀의 마음을 들여다보면 자녀의 태도가 이해됩니다.

그런데 무조건 자녀한테 맞추다보면 부모의 마음은 마그마보다 강렬한 그 무엇인가가 끓어오르고 대화를 잘 유지하던 중 폭발해버릴 수도 있습니다. 이럴 때는 자녀의 마음도 중요하나 부모의 마음은 더욱 중요하다는 것을 명심하고 일단 호흡을 가라앉히고 차분히 말을 합니다. 부모의 현재 감정을 전달할 때입니다.

"오늘, 알레르기가 나서 약을 먹었더니 약이 졸리게 하나 봐. 지금 너무 졸려."

"너희 학교 가고 부부싸움 했는데 지금 너랑 이야기하면 그 화가 너한테 갈 것 같아. 시간을 좀 줄래?"

"이번 달 생활비가 모자라서 지금 어떻게 해야 할지 고민이야. 3시간 뒤 이야기 나눠도 될까?"

"요즘 갱년기라서 기분이 자꾸 오르락내리락해. 1시간만 기다려줄래?"

"할아버지가 편찮으셔서 지금 어떻게 할지 고민 중이야. 내일 학교 다녀와서 이야기할까?"

이렇게 구체적으로 부모의 상황을 알려야 자녀도 자신의 상황을 정확하게 알려줍니다. 하지만 잊지 말아야 할 점, 부모는 자녀의 대화 요청에 119가 되어야 합니다. 대화는 샌드위치와 같습니다. 좋은 관계, 부드러운 말투, 긍정적인 리액션, 다정한 시선, 기다려주는 마음 등이 모여서 대화가 이루어집니다. 이미 정해진 답을 가지고 대화하면 어긋나기 시작하고 내려놓았던 부정적 감정들이 다시 붙으며 대화는 끝이 나곤 합니다.

부모의 부정적 감정을 정리하고 나서 자녀를 기다릴 수 있는 마음의 준비를 합니다. 정답은 버리고 자녀의 생각을 충분히 들어줍니다.

똑똑한 아이를 키워내는 마중물은 부모의 지혜로운 대화입니다. 1:9의 대화 법칙만 잘 지켜도 자녀가 달라지고 자녀의 미래가 달라질 수 있습니다.

특별한 대화는 장소가 중요해요

요즘은 대화할 수 있는 다양한 공간들이 많습니다. 아늑한 공간에서 디저트를 먹으며 오랜 시간 대화를 나눌 수 있죠. 대화에 관한 주제인데 공간 즉 장소에 관한 얘기가 나와서 의문이 들지도 모릅니다. 하지만 대화는 자연과의 대화, 공간과의 대화, 날씨와의 대화, 지난 추억과의 대화…… 무궁무진합니다. 사람과의 대화만 감정을 나누는 것이 아니라 주변 다양한 대상과 교감하며 자신의 감정을 나누는 것도 대화입니다.

대화하기 전 장소를 바꾸었을 때 학급 아이들이 어떻게 변하는지 같이 볼까요?

1. 대화의 부담이 줄어들어 감성이 채워지고 마음의 여유가 생긴다.

학교 안이지만 운동장으로 나가면 교실 그러니까 '앞으로만 보게 되어 있는 공간'을 벗어나므로 표정이 편해지며 격한 감정을 정리할 수 있습니다.

2. 생각이 유연해진다.

걸으면서 감정이 정리되어 고집이 누그러지면서 상대의 말이 귀에 들어옵니다.

3. 학교 안에서 자신의 마음이 편해지고 대화하기 좋은 장소가 어딘지 알게 된다.

여러 번 경험하면 마음이 편해지는 장소를 찾게 되고 가까운 곳이면 답답하거나 중요한 대화를 하기 전 혼자 다녀와서 마음을 정리할 수 있습니다.

4. 주변 환경이 시야에 들어와 상대로부터 나의 감정을 보호할 수 있는 거리적 안정감을 찾을 수 있다.

자신을 지키기 위해 눈에 힘을 주거나 아예 다른 곳을 보면서 화를 내기 일보 직전일 때가 있어요. 그런데 단지 교실에서 복도로 나오기만 해도 조금 누그러진 태도로 창밖을 보며 말투가 부드러워집니다.

위와 같이 조금만 공간을 달리해도 마음이 바뀌는 걸 학교에서 자주 봅니다. 집에서도 사람마다 좋아하는 공간이 있지요. 또한 특별히 좋아하는 산책로, 좋아하는 카페, 카페 안에서도 마음이 가는 자리 등 사람은 자기가 좋아하는 공간이 따로 있습니다. 그 공간에서 심리적 안정감을 얻기 때문입니다.

가족인데 굳이 밖에서 대화해야 할까요? 이제 특별한 대화는 장소가 중요하다는 걸 알아볼까요?

1. 외부공간에서 대화하는 매너를 배운다.

집에서는 편한 분위기라서 감정이 앞서기도 하고, 쉽게 대화 자체를 끝낼 수 있으나 외부공간에서는 자제하게 됩니다. 나이에 맞게 대화하는 매너를 배울 수 있습니다.

2. 집과 달리 트인 공간에서 답답함이 해소된다.

집은 대체로 공간을 나누어놓아 답답한 느낌이 들고 대화에 실패하면 다른 공간으로 회피하게 됩니다. 반면 외부공간은 벽이 나눠져 있지 않아 시원한 느낌을 줍니다.

3. 사람은 장소에 따라 자신을 맞추려는 경향이 있다.

사람은 장소에 따라 타인의 시선을 의식하고 자신의 이미지를 지키기 위해 이성적으로 행동합니다. 따라서 대화가 어긋나는 일이 다소 줄어듭니다.

4. 외부공간에서 대화할 때 혼난다는 느낌보다 진짜 대화하는 맛이 든다.

부모도 허용적인 마음이 생기고 타인의 시선을 의식하기 때문에 말투가 부드러워지고 자녀도 대화가 부담스럽지 않습니다.

공간에 따른 대화의 중요성을 알아봤어요. 그런데 카페나 특정 장소에만 가야 할까요? 아닙니다. 걸어가면서 대화할 수 있는 익숙하고 편안한 장소도 좋습니다. 그럼 집 근처 어떤 장소가 좋을지 살펴보겠습니다. 너무 익숙한 동네지만 대화할 장소를 찾다 보면 다른 각도로 동네를 관찰하는 장점도 생깁니다.

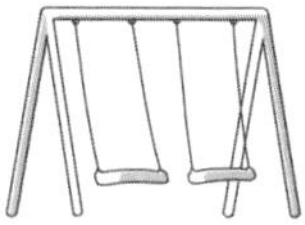

1) 그네에 나란히 앉으면 장난치고 싶어지고 어릴 때가 떠오릅니다. 남학생이라서 안 한다고요? 아니요. 할 겁니다. 그네를 밀지 말고 장난스럽게 흔들어보면서 대화를 시작해봐요.

2) 가만히 앉아 있기보다 움직임을 좋아하는 자녀라면 아이스크림이라도 먹으면서 걸어봐요. 걸으면 혈액순환에도 좋고 기분도 편해집니다.

3) 언덕을 같이 오릅니다. 숨이 차서 헐떡거리는 서로의 모습을 보면서 웃음이 '빵' 터집니다. 다음 대화는 아주 순조롭겠죠. 자녀가 올라가지 않는다고 하면 부모 혼자 올라갔다 옵니다. 부모가 힘들어하는 모습에 자녀는 웃음이 터지고 대화가 될 거예요.

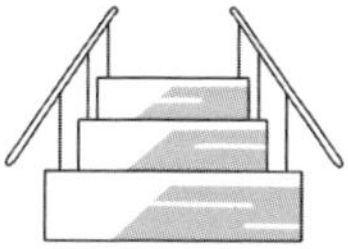

4) 좁은 나무 계단에 나란히 앉습니다. 서로의 온기가 느껴질 때 좋아하는 음악을 들으며 조용히 앉아 있다가 일어나요. 대화는 언제 하나요? 걸어오면서 해요.

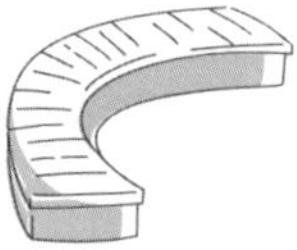

5) 테이블 양쪽으로 왼발과 오른발을 내려놓고 걸터앉아요. 이런 곳은 반드시 가운데 간식이 필요해요. 처음부터 마주 보기 어색하겠지만 간식을 먹으려면 어쩔 수 없이 마주 앉아 대화하게 됩니다.

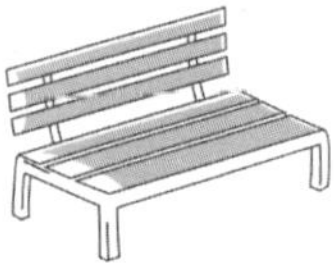

6) 조용히 앉아만 있어도 마음이 정리됩니다. 여기에서 대화하든 음악을 듣든 자녀가 원하는 대로 하고 혹 손을 잡아도 되면 잡고 아니면 어깨라도 토닥여줍니다. 위로가 필요할 때 사용해요.

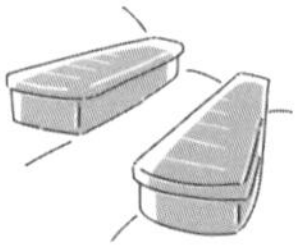

7) 같은 칸에 앉지 말고 거리를 두고 앉는 게 좋아요. 부담 없이 편하게 이야기할 수 있어요.

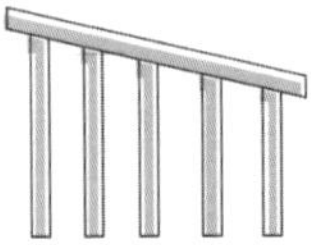

8) 난간에 팔을 걸치고 기대면 가슴이 열려서 실제로 호흡이 편해지면서 시원한 느낌이 들어요. 그리고 대화를 시작합니다.

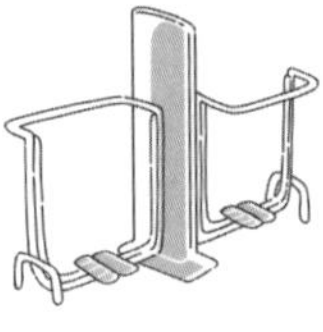

9) 동네 공원 혹은 아파트 단지 내에 운동기구들이 잘 구비되어 있어요. 가만히 있지 못하는 자녀라면 더더욱 가볍게 운동하면서 대화하는 게 좋아요. 움직이지 못하게 하면 생각도 막히니까요.

겨울에 추울 때는 어쩌죠? 일반 카페도 좋지만 저는 북카페를 더 추천합니다. 요즘 북카페는 간식, 다양한 도서, 다양한 형태의 테이블, 안락한 소파 등에 인테리어 맛집처럼 규모가 큰 곳은 2층도 있어서 창가에 앉으면 뷰도 즐길 수 있습니다. 장소를 바꾸면 대화의 형태가 달라집니다.

프랑스를 대표하는 전기작가이자 역사가 에밀 모루아는 "숱한 실패와 불행을 겪으면서도 인생의 신뢰를 잃지 않는 낙천가는 대부분 따뜻한 어머니의 품에서 자란 사람들이다."라고 하였습니다. 부모의 무한한 사랑이 대지처럼 모든 걸 품고 성장하게 한다는 뜻이 아닐까요. 적은 노력이 꾸준히 쌓여 자녀가 변화하고, 어엿한 성인으로 성장하는 모습을 지켜보는 것도 부모만이 느낄 수 있는 보람입니다.

자녀를 키우는 일은 정말 힘들죠. 요동치는 바다처럼 마음이 자주 흔들립니다. 그러나 포기할 일은 아닙니다. 조금 늦어도, 천천히 가더라도 꾸준히 포기하지 않는 길이 부모의 길입니다. 포기하고 싶은 날들도 있겠지만 책장을 너무 일찍 덮지 마세요. 다음 페이지까지 꾸준히 가신다면 또 다른 멋진 부모로서의 자신을 발견하게 됩니다.

좌절한 자녀를 어떻게 위로할까요?

굽은 나무라고 자라지 않을까요? 그래도 자랍니다. 좌절한 아이라고 성장을 멈출까요? 더욱 잘 성장합니다. 좌절은 새로운 시작점입니다. 다만 손바닥으로 가릴 만한 작은 웅덩이가 아니라 포클레인으로 메워야 할 싱크홀입니다.

좌절이란 씽크홀 앞에서 '힘내!'라는 한마디가 아이한테 도움이 될까요? 간신히 버티고 있는데 마지막 남은 힘까지 바람 빠지듯 스르르 사라지며 움츠러들었던 적이 있나요? 힘이 없는데 어디서 힘을 끌어다 써야 할까요? 흔히 젖 먹던 힘까지 썼다고들 말합니다. 성인이라면 생명이 붙어 있는 한 살아내려고 발버둥이라도 치지만 아직 경험도 부족한 아이들이 어떻게 좌절 앞에서 일어설까요? 그래서 간접경험이 필요합니다. 간접경험을 통해 현재 좌절의 농도를 낮추고 부모의 위로로 다시 일어설 수 있는 용기를 얻습니다. 교실에서는 좌절을 어떻게 이겨내는지 살펴보겠습니다.

6학년 수학, 수학 익힘 교과서가 개편되기 이전입니다. 수학 익힘에 나오는 문제는 어려워서 상당한 실력이 필요했습니다. 어떤 문제는 '중' 정도 실력을 갖춘 학생들도 40분 동안 3문제를 풀 정도의 난도였습니다. 기초 수학에 머물러 있는 아이들은 아예 풀지 못하고 거의 울상이었죠. 아무리 시간을 줘도 해결되지 않고 힌트를 주며 따라오게 해야 하는데 그야말로 수학 시간이 고통이었습니다(다행히 교과서가 개편되어 그런 일은 다소 해소되었죠).

학급 아이 중에 수학을 특히나 어려워했던 아이가 있었는데 10문제를 주면 10문제 다 틀려서 아이의 스트레스는 눈덩이처럼 쌓여만 갔습니다. 방과 후에 3학년부터 6학년 수학 교과서를 놓고 확인해보니 3학년 연산부터 막혀 있더군요. 도와주면 할 수 있겠다는 의지를 보고 다시 시작하기로 했어요. 공부 계획을 세우고 이 계획을 달성하기까지 6학년 수학 점수는 아예 신경 쓰지 않기로 약속했습니다.

'3개월 수학 정복 프로젝트'는 먼저 부족한 영역을 정하고 주별, 월별 계획을 세우는 것부터 시작했습니다. 주별 계획은 매주 금요일 방과 후에 같이 세우기로 했습니다. 지난주 지키지 못한 계획을 확인하고 한 주 동안의 계획을 다시 잡기도 했습니다. 자세한 공부 방법이 궁금하면 언제든 4교시로 넘어가 확인하면 됩니다.

그런데 3개월 수학 정복 프로젝트가 일정보다 앞당겨지는 놀라운 일이 벌어졌습니다. 계획을 세우고 실천하며 엉킨 실타래 같았던 수학이 하나씩 풀리는 과정을 경험하고 나자 가속도가 붙었습니다.

아이는 집에서도 혼자 공부하는 재미를 보면서 드디어 6학년 수학을 풀기 시작했습니다.

수학이란 과목에 막혀 좌절하고 있을 때 담임으로서 함께했습니다. 무엇을 설명하기보다 무엇을 모르는지 물어보고 생활 패턴도 알아보면서 스스로 일어설 시간을 주었습니다. 하교 때는 아이들 몰래 선물도 주고 저녁엔 문자도 보냈죠.

'네가 애쓰고 있는 시간, 선생님도 함께하고 있어.
네 시간을 기억하고 있어.'

이 친구는 2학기 중간고사 수학 시험에서 100점을 맞았어요. 아이 어머니는 처음에 '잘 보이려고 거짓말한 거 아니냐.'고 혼내기까지 했답니다. 이 아이를 보면서 많이 배우고 한편 부끄러웠습니다. 이렇게 함께하지 못하고 그냥 스쳐 지나간 제자가 있었을 텐데 참 많이 미안했습니다.

부모로서 가장 힘든 일은 좌절 앞에 선 자녀를 바라보는 일입니다. 그런데 빨리 돕고 싶어도 가장 늦게 움직여야 하는 일이기도 합니다. 좌절에서 일어설 때 자녀는 세상을 배웁니다. 이를 지켜보는 부모의 마음은 고통이지만 이것 또한 부모의 몫입니다. 때론 아무것도 하지 않는 게 부모의 역할일 때도 있습니다. 좌절에서 일어나려고 바둥거릴 때 거창한 말이나 유익한 말보다 함께하는 시간과 마음을 갖는 것이 중요합니다.

두 번째 이야기입니다. 둘째가 그림만 그리고 수능 공부를 하지 않아서 수능등급이 최하위, 대학은 갈 데가 없었습니다. 고용노동부 산하 직업교육기관에서 상담받고 오는 날이었어요. 그날 저녁 둘째가 옆에 눕더니 커다란 바위가 가슴을 누르고 있는 것 같다며 소리도 못 내고 눈물만 흘리더군요. 마음이 무너져 내렸습니다.

그냥 손만 잡고 한참을 기다렸죠. 다 울고 나더니 "엄마, 다시 공부하고 싶은데……." 하면서 말을 잇지 못합니다. 그동안 미술학원 학원비도 내내 미안해했는데 재수하고 싶다는 말을 차마 꺼내지 못하더군요.

"엄마가 퇴직 후 여행 가려고 모아둔 돈이 있어. 네가 재수하겠다고 결정만 하면 돼."

3일 후 둘째는 다시 공부하겠다며 새벽 6시에 일어나 공부하러 나갔어요. 하지만 미술과 공부를 병행하는 건 보통 무리가 아니었어요. 둘째가 매일 점심시간이면 "엄마!" 한마디만 하곤 전화를 끊었습니다. 저는 그냥 "응." 하고 대답해줬어요. 둘째는 엄마의 이 한마디로 힘을 내서 공부한다더군요. 위로의 말이 오히려 마음을 흔들까 그렇게 8개월 동안 "응." 하나로 아이와 마음을 함께했습니다.

드디어, 수능 보는 날이었습니다. 교문 앞에 서서 기다리는데 둘째가 달려 나와 절 꼭 안으며 한마디 했어요.

"수능까지 기다려줘서 고마워. 우리 엄마, 기특하네."

이 한마디에 엄마의 몫이 무엇인지 다시 생각하게 되었습니다.

"엄마, 나 같은 최하등급 수능점수를 어떻게 믿고 재수를 시킨 거야! 대체 뭘 믿고?"

"내 딸이라서 믿었어. 세상에서 내가 안 믿으면 누가 내 딸을 믿어줄까?"

좌절은 믿어주는 힘만 있다면 다시 시작할 수 있는 계기입니다. 생채기가 생겼을 땐 스스로 고민해야 딱지가 나고 새살이 돋아 상처가 덧나지 않습니다. 문제가 생기면 바로 해결해주고 아이의 평화로움을 부모의 의무로 생각한다면 다시 점검해볼 필요가 있습니다. 좌절한 자녀 앞에 때론 묵묵히 장송처럼 곁에 있어주는 것도 큰 위로입니다.

용기를 주는 일에는 말이 필요합니다. 하지만 자녀가 용기마저 잃고 아무런 의욕도 없다면 시간을 함께 보내세요. '좌절한 자녀를 어떻게 위로할까요?'란 제목에 다양한 대화법을 상상했나요? 역설적으로 들리겠지만 좌절한 자녀를 위해 부모가 무언가 한다면 직무 유기, 아무것도 하지 않는다면 부모의 역할을 다한 것입니다.

반전 대화의 뿌리는 생각과 마음입니다

세상 다정하던 아이가 예민해지면 '자식이 상전이다.'란 말이 실감 나기 시작합니다. '사춘기 언제 끝나려나, 이대로 사이가 멀어지면 어쩌나, 이러다 엇나가면 어쩌나…….' 부모의 마음은 복잡해지고 물음표만 끝없이 늘어납니다. 일단 사춘기의 흔한 대화를 알아볼까요?

첫 번째 대화

"학교 갔다 왔어?"

"피곤해. 말 시키지 마."

"네가 필요할 때만 부르지? 앞으로 부탁하기만 해봐라."

(방문을 세게 닫고 자녀가 들어가버린다.)

두 번째 대화

"다음 주부터 시험이니?"

"아니 몇 번을 말해?"

"까먹을 수 있지. 꼭 그렇게 화를 내냐!"

"학교 홈페이지 봐. 그렇게 궁금하면."

"묻지도 마라. 말 시키지도 마라. 가족끼리 말도 못 하냐!"

"나한테 관심이나 있어? 그냥 공부, 공부하잖아!"

두 가지 대화를 보면 고구마 3백 개는 먹은 것처럼 답답하지요. 그럼 어떻게 이 대화를 풀어나가야 할까요? 처방전은 반전 대화입니다. 10문장으로 설득하는 것보다 대화를 뒤집어 1문장으로 설득하는 것이 더 효과적일 때가 있습니다. 대체로 부모는 잘못을 깨닫게 하려는 목적으로 대화를 시도하고, 자녀는 자신의 기준으로 변명하는 형태의 대화를 합니다. 사춘기가 되면 지금까지의 방법으로 자녀와 대화하기가 쉽지 않을 겁니다. 이제 대화의 패턴을 바꾸어야 합니다.

혼날 줄 알았는데 부모가 자녀의 마음을 한 번에 알아주고, 싸늘한 분위기로 끝날 줄 알았는데 공감하며 서로를 이해하는 상황으로 변하게 만드는 대화가 바로 반전 대화입니다.

반전 대화 연습에 들어가기 전 간단한 사례 2가지를 통해 아이들의 심경이 어떻게 변하는지 살펴볼게요.

첫 번째 사례입니다.

학교에서 2개월 동안 긴줄넘기 연습을 하였습니다. 드디어 대회 전날이라 연습이 막바지에 이르렀죠. 그런데 연습 도중 1등을 하려는 욕심이 앞서다 보니 성격이 과격한 A와 말이 없던 B가 싸움이 났어요. 기존의 침착하고 교육적인 풀이 방식으론 안 먹히겠다 싶었어요. 늘 자신의 마음을 알아주고 인정해주던 담임이라 익숙해져서 더 이상 효과가 없어진 게 아닐까 싶어 대화를 바꾸어보기로 했죠.

평소 대화: "수업 끝나고 왜 화가 났는지 이야기해줄 수 있니? 교실이면 네 생각을 들어줄 수 있는데 운동장 사용 시간이 제한되어 있고 다음 반이 수업해야 되잖아."

바꾼 대화: "지금 어떻게 하고 싶니?"

"앞으로 체육수업 안 해요. 선생님 맘대로 해요. 학교 안 다녀도 상관없어요."

"체육수업 참여 안 하는 것은 네 결정이라서 존중하는데, 선생님이 한 가지 돌려받아야 할 게 있어."

"선생님이 나한테 뭘 줬는데요? 받은 게 없어요. 있으면 가져가요."

"이걸 내가 가져가면 졸업할 때까지 절대로 주지 않을 거야."

"네, 네, 얼마든지요. 난 무서울 게 없어요."

"3개월 동안 너한테 주었던 마음 거두어도 되니?"

기세등등하던 아이 눈빛이 흔들리더니 "선생님, 잘못했어요."라고 백기를 들더군요. 일반적으로 혼날 줄 알았는데 아이가 생각하지 못했던 대화로 줄넘기 대회에서 1등보다 담임선생님의 인정이 얼마나 소중한지 한 번에 알 수 있는 계기가 되었지요. 반전 대화가 늘 친절한 모드는 아니에요. 침착하고 냉정한 모드일 때도 있습니다.

두 번째 사례입니다.

6학년 남학생들은 성에 대한 관심이 날로 커집니다. 여학생에게 성적인 행동을 요구하는 문자를 두 번 보낸 아이가 있었어요. 요즘은 성과 관련된 사안은 바로 경찰로 신고가 접수되지만 8년 전이라 상대 부모님의 선처로 △△이가 성교육 받고 반성문을 쓰는 것으로 마무리가 되었습니다.

△△이 어머니는 '인생 망가진 아들'을 어떡하냐면서 한참을 우셨어요. 심각해진 어머니의 마음을 정리하기 위해 대화를 다른 방향으로 틀었어요.

"어머니, 사람은 다리가 부러지면 어딜 가나요?"

어머니께서 갑자기 울음을 멈추시더니 놀란 표정으로 "정형외과로 빨리 가야죠."라고 하시더군요.

"네, 그럼 마음이 부러지면 어떻게 할까요?"

"우리가 고쳐야겠죠? 담임이나 부모가 정형외과가 아닐까요?"

어른이든 아이든 한발 물러서 생각을 바꾸면 문제를 해결하는 방향도 달라진다는 것을 알 수 있습니다.

이제 실제 교실에서 있었던 사례를 통해 실전 연습을 해볼게요. 우선 반전 대화는 3단계가 필요합니다.

1단계: 부모(혹은 담임교사)의 생각 바꾸기

화가 나서 하는 행동이나 말에 집중하기보다 앞뒤 상황을 보고 왜 화가 났는지 유추해봅니다. 학급 친구와 다투었거나 학교에서 꾸중을 들었거나 다양한 이유가 있습니다. 아무 맥락 없이 갑자기 화가 나진 않습니다. 무조건 아이를 나무라지 말고 생각을 바꾸어봅니다.

2단계: 아이의 마음 열기

짜증이나 화가 심하게 난 상태 또는 슬플 때는 어떤 말도 들리지 않고 대화만 거칠어집니다. 사춘기 때는 감정을 제어하는 능력이 부족하여 위험해 보이는 행동을 할 때도 있으므로 감정을 건드리는 말은 자제해야 합니다. 아이가 말하고 싶을 때 말해달라고 부탁해야 합니다. 네가 왜 그러는지 도와주고 싶다는 간단한 말로 자녀의 마음을 다독입니다. 사춘기 자녀와의 대화는 긴 문장보다는 짧은 문장이 좋습니다.

3단계: 감정이 가라앉을 때까지 기다려주기

3단계는 두 가지 방법이 있습니다. 늘 극단적인 감정만 있는 것이 아니므로 바로 대화해도 되는 상황인지 살펴보고 확인하는 것도 중요합니다.

① 화가 많이 나 있는 경우: 말을 걸지 말고 잠시 그대로 둡니다.

② 극도로 우울한 경우: 어깨를 토닥이며 함께한다는 것을 보여

줍니다.

여러 상황 속에서 반전 대화 전후를 비교하며 반전 대화 3단계가 어떻게 적용되었는지 살펴보겠습니다.

상황 1	**저녁 시간에 밥을 같이 먹자고 했는데 나중에 먹겠다며 절대로 일어나지 않다가 한밤중에 라면 먹는 일이 반복되는 상황**
before	"밥 먹자. 얼른 일어나." "안 먹어. 배 안 고파." "또 그러니? 또 한밤중에 라면 먹을 거잖아." "굶을 거야!"
after	**"7시에 밥 먹을 건데 그때 안 되는 사람 말해줄래?"** "어, 난 지금 안 되고 8시 되어야 밥 먹을 수 있어." "배고파서 가족들이 지금 먹고 싶대. 어떡하지?" "난 8시에 먹을게." "라면 자주 먹으면 건강에 안 좋아서 좀 걱정인데, 식탁에 반찬만 챙겨놓을까?" "그래. 그럼 난 8시에 먹을게."

어떤 차이가 느껴지나요? 이런 일은 각 가정에서 비일비재합니다. 반전 대화는 극적으로 역전되는 드라마가 아닙니다. 부모의 생각을 바꾸어 아이가 무조건 부모의 결정대로 따라주길 바라기보다 부모와 자녀의 합일점을 찾아가는 것입니다. 7시에 안 먹는다고 혼나지 않고 혼자 8시에 먹는 상황으로 바뀌었지만 대화 과정에서 아무도 감정이 상하지 않았습니다.

더 중요한 건 '안 되는 사람 있냐?'고 물었기 때문에 자신을 지칭해 묻지 않았으므로 심리적으로 불편하지 않습니다. 이런 가벼운 상황은 '1단계 부모(혹은 담임교사)의 생각 바꾸기'만 적용하였습니다.

상황 2	학교 점심시간에 다소 성격이 과격한 A와 장난치기 좋아하는 B가 심하게 다투어 A가 의자를 던진 상황
before	"아니, 사람이 다치면 어쩌려고 그러니? 말로 해야지. 선생님이 그렇게 가르쳤어? 화가 나면 너처럼 그렇게 행동하면 될까?"
after	과격한 A의 손을 잡고 잠시 기다리며 반전 대화 3단계를 적용한 후 **"왜 화가 이렇게 많이 났는지 말해줄 수 있어? 그래야 선생님이 도와줄 수 있어."라고 말해준다.**

위험해 보이는 아이부터 3단계를 적용하여 반전 대화를 하는 것이 중요합니다. 의자를 왜 던졌는지에 초점을 맞추면 아이는 이미 혼낸다고 생각하여 분노를 조절하지 못합니다. 왜 화가 났는지에 초점을 맞추는 것이 급선무입니다. 혼날 것이라는 예상을 엎고 마음을 알아주는 교사의 말을 들으면 마음을 열고 상담이 가능해집니다. 이때 아이의 눈을 지긋이 바라보며 평상시보다 더 작은 목소리로 말을 해야 합니다. 화가 많이 나지 않은 B는 눈짓으로 잠시만 기다려달라고 하면 됩니다.

상황 3	교실에서 늘 아이들과 사소한 말다툼이 잦으며 자신은 그냥 의견을 말했는데 친구들은 짜증을 낸다고 억울함을 호소하는 상황
before	"색연필 빌려줄래?" "안 되는데?" "아니, 그거 보라색 한 번만 쓰게 빌려주라." "보라색 별로 없는데? 그래서 못 빌려주는데?"
after 1	"색연필 빌려줄래?" "안 될 거 같아." "아니, 그거 보라색 한 번만 쓰게 빌려주라." "보라색이 별로 없어. 어쩌지?"
after 2	"색연필 빌려줄래?" "어떡하지? 빌려주고 싶은데 보라색이 얼마 남지 않아서 빌려주기가 좀 어려워. 그러면 여기 있는 색 중에서 다른 거 필요해? 한번 골라볼래?" "아니야, (웃음) 다른 친구한테 빌려볼게. 고마워."

대화가 완전히 달라졌죠? 사실 학급에서 보면 아이들은 거의 다 착하고 밝습니다. 다만 뭔가 훈련받지 못하고 아직 서툴러서 갈등이 생깁니다. 아이 성격은 바꾸기 어렵습니다. 성격 자체를 나무라기보다 '1단계 담임교사의 생각 바꾸기'를 적용하여 이 학생이 평소에 쓰는 말투를 자세히 관찰해보았어요. 아주 사소한 차이를 발견하고 반전 대화 '2단계 아이의 마음 열기'를 적용해봤어요.

"네가 착하고 친구를 도우려는 마음도 있는데 아이들이 오해하는 것 같아서 선생님이 도와주어도 될까?"라고 물었습니다.

"대화할 때 딱 한 글자만 빼면 어떨까? '없는데? 안 되는데? 재미없는데?'를 '없어~, 안 돼~, 재미없어~'로 바꾸어봐. 그리고 말을 길게 끌어봐."라고 했더니 느낌이 확 달라지더군요.

반전 대화 after 1로 변했죠. 그런데 여전히 단정적인 거절의 말이 들어간 표현이 있어서 연습한 결과 반전 대화 after 2로 변했고 친절하게 표현하는 태도로 바뀌자 학급 아이들과도 사이가 좋아졌습니다. 고치라고 꾸중만 했다면 달라지지 않았을 겁니다. 대화법은 한 번에 달라지지 않으므로 상황에 따라 단계별로 적용해보는 것도 좋습니다. 대화도 습관이라 습관을 바꾸는 데는 시간이 필요합니다.

상황 4	리코더 수업 시간, 외부 강사 특강 수업 중에 담임이 아니라서 용기가 없어 말을 못 하고 참다가 오줌을 바지에 흘린 상황
before	"어머니, 아이가 오줌을 싸서 옷 갈아 입히고 데려가세요."
after	"어머니, 아이가 바지에 오줌을 흘렸는데 여벌 옷이 없어요." "선생님, 죄송해요. 창피해서 어쩌죠?" "어머니, 많이 먹고 속이 안 좋아 구토하면 부끄럽나요?" "아니요." "그럼 소변이 넘쳐서 나오는 거랑 뭐가 다를까요?"

이번 대화는 선입견을 가진 어른들의 생각을 뒤집은 사례예요. 위로 토하거나 아래로 소변을 누는 것은 같은 것이므로 생각을 뒤집어

부끄러워하지 않도록 상황을 전환했습니다.

반전 대화란 말을 잘해서 상대를 설득한다기보다 상대를 바꾸기 전에 나를 바꾸어 마음의 변화를 통해 소통의 수단인 대화를 반전으로 이끌어가는 것입니다. 반전 대화의 뿌리는 생각과 마음입니다. 대화하는 자녀의 입장이 되어 당황스러운 상황에서 무엇이 가장 걱정인지 찾아내고 파악하여 마음을 만져주는 것이 반전 대화의 기본입니다. 생각 바꾸기, 마음 열기, 기다리기 3단계를 따라 사춘기 자녀와의 대화가 술술 풀리는 마법 같은 하루를 즐기길 바랍니다.

4교시

공부와 진로, 한 번에 해결할 방법이 있나요?

공부는 나를 찾아가는 길입니다

공부는 언제부터 시작되었을까요? 아이들은 원시시대가 부럽다고 합니다. 학교가 없으니까요. 그럼 원시시대에는 공부가 없었을까요? 생존을 위해 살아가기 위한 모든 것을 어른들로부터 배우고 다음 세대에 전달하며 살았으니, 일정한 교육기관은 없었어도 이 또한 공부입니다.

공부란 '학문이나 기술을 익힌다.'라는 뜻입니다. 그러므로 인류의 생존과 함께 공부도 시작되었던 것입니다. 학교에서 배웠던 공부가 인생에 어떤 도움을 주었는지 생각해볼까요? 우리는 학교에서 공부한 후 일정 자격을 취득하여 직업을 선택하고 나면 결혼하고 자녀를 낳아 다시 공부시킵니다. 이 무한반복이 가속되다 보니 공부 열풍은 잦아들지 않고 있습니다. 돌아보면 '왜 공부해야 하는지'에 대해 한 번도 배우지 않았고 다만 대학 가기 위해 공부했던 기억밖에 없습니다.

6학년 때 함께했던 제자들이 23살이 되어 다시 모인 적이 있었어요. 군대에 있거나 취업 준비 등으로 바쁜 아이들이 많아서 절반 정도 모였는데 한창 꿈 많은 나이에 어떻게 앞으로 살아야 하는지 진로 고민이 너무 많아 보였습니다. 그래도 인생을 고민한다는 것은 아주 긍정적입니다. 다만 대학 학과를 선택하기 전에 학교 공부를 통하여 자신을 알아갔더라면 훨씬 도움되지 않았을까 싶었습니다.

왜 공부하는지, 그리고 공부가 진정으로 나를 찾아가는 길인지 원론적인 고민을 부모와 자녀가 했더라면 어떻게 달라졌을까요? 공부는 목적이 아니라 수단입니다. '나를 찾아가는 길'에 필요한 수단일 뿐이죠. 공부는 대학입시에만 국한되지 않습니다. 학교 교육과 공부는 아이가 어른으로 성장하며 자신을 알아가고 찾아가는 일입니다.

저도 세 아이의 대학입시 5번을 거치면서 입시가 어렵다는 걸 잘 알고 있습니다. 더구나 그 결과가 만족할 만한 그림이 아니라면 부모와 아이가 감당해야 하는 심리적 부담이 어떤지 충분히 공감합니다. 그래도 공부에 매진해야 하는 상황이 안타까울 따름입니다.

공부를 통하여 나를 찾아가는 길은 어떤 길일까요? 자녀가 6학년이라서 마음이 급하죠? 6학년이면 아직 시간이 충분합니다. 그리고 한 템포 쉬어가도 되는 시기입니다.

우선 자녀 공부에 대한 부모의 마음가짐부터 알아보겠습니다.

1. 공부는 가족 구성원이 각자 하는 일 중에 하나다.

공부, 힘들죠. 그렇다고 자녀가 무슨 잘못을 해도 적당히 봐줘야 하는 특권이 아닙니다. 부모가 직장을 다니면서 가족 생계와 교육비를 책임지고 자녀를 돌보는 일처럼 공부도 특권이 아니라 가족들이 하는 일 중에 하나일 따름입니다.

2. 공부는 성과제를 적용할 수 없다.

직장에 다니면 성과제가 있고 결과치에 따라 보상이 주어집니다. 그러나 공부는 과정일 뿐입니다.

3. 공부를 안 하는 것과 게으름은 다르다.

공부 못한다고 게으른 것은 아닙니다. 같이 문제 풀고 시험도 치고 모든 교육활동에 다 참여하면서 똑같이 학원에 다녀도 아웃풋은 다를 수 있습니다. 이제 겨우 13년을 살아왔는데 성적표 하나로 아이의 모든 것을 평가한다면 아이는 너무 억울할 겁니다. 아이는 게으른 게 아니라 자신의 속도로 잘 나아가고 있는 중 입니다.

4. 간절함이 없으면 억지로 밀지 말자.

무엇이든 필요해야 움직이려는 마음이 생깁니다. 다들 공부하고 있고 우리 아이만 공부를 안 해 다른 아이보다 떨어지면 나중에 어떡하나요? 부모의 걱정이 태산입니다. 하지만 공부는 억지로 되는 게 아닙니다. "우리 아이한테 그 절박함이 영영 오지 않으면요? 혹시 오더라도 너무 늦어서 땅을 치고 후회한들 무슨 소용인가요?"라고 할 수도 있습니다. 하지만 37년 동안 무수한 제자들을 보면서 알게 된 것이 있습니다. 아이들은 해야겠다고 마음먹으면 그때부터 무섭게 공부한다는 거예요. 공부의 시급함을 중학교에 한정하지 말고 멀리 내다보아야 합니다.

취업이 세계적으로 어려운 시기이고 입시가 바늘구멍이면 취업은 바늘구멍에 나를 맞추어야 하는 거의 곡예 수준입니다. 그리고 우리나라도 한 직종에 오래 근무하기보다 이직하는 경향이 많아지고 있습니다. 한 사람이 평생 한 직종에 매달리는 시대는 지났습니다. 격변하는 인공지능 시대에 살고 있으므로 조금 더 느긋하게 기다릴 필요가 있습니다.

5. 6학년은 중학교 가기 전 하프타임이다.

운동경기에도 전반전과 후반전 사이 하프타임이 있습니다. 하프타임은 쉬기도 하지만 전반전 경기를 분석하고 경험을 후반전에 적용하여 작전을 짜고 마음을 다지며 에너지를 비축하는 시간이기도 합니다. 하프타임인 6학년에는 무언가 새로운 작전과 휴식이 필요하지요. 공부뿐만 아니라 체력, 독서, 교우관계, 부모와의 관계 등을 점검하며 쉬어가는 시기입니다. 쉬어간다는 것은 공부를 하지 않는다는 뜻이 아닙니다. 6학년이기에, 공부를 더 해야 한다는 무게감을 좀 덜자는 뜻입니다.

6. 학교에서 하는 공부만 공부가 아니다.

사람이 눈을 뜨고 잘 때까지 새로운 것을 배우고 깨달아 적용하며 성장하는 모든 과정이 '공부'입니다. 학교에서 아이들은 교과서를 펴지 않으면 공부가 아니라고 생각합니다. 인생에 도움이 되는 다양한 이야기를 나누면 "오! 공부 안 하고 논다!"라고 좋아합니다. 그래서 계속 말해줍니다. "이것도 공부야. 너희들이 어른이 되려는 과정에서 교과목으로 배우지 못하는 더 중요한 공부란다." 그다음부터 아이들도 진지하게 들으려고 합니다. 처음에는 듣기만 하는데 일 년 동안 매주 월요일 첫 시간에 다양한 주제로 이야기를 나누면 무언가 깨달아가는 눈빛이 반짝입니다. 아이들도 진지하게 이야기하고 적극적으로 참여합니다. 깨달음은 뇌를 자극하는 좋은 효과가 있습니다. 다만 한 번도 생각하지 못한 다양한 주제를 고르는 일이 중요합니다.

7. 환경을 개선하는 건 부모의 역할이고 공부는 아이의 몫이다.

좋은 습관을 키우고 쾌적한 환경을 갖추어 공부하려는 의지가 쉽게 꺾이지 않도록 공부방 인테리어를 시도합니다. 주말에 온 가족과 함께 '공부방 바꾸기'를 계획하고 실천해보세요. 미리 가족의 동의를 구하고 날짜를 정해야 합니다. 일방적인 통보보다는 자녀에게 목적을 이해시키고 바꾸려는 의지를 보여주어야 합니다. 조금씩 변화를 시도하여 공부가 더 잘되는 쾌적한 공부방을 꾸며보세요. 혹은 아이들의 공부 집중도가 올라갈 수 있는 곳이 집 안 어디인지 아이 스스로 찾아보게 해도 좋습니다.

부모들도 공부에 대한 마음가짐을 다졌으니 학교 공부를 통해 어떻게 '나'를 찾아가는지 알아볼게요.

첫 번째 예시

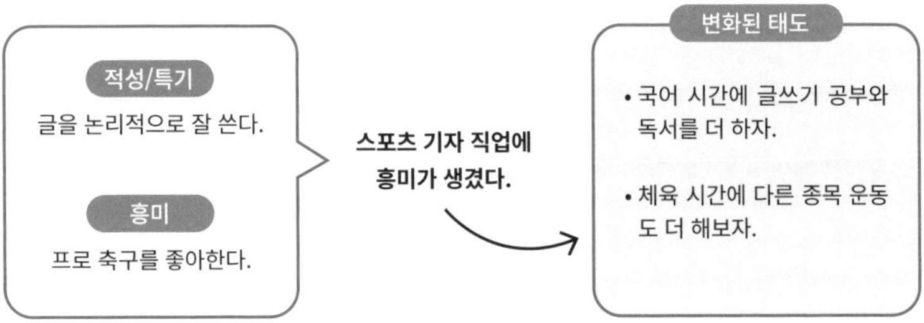

부모는 어떻게 아이를 도와야 할까요? 자녀가 쓴 글에 적극적인 관심을 보이고 칭찬을 아끼지 않습니다. 국어 교과서를 넘겨보고 진지하게 읽으면서 참여합니다. 혹 운동경기를 관람할 때 관심이 없더라도 신난 모습으로 관람합니다. 부모가 그 순간을 즐기지 않는다면 자녀는 혼자 쓸쓸해지고 실망합니다. 다음에 같이 오고 싶은 마음이 없어지겠죠.

두 번째 예시

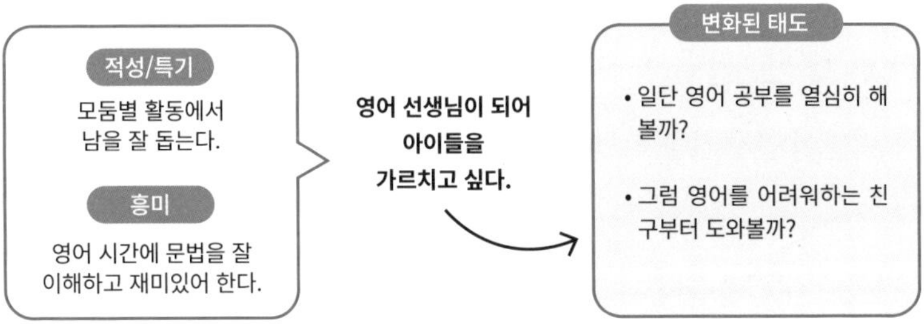

부모는 어떤 도움을 줄 수 있을까요? 아이가 영어에 관심이 많으

면 외국영화를 보면서 같이 간식도 먹고 간단한 회화도 나누며 칭찬도 아끼지 않습니다. 좋아하는 배우가 누구인지 알아보고 그 배우가 나오는 외국영화를 보기로 약속합니다. 서점에 가서 영어 동화책도 사고 영어에 푹 빠지는 행복한 경험을 자주 할 수 있도록 시간을 함께 합니다.

세 번째 예시

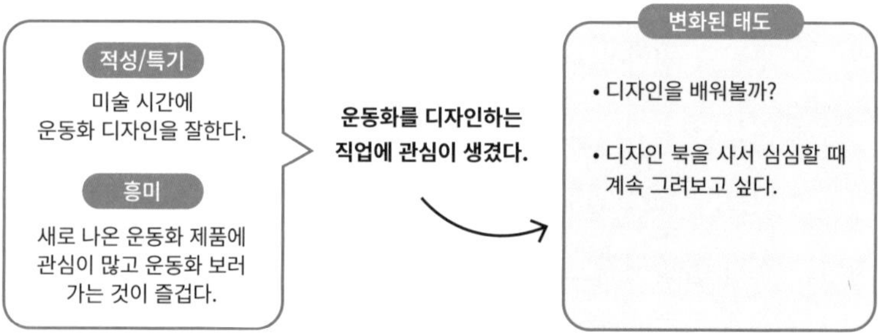

이때 부모의 역할은 무엇일까요? 운동화를 매번 살 수 없으니 쇼핑할 때 운동화 매장도 둘러보거나 디자인 북을 사서 부모 한 짝, 자녀 한 짝 그려봅니다. 아이 혼자 상상하고 노력하는 꿈이 되지 않도록 다같이 분위기를 만들어줍니다.

이런 과정을 거친다고 무조건 진로가 결정되고 이런 방향으로 계속 변화되는 것은 아닙니다. 다만 공부하는 목표가 생기는 거죠. 뿐만 아니라 자신에 대해 알아가는 연습을 반복적으로 하다 보면 아이 스스로 자신의 인생을 고민하게 됩니다.

학교 안팎에서 습득하는 공부는 단순한 지식 쌓기가 아니라 자신을 알아가는 중요한 과정이므로 점수만으로 평가하지 않도록 합니다. 땀 흘리며 애쓰는 아이를 응원해주고 함께하는 것은 어른들의 숙제입니다. 직업이 공부의 최종 목표처럼 보이겠지만 아이들은 배우는 과정을 통해 자신을 알아가고 끝없이 발전해갑니다.

아이들은 매일 스스로 무언가 하려는 의지가 부족합니다. 그래서 재능을 찾아주고 칭찬해주며 자신을 알아가는 일에 부모의 응원이 필요합니다. 책망은 주저앉게 하지만 격려는 앞으로 나아가게 합니다. 자녀가 공부를 통하여 자신을 알아가는 과정에서 버퍼링이 걸리더라도 성장하고 있으니 다시 로그인될 때까지 긍정적 시선으로 기다려줍니다. 돌봄을 받더라도 성장은 오롯이 아이들의 몫입니다.

공부도 연습이 필요합니다

과목별 공부 방법에 비장의 카드가 있는 건 아닙니다. 가장 중요한 팁이라면 나이와 학년에 상관 없이 항상 교과서 전체 목차를 이해하고 확인하며 흐름을 파악하는 것입니다. 그러기 위해 부모가 먼저 교과서를 구경하면서 목차라도 '선행학습'하면 자녀에게 공부 방향을 추천할 수 있습니다. 부모가 전체 흐름을 알고 있어야 자녀의 공부에 도움되는 방법을 함께 찾아가며 대화할 수 있습니다.

국어 목차(6학년 기준)

① 작품을 읽고 인물의 삶을 이해하고, 인물의 삶과 자신의 삶을 관련짓기
② 관용표현을 활용하여 자신의 생각을 효과적으로 말하기
③ 타당한 근거와 알맞은 자료를 활용해 논설문 쓰기
④ 다양한 매체 자료를 활용해 내용을 효과적으로 전달하기
⑤ 글에 담긴 글쓴이의 생각을 자신과 비교하기
⑥ 뉴스와 광고에서 정보의 타당성과 표현의 적절성 판단해보기
⑦ 글의 내용과 표현이 더 나아지도록 쓴 글을 고쳐 쓰기

⑧ 자신의 경험을 떠올리며 영화나 기행문을 감상하고 다양하게 표현하기
⑨ 비유하는 표현을 살려 '시'를 감상하며 시를 써보기
⑩ 이야기 구조를 생각하며 내용 간추리기
⑪ 다양한 자료를 체계 있게 짜서 발표하기
⑫ 주장하는 글에 담긴 내용이 타당하고 표현이 적절한지 판단하기
⑫ 속담을 활용하여 자신의 생각을 효과적으로 표현하기
⑭ 이야기를 듣거나 읽고 드러나지 않은 내용 추론하기
⑮ 올바른 우리말 사용을 주제로 근거를 들어 글 쓰기
⑯ 글 쓰는 과정을 생각하며 마음을 나누는 글 쓰기

1년 동안 국어 시간에 배우는 내용입니다. 사람이 언어를 사용하면서 배워야 할 모든 것이 고스란히 담겨 있습니다. 그리고 교사의 설명을 듣기보다는 실제로 모든 활동을 경험하며, 종합적인 사고와 능력을 키워가게끔 되어 있습니다. 일상생활과 동떨어진 내용은 하나도 없습니다. 교육은 이렇게 어른이 되어가는 기본 과정을 통해 하나씩 배우고 경험해나가는 것입니다.

수학 목차(6학년 기준)

1학기	2학기
① 분수의 나눗셈	① 분수의 나눗셈
② 각기둥과 각뿔	② 각기둥과 각뿔
③ 소수의 나눗셈	③ 소수의 나눗셈
④ 비와 비율	④ 비례식과 비례배분

⑤ 여러 가지 그래프	⑤ 원의 넓이
⑥ 직육면체의 부피와 겉넓이	⑥ 원기둥, 원뿔, 구

수학의 경우 1학기는 기본 단계이고 2학기는 1학기를 기반으로 한 심화 단계입니다. 수학은 계단식 공부입니다. 1학기의 수학 과정을 빼고 2학기 수학만 공부하면 수학 공부에 진전이 없습니다. 어느 학년의 수학을 충분히 소화하지 못했는지 확인하고 반드시 다시 익혀서 해결해야 합니다. 이때 제대로 짚고 가지 않으면 중고등학생이 되어 식은 잘 세우는데 기본 연산이 훈련되지 않아 계산 과정에서 실수하는 경향이 있습니다.

사회 목차(6학년 기준)

① 민주주의의 발전과 시민 참여 ② 일상생활과 민주주의 ③ 민주정치의 원리와 국가기관의 역할 ④ 우리나라 경제체제의 특징 ⑤ 우리나라의 경제 성장 ⑥ 세계 속의 우리나라 경제	⑦ 지구, 대륙 그리고 국가들 ⑧ 세계의 다양한 모습 ⑨ 우리나라와 가까운 나라들 ⑩ 한반도의 미래와 통일 ⑪ 지구촌의 평화와 발전 ⑫ 지속가능한 지구촌

사회 교과서를 자세히 보면 뉴스를 보거나 일상생활에서 부모와 대화할 수 있는 수준입니다. 자녀에게 정확한 정보를 주고 이야기하며 대화의 수준과 범위를 넓혀가는 것이 좋습니다. 부모와 사회 전반

에 관한 이야기를 많이 나눈 아이들이 수업 시간에 잘 참여하고 이해 속도도 빠릅니다.

핸드폰에 사회 교과서 목차를 저장해두고 관심을 가지면 이야기 주제가 더 다양해지고 좀 더 자세히 알아보려는 목적이 생깁니다. 뉴스를 보거나 영화나 드라마를 보다가 이야기할 수도 있고, 이와 관련된 사회 이슈가 나오면 전에 대화를 나눴던 내용과 연계하여 심도 있게 토론할 수도 있습니다. 서서히 시각과 생각의 폭을 넓혀 다양한 주제에 관심을 가질 수 있도록 합니다. 아는 만큼 보이고 아는 만큼 들린다고 합니다. 일주일에 한 번 정도 대화를 나누어도 최소한 48가지 주제가 필요합니다. 매일 보는 뉴스에서 주제를 한 가지만 잡아도 됩니다. 편하게 가장 최근 뉴스로 이야기를 시작해봅니다.

과학 목차(6학년 기준)

1학기	2학기
① 과학자처럼 탐구해볼까요? ➡	① 전기의 이용
② 지구와 달의 운동 ➡	② 계절의 변화
③ 여러 가지 기체 ➡	③ 연소와 소화
④ 식물의 구조와 기능 ➡	④ 우리 몸의 구조와 기능
⑤ 빛과 렌즈 ➡	⑤ 에너지와 생활

과학은 일상생활에서 일어나는 변화를 과학적으로 생각하며 가

설을 세우고 탐구하는 과정입니다. 즉 일상생활의 현상에서 의문점을 갖고 실험하며 결과를 도출하여 어디에 적용하고 있는지 파악하는 공부입니다. 1학기와 2학기를 비교하면 서로 연관되어 있습니다. 예를 들어 1학기에 '빛과 렌즈'를 배우면 2학기에 연관 지식인 '에너지와 생활'이 나옵니다. 자연의 변화와 관련된 에너지가 생활에 어떻게 쓰이고 또한 신체 구조와 식물의 구조를 통해 생명이 어떻게 유지되는지 배워갑니다.

국어, 수학, 사회, 과학 시간에 사람이 살아가면서 필요한 모든 것을 배워가고 있습니다. 나머지 도덕, 체육, 음악, 미술, 실과, 영어도 각각의 역할에 맞게 교과가 운영되고 있습니다.

이제 국어 교과 내용 중 '비유하는 표현'을 예시로 어떻게 공부해 나갈지 하나하나 설명해보겠습니다. 반드시 자녀의 교과서를 옆에 두고 넘기면서 실제로 따라해보길 권장합니다.

1. 국어 공부법(단원: 비유하는 표현)

① 교과서 전체 목차 확인하기	한 학기 동안 무엇을 배우는지 이해하고 윤곽을 잡는다. 이 단계가 없으면 공부의 순서가 뒤죽박죽되어 공부가 끝나면 어디에 속하는 내용인지 헷갈린다. 놀이공원 전체안내도와 같은 역할을 한다.
② 단원 파악하기	예시: 비유하는 표현

③ 단원에서 몇 가지를 배우는지 파악하기	단원 전체 윤곽을 잡는다. 예시: 비유하는 표현-시 읽기-시 쓰기-시화전, 낭송
④ 1차시 수업 목표 확인하기	학습목표를 읽고 이해하며 위 ③번 칸에서 1차시에 해당되는 내용임을 파악한다.
⑤ 교과서 그림을 보고 내용 파악하기	이미지로 교과서 전체 내용을 혼자 이해한다. 동시가 아니라 동화나 소설이라도 그림을 보면서 단원의 전체적인 내용을 파악한다.
⑥ 그림과 줄글을 연결해서 파악하기	소설이나 동화 등 다른 장르의 글도 그림과 연결하면 내용이 쉽게 파악된다.
⑦ 교과서 맨 윗부분 학습목표 확인하기	교과서 맨 윗부분에 학습목표를 이렇게 제시해준다. 예시: 뻥튀기 하는 모습을 본 경험을 떠올리며 「뻥튀기」를 읽어봅시다. '비유하는 표현 살펴보기'에서 뻥튀기 하는 모습을 본 경험을 떠올리며 읽어보라는 내용을 파악한다. 잠시 이와 비슷한 경험이 있는지 꼭 생각하고 넘어가고 비슷한 경험이 없으면 드라마, 영화, 다른 책에서 본 내용도 연상해본다.
⑧ 4차시까지 단원이 끝나면 다시 확인하기	* 비유하는 표현이 무엇인지 이해되었나?(1차시) * 비유하는 표현을 생각하며 시를 읽어보기(2차시) * 비유하는 표현이 들어간 시를 썼는가?(3차시) * 시 낭송회를 하고 시화전을 열면서 어떤 점이 좋았는가?(4차시)

이렇게 공부하면 시간도 걸리고 교과서를 앞뒤로 계속 넘겨야 해서 귀찮기도 합니다. 그런데 아주 작은 맥락은 알고 있는데 이 부분이 어디에 연결되는지 알지 못하여 문제를 풀 때 오류가 생기는 것을 예

방할 수 있습니다. 공부는 입체적으로 해야 합니다. 어느 단원에서 어떤 내용이 나오는지 정확히 파악하고 그림을 그리듯이 공부해야 합니다.

공책 정리하는 방법

① 6학년이면 수업 시간에 마인드맵으로 정리하는 것도 가능합니다. 주제가 예시의 '비유하는 표현'이라면 주제를 가운데 두고 가지를 뻗어나가면 됩니다.

② 학습목표를 쓰고 다음 칸에 차시 주제를 쓴 다음, 그날 배운 내용을 간단하게 5분 정도의 시간을 들여 정리합니다. 핵심만 필기하되, 자세히 쓰지 않도록 합니다.

③ 독서를 많이 하지 않는 학생은 국어책을 평소에 조금씩 읽는 것을 추천합니다. 다양한 장르의 글을 읽다 보면 지식을 쌓을 수 있습니다. 전체적으로 학생에게 유리한 글을 선별한 것이므로 반복해서 읽어둡니다.

2. 수학 공부법

① 교과서 전체 목차 확인하기	한 단원이 끝날 때마다 무엇을 배웠고 무엇이 남았는지 확인하면서 자신이 잘하는 단원과 어려운 단원을 파악한다. ☆, * 등 자기만의 기호로 표시한다.
② 단원 시작하기 전 수학익힘에서 '공부할 준비가 되었나요?' 확인하기	'공부할 준비가 되었나요?' 이 쪽수에는 5학년 때 배웠던 기초 학습에 해당되는 문제가 나온다. 대체로 잘할 것 같지만 틀리는 아이들이 더 많다. 이 부분은 매우 중요하다. 학교에서 다 같이 풀고 채점하고 넘어가나 어디에서 틀렸는

	지 파악한다. 계획을 세워 5학년에서 부족했던 단원을 꼭 공부하고 넘어가도록 한다. 그렇지 않으면 6학년 때도 그 부분에서 틀리는 경향이 있다. 5학년 교과서가 없으므로 5학년 문제집을 구매하여 그 단원만 공부하고 넘어가는데 문장제 문제를 풀지 말고 단순 개념이나 계산 과정을 충분히 공부하도록 한다. 부족한 단원의 개념을 정리하는 의미로 공부하면 된다.
③ 단원의 전체 학습목표를 처음부터 끝까지 확인하기	학습목표를 한 쪽씩 넘기면서 전체 단원이 어떻게 흘러가는지 파악한다. 예를 들어 나눗셈을 몇 가지로 공부하는지 파악하고 혹시 알고 있는 내용이 있는지도 확인한다.
④ 수학 교과서 공부하기	수학 교과서 공부가 끝나면 수학익힘을 풀어본다. 오늘 어느 부분이 어려웠는지 교과서에서 그림과 글로 풀이해놓은 과정에 체크한다. 체크한 부분은 나중에 복습할 때 필요하다. 가장 좋은 방법은 그날 해결하는 것, 그렇게 못한 경우 주중에 다시 해결한다.
⑤ 단원 정리	한 단원이 끝나고 실제로 풀어보면 정확하게 무엇을 못하는지 알게 된다. 학교에서 배우고 문제집도 풀어서(혹은 학원에서도 배우므로) 다 알 것 같지만 틀리는 경우가 있다. 이때 위의 ③번 단원의 전체 학습목표에서 어느 부분이 이해되지 않아 틀렸는지 확인한다. 예시: 교과서의 자연수÷분수, 분수÷분수, 분수÷분수를 분수×분수로 나타내기 등에서 이해하지 못한 부분을 찾고 교과서 해설 부분을 다시 공부한다.
⑥ 틀린 문제 공책에 다시 풀기	공책에 문제를 풀 때 공책을 세로로 반을 접어 왼쪽부터 쓰고 오른쪽을 쓰도록 한다. 공책을 반으로 접고 문제를 풀어야 문제를 푸는 과정이 일목요연하게 보이고 어디서 틀렸는지 한눈에 알 수 있다.

⑦ 복습하기	문제집이나 교과서로 다시 풀어보는데 색연필 2가지 정도 준비한다. 공책에 문제를 풀고 문제집이나 교과서에 채점한다. 하루가 지난 후 공책에 풀고 문제집이나 교과서에 다른 색으로 채점한다. 이때 두 가지 색이 모두 '×'로 나오면 이 부분은 특히 모르는 부분이므로 다시 풀도록 한다. 오래 걸릴 것 같지만 하루 수학 공부 분량이 적고 틀린 문제만 풀기 때문에 30분도 소요되지 않는다.

3. 사회 공부법

① 교과서 전체 목차 확인하기	전체 목차를 확인하는 것은 공부의 기본이다. 교과서 전체에 어떤 내용이 나오는지 윤곽이 잡혀야 공부해도 단원이 머릿속에서 섞이지 않는다.
② 학습목표 확인하기	학습목표를 그냥 읽지 말고 '4.19 혁명'을 들어봤는지 생각해보며 '이때 시민들이 무슨 노력을 했나 보구나.' 이렇게 목표를 혼자 고민한다. 고민을 해봐야 수업 참여도가 높고 수업이 끝나도 기억에 오래 남는다.
③ 단원에서 나오는 사진을 보고 어떤 내용인지 유추해보기	그림, 도표, 그래프, 지도가 무엇을 나타내기 위해 나온 건지 확인하고 자세히 알아보는 것이 좋다. 공부를 완벽하게 했다면 이 그림이 교과서 어디쯤에 있는지 기억난다. 그림, 도표, 그래프, 지도와 교과서 줄글을 같이 봐야 이해되고 기억에도 오래 남는다. 보통 글만 읽고 끝나는 경우가 많은데 이렇게 되면 내용이 섞여 어렵다. 사회는 암기할 게 많아서 이해하면서 읽는 습관이 필요하다. 처음에는 시간이 걸리지만 한번 암기하고 나면 다시 인출하기가 쉽다.

④ 줄글로 내용 파악하기	위의 순서대로 그림을 파악하고 그림이 순서대로 머리에 정리되었으면 줄글을 파악한다. 줄글에서 중요한 내용은 색 볼펜으로 그림과 연결한다. 눈으로만 외우지 말고 손과 머리가 같이 움직여야 한다.
⑤ 공책 정리하기	예시: 단원: 우리나라의 민주정치 학습목표: 4.19 혁명과 시민들의 노력을 알아보자. 내용 정리: **① 3.15 부정선거** 유권자들에게 돈이나 물건으로 투표 권장/조작된 투표용지 바꾸기 **② 4.19 혁명을 순서대로 요약** 3.15 부정선거 전 대구 학생시위/마산 비판 시위/전국 시민, 학생 시위/ 대학교수 학생들 지지/이승만 대통령 하야/시민들은 사회질서 바로잡음 **③ 김주열** 마산 시위에서 실종된 고등학생/마산 앞바다에서 발견 **④ 국립 4.19 민주 묘지** 서울특별시 강북구에 있음

공책 정리하기 Tip

처음에는 공책 정리가 어렵지만 2주 정도 지나면 익숙해진다. 교과서를 보고 모두 필기하지 말고 위의 예시처럼 ①②③④ 볼드로 된 부분만 적고 그 아래 열거한 내용은 교과서를 보지 않고 혼자 필기한다. 필기가 끝나면 다시 교과서를 보고 빠진 내용을 적어넣는다. 그날그날 공부한 내용은 바로 필기하는 것이 기억에 오래 남는다. 항상 공부가 끝나면 전체 목차를 보고 지금 어디쯤 공부하고 있는지 확인하는 것이 좋다. 머리에 폴더처럼 정리되기 때문이다.

4. 과학 공부법

① 교과서 전체 목차 확인하기	교과서의 전체 목차를 매번 확인하는 이유는 교과서 전체 윤곽이 머리에 그림처럼 남아 있어야 공부에 도움되기 때문이다.
② 가설 세우기	가설은 정답을 요구하는 게 아니므로 생각대로 세우면 된다. 정답도 오답도 없다. 가설은 실험하기 전에 학습에 참여하는 촉매제가 된다. 보통 가설단계에서 가만히 있다가 친구의 이야기를 듣고 기록하는 경우가 많다. 집에서 혼자 공부할 때는 가설을 어떻게 세웠는지 다시 한번 생각해본다.
③ 실험 계획 세우기	과학 교과서에 실험 계획 순서가 있으므로 순서를 보고 이해한다. 왜 다음 순서가 있는지 분석하는 태도가 필요하다.
④ 실험 계획 방법 알아보기	이 부분은 소리 내어 읽어보는 것이 도움된다. 자신의 목소리를 뇌가 듣고 이해하도록 한다.
⑤ 실험하기	실험할 때 적극적인 친구들이 있는가 하면 친구가 하는 것을 보기만 하는 친구들도 많다. 실험에 참여해야 집에서 혼자 공부할 때 실험 순서와 특징이 기억에 남는다.
⑥ 교과서 그림을 보고 실험 과정과 계획을 확인하기	학교에서 실험한 내용을 다시 손을 움직이며 실험하는 것처럼 하나씩 과정을 확인한다. 수업 시간에 직접 해본 것이고 무조건 외우는 과정이 아니므로 이해에 도움된다.
⑦ 실험 결과 기억하기	과학 교과서와 실험관찰을 보고 이 실험을 통해 알게 된 점이 무엇인지 공책에 기록해보고 다시 실험관찰을 참고하여 제대로 기록했는지 확인하고 수정한다.
⑧ 위 단계 재확인하기	실험관찰과 과학 교과서를 보고 새롭게 알게 된 점에 밑줄 그어보며 다시 확인한다.

⑨ 학습목표를 보고 공책 정리하기	예시: 단원: ________________ 학습목표: ________________ 새롭게 알게 된 점: ________________ 이렇게 정리하면 실험 내용과 과정을 머리에 기억할 수 있다. 공부가 끝나면 항상 배운 내용을 나름 익숙한 방법으로 정리해둬야 학교에서 공부했던 과정이 머리에 다 남는다. 대부분 교과서를 학교에 두고 다니므로 국어, 수학, 사회, 과학은 학기 초 같은 교과서로 구입하여 집에 두는 방법도 추천한다.

공부 Tip 총정리

1. 시험 전에 공부 내용 암기하기

충분히 외우고 나면 이제 교과별로 설명합니다. 동생을 앉혀놓고 과자를 주면서 먹으라고 하거나 부모가 학생이 되어줍니다. 거실이나 방에 화이트보드를 걸어두고 보드마카로 쓰면서 설명합니다. '꼬마쌤' 강의를 들어줄 가족이 없으면 큰 인형이라도 앉혀놓고 설명합니다. 남을 가르치면 기억에 오래 남습니다.

2. 완벽히 외운 다음 문제 풀기

제대로 외우지 않은 상태에서 문제만 풀면 오히려 내용이 헷갈려서 어디에 무슨 내용이 있는지 파악하지 못합니다. 문제를 풀기만 하면 오답과 정답이 섞여 어떤 것이 맞는 내용인지 정작 시험을 칠 때 오류가 나기 쉽습니다. 틀린 문제는 반드시 교과서를 보고 다시 외워야 합니다.

3. 시험 하루 전날에는 문제 풀지 않기

문제를 풀었는데 틀리면 오히려 심리적으로 불안하므로 교과서를 한 번씩 읽어보는 것이 좋습니다. 수학은 기본적인 문제를 풀면서 계산 원리를 이해합니다. 사회는 그림을 보면서 내용을 다 기억했는지 확인하고 과학은 학습목표를 보고 실험 결과를 제대로 인지하고 있는지 확인합니다. 국어는 교과서 본문을 읽은 다음, 교과서에 나오는 다양한 활동을 기록한 표를 자세히 읽으면서 지나갑니다.

4. 잠은 늘 늦어도 11시에는 자기

12시가 넘어서 잠을 자지 않도록 합니다. 사람이 자는 동안 뇌가 공부한 것을 정리하므로 충분히 자야 합니다. 초등학생이므로 통상 8시간 정도 자는 것이 좋습니다. 피곤하지 않도록 시간을 조정합니다.

5. 아침 식사 꼭 하기

뇌는 이가 음식을 씹는 동안 깨어난다고 합니다. 음료로 아침 식사를 때우지 말고 조금이라도 꼭꼭 씹어서 먹고 등교합니다. 에너지원이 없으면 뇌가 활동하지 못하므로 꼭 아침을 먹는 것이 좋습니다.

6. 공부하다가 힘들면 10분 정도 운동하거나 눈 붙이기

집중도 안 되고 머리가 멍한 상태라면 가벼운 운동을 추천합니다. 머리가 가벼워지는 느낌이 들 겁니다. 너무 졸리면 오히려 참지 말고 10분 정도 눈을 붙입니다. 눈만 잠시 감고 있어도 뇌는 수면 중이라고 인지한답니다. 단 못 일어날 것 같으면 너무 무리하지 말고 자도

록 합니다. 초등학생은 몸이 지치지 않도록 습관을 들이는 것이 무엇보다 중요합니다.

6학년은 자신에게 맞는 공부 방법을 찾는 것이 무엇보다 중요합니다. 공부도 연습이 필요합니다. 아이의 과목별 수준과 이해도에 따라 시간 배분 및 예습과 복습의 수준이 달라지기 때문입니다. 공부 방법을 찾아 실제로 해보면 부진한 과목에 대한 원인 분석을 하게 되고 구체적인 도움도 줄 수 있습니다.

원인을 찾지 못하고 결과만 재촉하면 아이는 위축되고 공부에 대한 부담감만 늘어납니다. 공부는 닥치는 대로 하는 것이 아니라 교과서를 분석하며 미션을 하나씩 해결해가는 과정입니다. 이렇게 공부하면 시간이 지났을 때 누구의 도움 없이도 스스로 공부하는 자녀의 모습을 볼 수 있습니다. 오늘 투자한 적은 시간이 앞으로 혼자 공부해나가는 아이로 변화하는 분기점이 될 것입니다.

공부 계획 세워볼까요?

시험도 없고 좋아서 하는 공부라면 신나겠지만 학생으로 공부를 하는 것은 중압감이 큽니다. 자녀가 오랫동안 건강하게 그리고 스스로 추진력을 가지고 인생을 살아가는 주체적인 사람으로 성장하려면 공부, 즉 학습보다는 사람으로서 갖추어야 할 것을 먼저 가르치는 것이 중요하다는 것을 우리 모두 잘 알고 있습니다. 하지만 부모이기에 실천이 어렵습니다.

공부가 먼저이면 아이들은 지치게 되고 의욕보다 좌절을 먼저 겪을 수도 있습니다. 조금 여유로운 마음이 준비되었다면 공부 계획을 어떻게 세울지 알아보겠습니다.

1. 공부 준비 단계

1) 취약한 과목 알아보기

어떤 과목이 어려운지 교과서를 넘기면서 찾아봅니다. 이때 머리로 생각하지 말고 실제로 교과서를 보면서 어떤 과목인지 확인하도록 합니다. 교과서를 눈으로 보면서 확인하는 것은 자신을 이해시키는 방법입니다. 취약한 과목을 찾았을 때 부모는 한숨을 쉬거나 시무룩한 표정을 하지 말고 그냥 편안하게 말합니다. 아이가 문제점을 발견했다는 것 자체로 일단 성공입니다. 이 단계는 살기 편한 집을 만들기 위해 불편한 곳을 수리하는 리모델링과 같습니다. 즉 공부 리모델링입니다.

2) 취약한 과목에서 더 어려워하는 영역 찾기

교과서에 채점이 되어 있는 부분을 살펴봅니다. 혹은 문제집을 보면서 특히 어려워하는 영역 2가지 정도 찾습니다. 몇 학년 때부터 그 영역을 어려워했는지 확인합니다.

수학 예시:

- 분수의 나눗셈, 각기둥과 각뿔, 소수의 나눗셈, 비와 비율 등에서 취약한 영역 2개 정도 찾기
- 비례식 중에 연산 기본기가 없어서 식은 세우나 계산이 안 됨을 발견
- 3학년, 4학년 중 어느 학년부터 기본이 안 되었는지 학년 문제집을 사서 확인하기

3) 잘하는 과목 찾기

가장 좋아하며 자신 있는 과목을 찾아봅니다. 잘하는 과목을 찾을 때는 부모도 같이 교과서를 보면서 진정으로 기뻐하는 리액션을 보입니다.

"어머, 넌 이거 잘하니? 난 이거 어려워했는데 넌 진짜 잘한다." 이런 식으로요.

4) 잘하는 과목에서 가장 잘하는 영역 찾기

취약한 영역을 메꾸어가는 공부만 하다 보면 공부가 싫어집니다. 1년에 한 번 김장하는 날에는 왠지 모르게 설레고 기대도 됩니다. 그런데 김장을 위해 마늘 까는 일만 계속한다면 김치 자체가 싫어질 수도 있습니다. 즐겁게 공부하고 결과도 잘 나오는 영역을 같이해야 아이들은 공부도 꽤 신나는 일이라고 생각합니다.

공부 준비 단계는 취약한 과목에서 더 머리 아픈 영역과 내가 자신 있게 잘하는 과목 중에서도 신나고 재밌는 영역을 적절하게 섞는 과정입니다.

2. 공부가 가능한 시간 알아보기

1) 일주일 일정표 만들기

학생이라고 월요일에서 금요일까지 일정이 같은 것은 아닙니다. 요일마다 일정이 다르므로 구체적인 시간을 정리해봅니다.

월	화	수	목	금	토	일
• 하교 3시 • 오후 일정 없음	• 하교 3시 • 미술학원 3시	• 하교 2시 • 영어학원 3시	• 하교 3시 • 친구 약속 • 생일 파티 5시	• 하교 3시 • 수학학원 5시	• 친척 집 방문	• 친구들과 쇼핑

2) 요일별 공부 시간 찾기

운동하는 시간이나 쉬는 시간 빼고 실제로 혼자 집에서 공부가 가능한 시간을 찾아봅니다. 주말은 쉬고 평일에 공부할지 혹은 개인적으로 공부할 시간이 안 나는 요일이 있는지 확인합니다. 잠깐, 여기서 '공부'는 숙제하는 시간이 아니라 정말로 자신이 부족하거나 더 잘하고 싶은 과목을 공부하는 시간입니다. 즉, 공부 준비 단계에서 찾은 과목을 말합니다.

월	화	수	목	금	토	일
• 하교 3시 • 오후 일정 없음 • 5~7시: 개인 공부	• 하교 3시 • 미술학원 3시	• 하교 2시 • 영어학원 3시 • 8~9시: 개인 공부	• 하교 3시 • 친구 약속 • 생일 파티 5시	• 하교 3시 • 수학학원 5시	• 친척 집 방문	• 친구랑 자전거 타기

위의 표를 보면 월요일과 수요일에만 개인 공부가 가능합니다. 주별 일정은 매주 상황에 따라 달라집니다.

3) 일주일 일정표에서 구체적인 계획 세우기

잘하는 수학은 월요일, 공부가 필요한 영어는 수요일 또는 이번 주는 수학, 다음 주는 영어 이런 식으로 변경해도 됩니다.

월	화	수	목	금	토	일
• 하교 3시 • 오후 일정 없음 • **5~7시: 수학 비례식 10문제**	• 하교 3시 • 미술학원 3시	• 하교 2시 • 영어학원 3시 • **8~9시: 영어 다양한 인사말**	• 하교 3시 • 친구 약속 • 생일 파티 5시	• 하교 3시 • 수학학원 5시	• 친척 집 방문	• 친구랑 자전거 타기

3. 계획대로 연습하고 점검하기

1년 계획을 바로 짜지 말고 최소 1개월 동안 계획표대로 해보고 나서 무엇이 어렵고 어떤 점을 보완해야 하는지 연습하는 시간을 가집니다.

4. 연간 계획 세우기

연간 계획은 학교 학기와 같이 3월부터 시작합니다. 3월 한 달은 계획 연습 기간입니다. 연간 계획은 세부적으로 잡지 말고 크게 잡습니다.

1) 취약한 과목을 몇 개월 과정으로 잡을지 정합니다.

2) 잘하고 있는 과목은 별도의 계획 없이 주별 계획에서 잡습니다.

3) 1학기는 부족한 과목을 보충하고 2학기는 잘하는 과목 심화 단계로 정합니다. 보충과 심화 두 가지를 병행할 수 있다면 같이 진행해도 좋습니다.

4) 공부 이외에 운동, 독서 등 다양하게 하고 싶은 분야를 연간 계획에 넣는 것

도 추천합니다. 운동, 멍때리는 시간에도 뇌는 활성화되어 있으므로 계획을 너무 무리하게 짜지 않도록 합니다.

5) 학기 초에 담임교사가 안내한 학년 평가 계획을 참고한다.

3월	계획 연습	4월	• 수학 나눗셈 보충 • 야구 기본기 다지기
5월	• 수학 곱셈 보충 • 중간고사	6월	• 수학 소수의 나눗셈 보충 • 야구 기본기 다지기
7월	• 수학 소수의 곱셈 보충 • 기말고사	8월	• 방학 때 1학기 전체 마무리 • 야구팀 구성하여 경기해보기
9월	• 잘하는 과목 심화 공부 • 각종 취미활동 추가	10월	• 잘하는 과목 심화 공부 • 운동 시간 추가
11월	• 잘하는 과목 심화 공부	12월	• 잘하는 과목 심화 공부
1월 2월	1년 동안의 공부 점검 및 보충 • 현재 학년 공부가 충분하면 선행 선택 가능 • 현재 학년 공부가 부족하면 완전히 익히기		

5. 주별 계획 다시 세우기

'요일별 공부 시간 찾기'를 참고하여 연간 계획에 맞게 주별 계획을 세웁니다. 평생 공부 습관을 익히는 단계에서 무리한 일정은 오히려 공부로부터 멀어지게 합니다. 우선은 계획을 세우고 그것을 지키는 경험이 중요합니다. 이렇게 계획을 세워 공부하는 습관이 만들어지면 대학교까지 아주 유용하게 쓸 수 있습니다.

1) 다음 주 계획은 항상 이번 주 금요일 저녁에 세웁니다. 주말에 놀고 일요일 저녁에 계획을 세우려고 미루면 귀찮은 일이 될 수 있습니다.

2) 한 주간 일정을 소화하면서 잘된 점과 잘못된 점을 찾아 간단하게 이유를 메모합니다. 금요일 저녁 다음 주 일정을 세울 때 참고합니다.

3) 매일 하루 일정이 끝나면 완성한 목표는 형광펜이나 볼펜으로 그어서 눈으로 계획을 확인합니다.

4) 스케줄러는 연간과 주별이 있는 필요한 양식으로 구매합니다.

5) 계획된 시간대로 정확하게 움직일 수 없어도 알람을 이용하여 그 시간이 되면 공부하러 가는 연습이 필요합니다. 눈치를 주는 것은 금물입니다. 10번 중 2번만 지켜도 성공입니다. 계획을 안 세워 하나도 안 한 것보다 낫지 않나요? 작심삼일을 100번만 하면 1년이 훌쩍 지나가는 것과 마찬가지이니까요.

6학년은 자신의 공부 상황을 점검하고 연간 계획과 주별 계획을 세워 계획을 실천하려는 의지가 더욱 중요합니다. "그치, 내 이럴 줄 알았다."가 아니라 "오, 계획을 알차게 잘 세우는구나."가 한발 나가는데 도움이 됩니다. 운전면허증을 취득하자마자 고속도로를 바로 달릴 수 없는 것처럼 이제 겨우 계획을 세웠는데 바로 실천하는 데는 어려움이 있습니다.

혹 가능하다면 부모님도 나름 스케줄이 있으니 한 가지만 계획을 세워 같이 실천하는 모습을 보여줍니다. 건강을 위한 운동이나 자기 계발 등 무엇을 선택해도 좋습니다. 부모를 보고 배우면서 존경하는 마음도 생기고 더 열심히 하려는 동기부여도 됩니다. "내가 너 때문에 이런 걸 다한다."가 아니라 "아, 이렇게 같이 하니 참 좋다. 나, 요즘 체력 좋아진 거 같지 않니?" 이런 대화를 나누는 가정의 10년 뒤 모습을 상상해보세요.

10년 뒤 자녀의 등만 바라볼 것인지 10년 뒤 자녀가 옆에서 함께할 친구가 될지는 지금 선택하는 작은 일과 실천들이 결정해줍니다. 부모로서 참 살기 힘든 세상이지요? 그렇지만 행복으로 가는 길입니다. 다만 다그치지도 말고 강요하지도 말고 느긋하게 가는 새로운 길이어야 합니다.

______________________ 의 연간 계획

*부모의 연간, 주간 계획은 부모님 성함을 꼭 쓰세요.

3월		4월	
5월		6월	
7월		8월	
9월		10월	
11월		12월	
1월		2월	

______________________의 주별 계획

월	
화	
수	
목	
금	
토	
일	

월	
화	
수	
목	
금	
토	
일	

엄마만 아는 공부 꿀Tip

자식 키우기 힘드시죠? 부모로서 할 일이 너무 많아요. 부모는 퇴근이 없어요. 현관문을 열면 항상 일이 기다리고 있어요. 기분 좋게 영화를 보고 와도 일, 여행을 다녀와도 일, 아파도 온전히 누워 있질 못해요.

이뿐만이 아니에요. 학교에서 배울 땐 뭘 하고 있다가 아이가 뒤늦게 "이게 뭐지?"라며 잘 모르겠다고 하네요. 갑자기 교과서 들이밀며 생각할 틈도 안 주고 "됐어." 하며 휙 가버리면 부모는 기분이 많이 상합니다.

자, 이제 "오호! 이렇게 하는 거였어?"라는 자녀의 반응이 나올 수 있게 간단한 공부 꿀팁 몇 가지 소개해볼게요. 아이들에게는 의외로 많이 알고 있는 부모에게 반항하지 못하는 아주 고약한 버릇이 있더라고요. 그런데 순순히 알려주면 잔소리, 간절히 부탁해서 알려주면 꿀팁이 됩니다.

Q. 국어에서 이야기가 8쪽이나 되는데 어떻게 간추리나요?

A. 아래와 같이 8쪽의 줄글을 어떻게 정리하는지 방법을 이야기 해볼게요.

1) 처음에는 글과 그림을 같이 대충 보면서 흐름을 파악합니다.
2) 두 번째 읽을 때는 주인공이 하는 일이 무엇인지 체크하면서 밑줄을 그어봅니다.
3) 교과서 상단, 하단 빈칸에 연필로 3줄 정도로 줄거리를 씁니다. 다시 지울 거라면 연필로 쓰세요. 문장으로 요약하라고 하면 한 문장이 3줄이 될 수도 있습니다. 그러지 않도록 반드시 줄을 기준으로 요약하는 것이 중요합니다.

줄거리 3줄	줄거리 3줄	줄거리 3줄	줄거리 3줄	줄거리 3줄	줄거리 3줄	줄거리 3줄	줄거리 3줄
1쪽	2쪽	3쪽	4쪽	5쪽	6쪽	7쪽	8쪽

4) 이번에는 1쪽과 2쪽의 줄거리를 다시 줄여서 3줄로 만듭니다. 주인공이 한 일을 중심으로 정리하면 됩니다.

줄거리 3줄		줄거리 3줄		줄거리 3줄		줄거리 3줄	
1쪽	2쪽	3쪽	4쪽	5쪽	6쪽	7쪽	8쪽

5) 세 번째는 1, 2, 3, 4쪽을 세 줄로 정리합니다.

육하원칙(언제, 어디에서, 누가, 무엇을, 어떻게, 왜)으로 하면 도움이 됩니다.

줄거리 3줄				줄거리 3줄			
1쪽	2쪽	3쪽	4쪽	5쪽	6쪽	7쪽	8쪽

6) 1쪽에서 8쪽까지를 육하원칙으로 4~5줄 정도 줄이면 됩니다.

육하원칙이 반드시 모두 들어가는 건 아닙니다. 이 방법이 훈련되면 아무리 긴 이야기라도 한 문장 요약도 가능해요. 3학년부터 가능한 방법입니다.

7) 내용 간추리기 예시입니다. 문장에서 필요 없는 부분과 중복되는 부분을 삭제합니다.

3줄 내용:

아침에 ~~일어나니~~ 눈이 많어 내려 있었다. 은수는 ~~눈사람 만들 준비를 하고 태현이 집으로 출발하는데 중간에 거완이를 만나서 눈싸움을 하였다. 두 사람이 눈싸움을 하다 보니 심심하여 태현이를 불러~~ 학교 뒷산에서 ~~커다란~~ 눈사람을 만들기도 하면서 신나게 놀았다.

1줄 요약:

은수는 아침에 학교 뒷산에서 친구들과 눈사람 만들기와 눈싸움을 하면서 신나게 놀았다.

Q. 논설문은 어떻게 간추리나요?

A. 논설문은 서론 – 본론 – 결론으로 구성되어 있고 아래 표대로 간추려봅니다.

서론	서론은 문제상황과 주장	♡ 문제상황 1줄 요약 ♡ 주장 1줄
본론	전문가 의견, 통계표 등 객관적인 자료를 제시하여 근거 제시	예를 들어 근거가 3가지이면 2줄로 요약
결론	서론과 본론을 간단하게 다지기	결론은 앞부분 다지기이므로 1줄로 요약
마무리	총 5줄로 요약 가능	

Q. 시를 잘 외우지 못하면 어떻게 하나요?

A. 교과서에는 항상 그림이 있어요. 시 부분에 시와 어울리는 그림이 있어서 그림을 먼저 외우면 됩니다. 무엇이 나와 있고 어떤 모양인지 외우고 나면 시의 전체적인 맥락이 보입니다. 그리고 좀 민망해도 시에 맞는 동작을 하면서 외우면 훨씬 더 잘 외워집니다.

Q. 글쓰기를 싫어해요.

A. 절대로 강제로 쓰게 할 순 없어요. 많이 먹어야 배변 활동이 원활한 것처럼 많이 읽어야 인출할 내용이 저절로 나오기 때문에 이 부분은 강요하지 말고 글쓰기 좋아하는 아이일 경우만 시키면 됩니다. 독서 방법은 5교시를 참고하기 바랍니다.

Q. 선행학습 꼭 해야 할까요?

A. 선행학습의 기준은 심화 단계입니다. 심화 단계를 풀어가는 수준이면 선행학습이 가능하고 공부를 어려워하면 선행학습보다는 배운 것을 다시 공부하는 다지기가 필요합니다. 중고등학생은 선행학습이 필요하기도 하나 초등학교에서 선행학습을 너무 많이 하면 수업 태도가 나빠지는 경향이 있습니다. 학교에서 오랫동안 아이들을 관찰한 결과이기도 하고 또 졸업생들의 변화를 추적조사해보니 수업 태도와 성적은 분명 상관관계가 있습니다. 수업 태도가 좋아서 쉬운 내용도 다시 잘 듣고 교사와 눈을 맞추면서 리액션이 좋은 아이

들은 성적이 점차 향상되는 걸 볼 수 있습니다. 리액션에 익숙해지기 위해 가정에서 대화할 때 리액션을 사용해보는 것도 좋습니다. 고개를 숙이고 듣는 것과 눈을 맞추고 듣는 것은 분명 차이가 납니다.

Q. 부족한 수학 공부, 방학 때 어떻게 보충하나요?

A. 혼자 공부할 경우 문제집을 심화, 기본 두 단계로 준비하여 기본은 학교 진도에 맞추고, 심화는 한 달 뒤 일정 기간이 지나 망각의 단계에서 시작하면 됩니다. 방학 중에는 아이 수준에 맞는 문제집을 준비합니다. 그리고 색연필 3가지와 공책을 준비합니다.

1) 공책 반을 접어 문제 풀기

2) 채점은 문제집에 하기

3) 한 권을 다 풀면 다시 처음으로 돌아가 공책에 풀기

4) 다른 색으로 문제집에 채점하기

5) 이제 문제집에 풀고 채점하기

6) 세 가지 색깔의 색연필을 보면서 두 번 이상 틀린 문제는 다시 보충하기

Q. 문제집을 늘 앞장만 풀고 안 풀어요.

A. 계획을 구체적으로 세우면 끝까지 풀게 됩니다. 딱 일주일만 계획을 세우고 문제집 옆면에 포스트잇을 붙여두면 부담 없이 풀 수 있어요. 포스트잇에 날짜와 요일을 꼭 써야 합니다. 다음 분량도 똑같

이 일주일씩만 하면 됩니다. 분량에 대한 부담을 줄이는 방법입니다. 단, 그날 일정에 무리가 없어야 합니다. 이것도 공부 연습이니까요.

Q. 사회 공부에 도움되는 활동이 있나요?

A. 외우는 분량이 너무 많아서 사회는 고등학교 때까지도 아이들이 힘들어합니다. 기본 지식이 없어서 더욱 힘이 듭니다. 사회 교과서 목차를 캡처해서 연관 지식에 대한 이야기를 자주하고 자료를 찾아서 기본 지식을 쌓아두어야 합니다. 교과서에서 처음 보는 낱말은 밑줄을 긋고 뜻을 이해합니다. 그리고 그와 관련된 영화나 기사 등 다양하게 접하는 기회를 많이 제공합니다. 무조건 외운다고 이해되는 과목이 아닙니다. 사회는 배경지식이 없으면 공부하기 매우 어렵습니다.

Q. 과학 공부할 때 무엇이 중요한지 알 수 있나요?

A. 초등학교에서 과학은 단원끼리 연관이 없어서 이해하기 편한 과목입니다. 학습목표를 보고 혼자 학교에서 배운 내용을 말해봅니다. 그리고 실험 결과를 확인하고 틀렸을 경우 교과서 그림을 보고 실험 순서를 이해한 다음 다시 결론을 확인한 후 문제를 풀면 이해가 잘 됩니다.

Q. 초등학생인데 문제집을 풀어야 할까요?

A. 초등학교는 학급별 고사이고 논술형 평가이므로 수학 외에 문

제집이 그다지 도움되지 않습니다. 교과서를 자세히 보는 방법이 더 효과적입니다. 수학은 많은 문제를 경험하고 정해진 시간에 답을 내야 하므로 연습이 필요합니다. 수학은 더 많은 시간을 들여야 하는 과목입니다.

자녀의 '공부'를 공부하는 부모의 모습은 자녀에게 '나도 한번해볼까?'라는 의지를 불태우는 촉매제가 될 것입니다.

직업이 꿈일까요?

꿈: 실현하고 싶은 희망이나 이상

진로: 앞으로 나아갈 길

직업: 생계를 유지하기 위하여 적성과 능력에 따라 일정 기간 계속하여 종사하는 일

세 가지 낱말과 뜻을 보면 아이들에게 어떻게 질문해야 하는지 답이 나옵니다. "꿈이 뭐니?"를 "너는 무슨 직업을 가지고 싶니?"로 바꾸는 것이 더 자연스럽습니다. 이제 꿈과 직업에 대한 윤곽이 잡혀가나요? '나'의 꿈을 찾아가는 길이 진로이며 직업은 나아가는 길에 중요한 수단입니다. '나', '진로', '직업'은 함께하는 'Best friend'입니다.

지금까지 진로에 대해 지도하면서 우선 직업을 선택하게 했습니다. 그 직업을 가지려면 무슨 공부를 어떻게 해야 하는지, 어느 대학, 어느 학과를 가야 하는지를 가르쳤습니다. 아이들은 진정한 꿈이 무엇인지 배우기도 전에 어느새 직장인이 되어버렸습니다.

이제 막 사춘기를 시작한 아이들에게 진로와 직업과 꿈을 어떻게 가르쳐야 할까요? 두 가지 사례를 통해 이 사람들은 어떤 생각으로 삶을 주체적으로 이끌어갔으며 어떤 결과를 낳았는지 살펴보겠습니다.

첫 번째 이야기입니다. 넷플릭스에 「바람을 길들인 풍차 소년」이란 실화 영화가 나옵니다.

배경은 아프리카 말라위, 건기로 농사를 짓지 못하자 사람들이 식량을 제대로 공급받지 못하고 생계가 어려워집니다. 80달러가 없어서 학교를 다니지 못하는 소년 윌리엄 캄쾀바는 과학책을 좋아하고 만들기도 좋아합니다. 그는 끝까지 믿어준 친구들과 함께 무수한 실패 끝에 풍차를 돌려 전기를 만들어냅니다. 그 전기의 힘으로 땅속 물을 끌어올려 건기에도 농사를 짓게 됩니다. 사람들에게 살아갈 용기와 희망을 주고, 진정으로 필요한 것을 주고자 하는 그의 열정과 희망이 모두를 살렸습니다. 윌리엄 캄쾀바는 TED(Technology, Entertainment, Design. 미국의 비영리재단에서 운영하는 강연회)에서 이런 한마디로 사람들로부터 박수를 받았습니다.

I try and made it.

나는 노력했고 만들었다.

캄쾀바에게 있어서 풍차 만들기, 전기 공급은 꿈이 아닙니다. 캄

캄바의 꿈은 건기 때문에 농사를 짓지 못하는 사람들에게 삶의 희망을 주고 존재가치를 찾아가게 하는 것입니다. 그의 진로는 풍차를 만들고 전기를 만들어 물을 끌어올리는 일입니다.

두 번째 이야기입니다. 학급에서 수업 태도도 좋고 친구들이 하는 말을 잘 듣고 반응해주는 여학생이 있었어요. 그래서 친구들이 무슨 고민만 생기면 이 친구를 찾았어요. 어린 나이지만 엄지척하면서 담임교사인 저를 칭찬해줄 때 어른인 저도 신이 나서 수업을 더 열심히 하게 되더라고요.

어느 날 꿈에 관한 이야기를 하고 있었는데 그 친구가 "다른 사람들에게 희망을 주는 사람이 되고 싶어요. 어떤 직업을 선택할지는 아직 결정하지 않았어요. 근데 제가 하는 말을 듣고 친구들이 위로받는 걸 보니 힘이 나요."라고 하더군요. 이 친구의 꿈은 다른 사람에게 희망을 주는 사람이 되는 것이었어요. 어떤 직업을 가질지는 모르지만요.

꿈을 찾아가는 길에 직업은 원동력이자, 꿈에 가까이 갈 수 있도록 이끄는 역할을 합니다. 이 모든 과정이 진로입니다.

어른인 우리가 자녀들에게 무엇을 가르쳐야 하는지 보입니까? 아이들에게 수업했던 내용을 잠시 소개하고자 합니다.

1) 꿈을 말해볼까?

의사, 판사, 소방관, 발레리나 등 다양한 직업이요.

2) 그럼 직업을 가지면 '꿈'이 이루어졌으니 다음에는 무엇을 할까?

돈 벌고 놀아요. 여행 가고, 사고 싶은 거 사고 공부 안 해요. 부모님께 용돈 많이 줄 거예요.

3) 그럼 30세부터 계속 이렇게 살면 되는 거니?

네, 더 이상 아무것도 안 하고 싶어요.

이렇게 끝이 납니다. 직업을 찾은 후 꿈까지 가질 못하고 그대로 멈춰버립니다. 직업은 꿈을 향한 에너지원이고 수단임을 공부한 다음 꿈이란 그 직업을 통해 사람들에게 좋은 영향을 주는 것임을 가르친 후 다시 질문해봅니다.

1) 꿈을 말해볼까?

안전한 세상이 되는 데 필요한 사람이 되고 싶어요.

2) 그럼 어떤 직업이 필요할까?

소방관, 사람을 대체할 로봇을 연구하는 직업, 해저 탐사 전문가 등이요.

3) 그럼 30세쯤 정해진 직업으로 평생 살까?

사람을 대체할 로봇을 연구하는 직업을 가지고 있다가 능력이 좋아지면 이 기술을 가르치는 사람이 되고 싶어요.

4) 그럼 나이가 너무 많아 아무것도 못 하게 되면?

계속 일하기 위해 건강하게 운동하고 이 비법을 컴퓨터에 저장해서 사람들에게 전할 거예요.

완전히 달라진 답변을 볼 수 있습니다. 직업 앞에서 멈추는 것이 아니라 계속 새로움을 만들어가려는 의지가 보입니다. 꿈(이상, 희망)이란 직업을 통하여 사람들에게 어떤 영향을 주며 이 세상에서 자신이 꼭 필요한 사람으로서 그 역할을 하는 것입니다. 꿈은 사람들에게 끊임없이 희망을 주고 발전하게 합니다. 꿈은 계속 변화하는 직업을 통하여 자기 계발을 도모하는 과정에 멈추지 않는 동력과 같습니다. 멈추지 않고 꿈을 꾸는 이 아이들이 우리의 보물입니다. 먼저 태어난 어른들에게는 아이들을 지키고 가르칠 의무가 있습니다.

지금 아이에게 꿈이 무엇인지 물어보세요. 아이가 직업을 말한다면 존중해주세요. "그런 직업에 관심이 많았구나? 그 직업이 하는 일 중에서 어떤 부분이 마음에 와닿았니?" 이렇게 긍정적인 리액션으로 대화를 이어갑니다. 요즘 인터넷 댓글에 악플 말고 선플 달기를 권장하는 것처럼 부모도 자녀의 대답에 선플로 이어가며 대화로 자녀의 미래를 응원해주길 바랍니다.

아이가 하고 싶은 게 없대요

처음 아이를 품에 안으면 너무 귀하고 감사해서 감격스러운 눈물을 흘립니다. 그리고 말을 하기 시작하면 무언가 꿈을 꾸며 아이의 미래를 상상해보기도 하죠. 그러다 지나가는 경찰관에 관심을 보이면 경찰관, 병원에서 흰 가운을 입은 의사를 보면 의사 선생님, 그러다 해외여행을 가면서 기장을 보면 파일럿, 부모의 마음은 무지개를 달고 날마다 빛이 납니다.

"커서 뭐 하는 사람이 되고 싶어?"라고 물으면 조잘조잘 이야기하는 아이도 많지만 "난, 생각 안 해봤는데? 지금 꼭 말해야 돼?" 하며 부모의 희망에 마침표를 찍는 무표정한 아이도 있습니다. 다만, 하고 싶은 게 없는 아이랑 무기력증은 구분해야 합니다. 무기력증이 심해져 우울까지 갈 상황이면 전문가와 상담해야 합니다. 단지 생활은 잘하는데 "난 아직 아무 생각 없어요."라고 할 수도 있습니다. 아이들은 성장 속도도, 생각도 서로 다릅니다.

하고 싶은 게 없다면 아이한테 문제가 생긴 걸까요? 잘 놀고 밥도 잘 먹고 학교도 잘 다니는데도 걱정해야 할까요? 걱정에 앞서 직업에 대한 아이들의 생각이 어떻게 변하고 있는지 살펴볼게요.

2016년 초등학생 희망 직업(교육부, 한국직업능력개발원)은 선생님, 운동선수, 의사, 요리사, 경찰…… 순이었습니다. 보통 시대적 상황을 반영하여 부모의 영향도 많이 받는 나이라 부모가 원하는 직업을 희망하는 경우가 많습니다. 2022년 초등학생 희망 직업(자료: 한국직업능력연구원)은 운동선수, 교사, 크리에이터, 의사, 경찰관/수사관…… 순이었습니다. 명예와 소득을 보장하는 직업, 선호도가 높은 직업들입니다. 아이들은 왜 이런 직업에 관심을 보일까요? 꿈에 대한 수업을 받지 않은 상태에서 아이들이 이렇게 말하는 이유를 알아보겠습니다.

1. 장래 희망을 별로 중요하게 생각하지 않는다.

만나는 사람들도 한정되어 있고 직업에 대해 흥미가 별로 없습니다. '당장 공부하기도 바쁜데 나중에 생각하면 되지 않나? 굳이 지금 선택해야 하나?'라고 생각할 뿐입니다.

2. 어른이 되면 그때 고민할 문제라고 생각한다.

아직 직업이란 개념이 와닿지 않고 주변에 딱히 관심 가는 직업을 본 적도, 동기부여가 될 만한 경험도 없습니다.

3. 직업에 대해 그냥 소득을 위한 경제활동으로만 생각한다.

언젠가는 어른이 되면 돈을 벌 텐데 미리 걱정하고 싶지 않다고 합니다.

4. 다양한 직업군을 잘 모른다.

알고 있는 직업군이 한정적이라 흥미가 느껴지지 않고 알고 있는 직업을 쓰라고 하면 50개도 채우지 못하는 걸 볼 수 있습니다.

5. 6학년인데 부모의 직업에 대해 정확히 알지 못하는 아이도 있다.

부모가 하는 일을 보고 들으면서 간접 체험을 하는 경우가 많지 않습니다.

6. 자신이 무엇을 잘하는지 몰라서 선택하는 데 어려움이 있다.

아이들은 스스로에 대해서 고민을 별로 해본 적이 없어요. 교사가 잘하는 것을 말해주면 어떤 아이는 "제가 그걸 잘해요?"라고 놀라기도 합니다.

7. 아이들 특성상 심각하게 고민하는 것을 좋아하지 않는다.

아이들은 자신이 좋아하는 것을 찾고 직업과 연관 짓는 일이 힘들게 느껴집니다.

이렇게 심각하게 고민한 적이 없는데 재촉하며 캐어묻는 것은 비어 있는 상자에서 무언가를 꺼내라고 요구하는 것과 같습니다. 그런데 학부모 상담을 해보면 이 부분을 심각하게 고민하는 부모들이 많습니다. 마라톤으로 비유하면 아직 출발선에 서지도 않았고 준비운동도 하지 않았는데 뛰기를 바라는 셈입니다. 자녀의 진로 문제로 고민하는 가정의 이야기를 들어보겠습니다.

첫 번째 사례입니다. 6학년 여학생인데 부모님이 고전무용을 시키고 싶다고 합니다. 그런데 아이는 자기가 얼마나 재능이 있는지 모르고 3학년부터 무용을 계속하고 있었죠.

"예중으로 보내려고 하는데 무용 연습과 공부가 너무 부담이라 어떻게 할지 모르겠어요."

"전 무용을 해도 되고 안 해도 돼요. 근데 엄마가 고민을 너무 하셔서 눈치가 보여요. 제 생각을 분명하게 말하지 못하겠어요."

"이제 그만두면 몇 년 동안 준비한 것도 아깝고 그동안 무용하느라 공부를 못 했어요. 무용마저 안 하면 아이의 진로는요? 너무 불안해요."

"아이가 진심으로 원하는지 아니면 부모가 원하는지 구분하는 것이 먼저입니다. 부모의 불안이 아이에겐 그동안 뒷바라지를 한 부모에 대한 죄책감으로 다가갈 수 있어요. 마음을 내려놓고 아이의 결정을 따르는 게 좋지 않을까요?"

"네 인생이니까 마음이 끌리는 쪽으로 선택해야 해."

"고전무용 안 할래요. 동네에 있는 중학교에 다니면서 정든 친구들과 잘 지내고 싶어요."

아이의 인생과 부모의 인생이 분리되지 않았고 너무 어린 나이에 목표를 정해서 아이의 의견이 전혀 존중되지 않은 점이 나중에 문제될 수 있습니다. 스스로 고민해서 결정하면 후회가 없겠지만 부모가 대신 결정해서 나중에 이 길이 아닐 경우 원망과 좌절이 한꺼번에 밀려와 아이 스스로 일어날 힘을 잃게 됩니다.

결론적으로 무용을 포기하여 당장은 실패한 것 같지만 성공적인 이야기입니다. 아이 스스로 일반 중학교를 자신 있게 선택해서 진학했으므로 다음에도 어떤 결정을 할 때 신중하게 잘할 수 있기 때문입니다.

두 번째 사례입니다. 그림 그리는 것을 좋아하고 재능도 있는 딸이 중학교 3학년이 되었을 때입니다.

"엄마, 정말 미술을 전공해야 하는지 고민돼."

"그럼 몇 개월 고민해봐."

그때까지 미술학원을 다닌 건 아니었어요. 그런데 그냥 생각 없이 놀러 다니는 것처럼 보여서 답답했지만 중3이 거의 끝나갈 무렵까지 참고 기다렸어요.

"엄마, 아무리 생각해도 내 인생에서 미술을 빼면 의미가 없는 것 같아. 미술학원 보내줄 수 있겠어?"

부모 눈에는 노는 것처럼 보여도 혼자 고민하고 방법도 알아본 모양이에요.

둘째는 대학생이 되고 미술을 전공하면서 야간작업에 어려운 과정들이 많았지만 스스로 결정한 일이라 대견할 정도로 잘 다녔습니다. 어느 날 미술 선생님이 되고 싶다고 하더군요. 정말로 적성에 맞는지 알아본다며 미술 강사를 2년 동안 했어요. 지금은 학교 선생님으로 아이들을 가르치고 싶다며 임용고시를 준비하고 있습니다. 학교 선생님이 되는 것도 스스로 선택한 길입니다. 인생에 대해 스스로 고민하다 보니 어려울 때마다 딛고 일어서는 힘이 생겼나 봅니다.

부모가 '문제'라고 생각하는 부분을 아이가 인지하는 순간 아이도 고민하게 됩니다. 키가 작은 아이에게 키가 작아서 고민이라고 말하는 순간 아이는 그것을 인지하고 고민이 생기는 경우가 있습니다. 반대로 아무 생각 없어 보이는 자녀를 봐도 부모는 걱정입니다. 부모의 걱정을 덜어드릴 만한 소식을 알려드립니다.

중학교 자유학기제/자유학년제를 통하여 아이들은 다양한 진로활동을 합니다. 2023년도는 자유학기제와 자유학년제가 학교 선택으로 운영되고 2025년이 되면 자유학기제로 전면 시행됩니다. 이 진로활동을 통하여 고등학교 1학년이 되면 자신의 진로를 선택합니다. 2025년 고1부터 고교학점제를 전면 실시한다고 합니다. 고등학교에서 실시하는 고교학점제에 대해서 자세히 알아보겠습니다.

1) 다양한 과목을 선택하여 수강하고 누적 학점에 도달하면 졸업한다. 학기 마다 들어야 하는 최소 학점이 있어서 조기 졸업은 불가능하다.

2) 진로와 적성, 흥미에 따라 시간표를 스스로 만든다.

3) 1학년 때는 국어, 영어, 수학 공통과목을 이수하고 2, 3학년은 선택과목을 듣는다. 다른 학교 수업도 온라인으로 수강 가능하다.

4) 국, 영, 수는 상대평가이며 선택과목은 5단계 성취도만 표기된다.

5) 3년간 2,560시간 이수해야 하며, 각 과목 출석률 2/3, 성취율 40%에 도달하지 못하면 미이수로 졸업하지 못하므로 학교 측에서 미이수 과목이 생기지 않도록 별도 과제 수행 및 보충 과정을 통해 졸업하도록 사전 지도를 한다.

학생 스스로 자신의 진로를 개척하고 자기 주도적으로 학습하는 힘을 기르며 지속적으로 성장할 수 있는 인재를 양성하고 학습의 주체자가 필요한 배움을 찾을 수 있는 인재를 기르기 위해 고교학점제를 실시한다고 합니다. 당장 초등학교 6학년에서 무언가 결정하지 않아도 중고등학교에 올라가면서 교육활동을 통해 자신의 길을 찾을 겁니다.

고교학점제가 실시되는 고등학교 1학년 때 진로와 학업 계획을 구체적으로 세우는 것이 좋습니다. 그래야 고등학교 2학년 때 진로와 관련된 과목을 수강하여 대학교 학과를 선택하고 방향을 정하는 데 도움이 됩니다. 고등학교 학과목은 자신이 좋아하는 과목도 좋지만 자신이 잘하는 과목을 선택하는 것이 입시에 유리합니다. 그래서 자신이 잘하면서 좋아하는 과목이 무엇인지 초등학교와 중학교 과정을 통해 찾아보는 것이 바람직합니다.

중학교의 자유학기제는 진로를 탐색하는 과정입니다. 자유학기제는 입시 위주의 교육에서 벗어나 다양한 진로활동을 경험하는 학기입니다. 친구들과 여러 활동을 하면서 자신이 무엇을 좋아하는지 찾아가는 공부입니다. 초등학교 때 자녀와 부모의 친밀도를 높여야 중고등학교 때 의견을 조율하고 미래를 결정하는 데 도움을 줄 수 있습니다.

자녀가 자신의 미래에 관심을 갖게 하기 위해서는 몇 가지 방법이 필요합니다.

1. '진로정보망' 커리어넷을 탐색한다.

아마 아이들은 많이 접속해봤을 수도 있습니다. 부모가 진로정보망을 탐색하여 자녀에게 어떤 정보가 유익할지 찾아보고 체험학습 신청 기간을 이용하여 간접 경험을 할 수 있는 기회를 만들어줍니다.

2. 학부모 커뮤니티를 이용한다.

관련 정보를 찾고 주변에 이와 관련된 직업에 종사하는 학부모가 있는지 찾아봅니다. 앉아서 생각으로 하는 진로 희망이 아니라 실제로 만나보고 경험하는 기회를 만들 수 있도록 학부모들끼리 커뮤니

티를 통한 품앗이를 하기 바랍니다. 다양한 직업에 종사하는 부모들이 모여 일일교사처럼 활동하면 됩니다.

3. 서점에서 다양한 직종의 책을 살펴본다.

서점 가서 책 표지나 목차를 보고 다양한 직종이 있음을 간단하게 공부하는 기회를 가져봅니다. 너무 길게 설명하지 않도록 합니다. 자칫 지루해서 다시는 안 갈 수도 있습니다.

4. 부모의 어릴 때 꿈과 현재를 비교하여 설명해주자.

어릴 때의 희망은 어떤 것이었고 어떻게 변화되었고 현재는 또 다른 무엇을 하고 싶은지 부모의 인생 스토리를 들려주는 것도 아주 좋습니다.

생각의 샛길로 빠져본 적 있나요? 지금 아무것도 하고 싶은 게 없는 것도 본인의 선택입니다. 아이도 샛길로 빠지는 중입니다. 어른들이 보기에 의미 없는 일일지라도 아이들에겐 의미 있는 '길'로 가는 중이니 잠시 마음을 누르고 기다려보세요.

5교시

책을 읽히고 싶은데 방법이 있나요?

가족 독서의 날을 정해볼까요?

독서의 좋은 점에 대해서는 다들 잘 알고 있을 겁니다. 어휘력·문해력 향상, 논리적 사고 증대, 폭넓은 사고, 창의력 증대, 간접경험(한 사람의 인생을 책 한 권으로 배움), 뚜렷한 주관, 공부에 도움……. 그런데 가족 독서에는 한 가지 장점이 더 있습니다. 가족 독서의 장점을 알아보기 전에 우리나라 독서실태에 대해 살펴보고자 합니다.

연간 종이책 독서량(단위: 권)

성인		초등학생		중학생		고등학생	
2017	2021	2017	2021	2017	2021	2017	2021
8.3	2.7	67.1	51.7	18.5	14.8	8.8	7.5

*2021년 문화체육관광부 국민 독서실태 조사 참고

이 표에서 주목할 점은 초등학생의 독서량은 다른 군에 비해 월

등히 높다는 것입니다. 이를 바탕으로 독서교육은 초등학교 때가 중요한 시기임을 알 수 있습니다.

그렇다면 아이들은 주로 언제, 어디에서 독서하는 것을 좋아할까요? 집에서 가족끼리 모여서 읽는 것보다 각자 편한 시간에 마음에 드는 장소가 낫지 않을까요? 독서는 쉬는 느낌으로 편한 분위기가 중요하니까요. 2021년 문화체육관광부 국민 독서실태 조사를 보면 집에서 책을 읽는다는 비율이 성인은 60.3%, 학생은 55.4%로 가정에서 책을 읽는 시간이 다른 장소에 비해 많았습니다. 의외로 집에서 책을 읽는 것을 선호한다는 말입니다. 평일과 주말의 독서 시간을 조사해봤더니 초등학생은 평일보다는 주말에 책을 더 많이 읽는다고 합니다.

그렇다면 독서를 방해하는 요소는 뭘까요? 성인의 경우 독서 방해 요인 1순위는 바쁜 일과, 2순위는 휴대전화, 인터넷, 게임입니다. 학생의 경우 독서 방해 요인 1순위는 학교, 학원 일정이고 2순위는 읽기 싫고 습관이 들지 않아서, 3순위는 휴대전화, 인터넷, 게임입니다. 성인과 학생의 독서를 방해하는 공통의 요소는 휴대폰과 인터넷, 게임입니다. 여기에서 학생들의 독서를 방해하는 요인 중 주목할 것은 '읽기 싫고 습관이 들지 않아서'라는 점입니다. 역으로 습관이 들면 독서를 하게 된다는 뜻이겠죠.

그러면 역시 휴대폰과 인터넷, 게임이 문제네요. 그렇다고 이것부터 규제하면 독서는 흔들립니다. 이 부분은 모른 척해두는 게 좋습니다. 문화체육관광부 2021년의 국민 독서실태 조사를 종합해보면 이런 문장이 나옵니다.

초등학교 때 집에서 주말에 가족과 함께 책을 읽으면 독서 습관이 몸에 밴다.

저는 아이의 독서 습관을 키우는 데 있어서 중요한 것은 양보다 질이라 생각합니다. 그럼 처음으로 가족 독서를 할 때 적정시간은 얼마일까요? 무리하게 일정을 잡으면 오히려 허사가 되고 맙니다. 처음부터 독서 시간을 무리하게 늘리기보다 약간 아쉬운 시간이 낫습니다. '아, 아쉽다. 조금만 더 읽을까?' 하는 생각이 들 정도로요.

10분 가족 독서의 효과에 대해 알아봅시다.

1. 가족끼리 즐겁게 대화할 수 있다.

가족끼리 독서를 하고 난 다음 책 내용을 주제로 대화할 수 있어서 잔소리가 줄어들고 혼나는 횟수도 줄어들어 즐겁게 대화에 참여할 수 있습니다.

2. 가족끼리 더 친해진다.

같은 경험과 추억이 있어서 친밀도가 높아집니다.

3. 국어와 사회 과목을 공부할 때 도움이 된다.

4교시의 과목별 공부 방법에 나와 있는 목차의 주제에 맞는 책을 골라 읽으면 서로 정보를 교환하며 즐거운 공부를 할 수 있습니다.

4. 자기 주관이 뚜렷해진다.

기본 지식이 쌓여가고 부모의 지혜도 배우면서 가치관을 확립해 갑니다. 어떤 장소이든 소신 있게 말하는 논리적인 사람이 될 수 있습니다.

5. 글쓰기 실력이 좋아지고 가족 간 문자 내용이 다채로워진다.

"밥 먹었니?", "학교 다녀왔어?", "다녀오셨어요.", "이따 봐." 이런 일상적인 내용보다 다채로운 이야기로 문자를 주고받을 수 있습니다.

가족 독서의 장점을 인지하였다면 금상첨화로 거실의 분위기도 바꾸어보는 건 어떨까요? 거실을 가족 독서를 위한 '홈 북카페'로 만드는 것입니다.

1. 거실 텔레비전을 다른 곳으로 옮긴다.

TV를 없애거나 다른 곳으로 옮기길 추천합니다. TV가 있으면 자동으로 리모컨을 들게 되고, 무의식적으로 TV를 켜놓고 생활하는 경향이 있어요. 자녀의 독서 습관이 들 때까지만이라도 자리를 이동하는 것이 좋습니다.

2. 휴대폰 침대 만들기를 권장합니다.

휴대폰이 들어갈 만한 크기의 종이상자를 만들어두고 독서 시간에는 이곳에 잠시 휴대폰을 재웁니다. 나만 못 하는 게 아니라 모두가 못 하니 덜 억울합니다. 처음부터 강제성을 띠지 않도록 합니다. 부모 먼저 휴대폰 재우기를 실천하는 것도 좋습니다. 단 중요한 연락을 받아야 한다면 가족의 양해를 구하는 것도 매너를 배우는 기회입니다.

3. 분위기를 아늑하게 하는, 가사 없는 음악을 준비한다.

가사는 신경을 분산하기 때문에 클래식 같은 연주곡이 좋습니다.

4. 편안한 의자를 준비한다.

거실 공간을 감안하여 각자 편안한 의자에 앉아 독서합니다. 어떤 분위기가 좋은지는 자녀와 함께 의논해서 결정합니다.

가족 독서를 위한 거실 준비가 끝나면 적당한 요일과 시간을 정합니다. 무조건 모두 참여해야 한다고 강요하지 말고 특별한 사정이 있는 사람은 참여하지 않아도 된다고 공지하여 부담을 줄여주는 것도 하나의 방편입니다.

늘 집에서 독서를 하면 지루한 감이 들 수도 있습니다. 가보고 싶은 도서관을 검색하고 계획을 세우면 새로운 분위기에서 독서 겸 가족 나들이도 할 수 있어 일석이조의 효과를 볼 수 있습니다.

저는 파주에 있는 지혜의 숲 도서관에 자주 가곤 합니다. 넓은 공간에 많은 책과 다양한 형태의 테이블, 의자가 있습니다. 간단한 음식도 사 먹을 수 있고 오랜 시간 책 보기 좋은 곳입니다. 도서관 앞에는 출판 거리가 있습니다. 우리나라 출판사들이 자사 출판 도서를 진열하고 판매도 하고 있어 일상의 즐거움도 맛볼 수 있어요.

이렇게 추억도 쌓고 독서도 하는 주말 나들이로 정서를 다듬고 즐거움을 느끼며 여유 있는 마음으로 건전한 시간을 보내는 것도 자녀에게 앞으로의 삶에 대한 방향을 제시하는 나침반이 되기도 합니다.

그런데 도서관까지 데리고 갔는데 아이가 책은 뒷전이고 돌아다니기만 한다면 속이 부글부글 끓겠죠? 하지만 혼낼 필요는 없습니다. 향수를 사면 바로 쓰지 않고 소장의 즐거움을 즐기다가 어느 날 문득 한번 써볼까 하는 마음이 드는 것과 같습니다. 책이 많은 곳에서 그 느낌을 즐기는 것이 먼저입니다. 사온 책이 아니므로 꼭 읽어야 할 부담감도 없고, 백 마디 말보다 독서하는 사람들의 모습을 보는 게 효과가 더 좋을 겁니다. 무엇보다 부모가 책에 빠져 있는 모습이 가장 중요합니다.

마지막으로 가족 독서의 세부적인 방법을 알아보겠습니다.

1. 각자 도서 목록 만들기

자신이 읽고 싶은 도서 5권 정도 선정합니다. 쪽수가 너무 많은 것보다는 쉽게 읽을 수 있는 편한 도서가 적당합니다. 각자 부담 없는 책으로 목록을 작성합니다.

2. 휴대폰에 '가족 독서의 날' 일정 저장하기

일정을 잊어버리지 않도록 휴대폰에 저장하는 것이 좋습니다. 가족 독서의 날을 저장해두면 독서에 대해 미리 준비하고 생각할 수 있습니다.

3. 간식 준비하기

가족 독서의 날은 눈과 입이 즐거운 가족의 날로 만들어야 합니다.

4. 포스트잇과 볼펜 준비하기

책을 읽으면서 드는 생각을 포스트잇에 써서 책에 붙이거나 간단히 책에 메모합니다. 가족끼리 책을 돌려보면 메모를 통해 가족의 생각도 알 수 있고 서로 배울 수 있습니다.

5. 책을 바꾸어 보기

다른 가족들과 책을 바꾸어 보면서 좀 더 많은 이야기를 할 수 있고 같이 운동한 후의 유대감처럼 특별한 감정을 공유하게 됩니다.

6. 부모의 도서 목록은 자녀도 읽을 수 있는 수준으로 작성하기

서로 바꾸어볼 수 있으므로 가능하면 자녀의 수준에 맞는 책을 고릅니다.

7. 부모의 지인 혹은 친구들과 가족 단위로 캠핑 혹은 글램핑 갈 때 동화책 읽기

캠핑 가서 잠시 짧은 시간이지만 독서하면 특별한 추억이 됩니다. 이때 부모들도 어른이 읽는 그림동화를 가져가면 부담 없이 자녀와 즐길 수 있습니다.

8. 독서 칭찬 스티커를 모아서 보상하지 않기

자발적 참여를 위해 보상은 하지 않는 것이 좋습니다. 예를 들어 스티커 5개 모으면 선물을 주는 형식의 독서 칭찬은 장기적으로 효과를 기대할 수 없습니다. 좋아서 하는 독서가 아니라 자칫 부모를 위한 독서가 될 수 있습니다.

이제 모든 준비가 끝났습니다. 실천으로 옮기는 일만 남았네요. 단 주의할 점은 책이 집 안 여기저기 널려 있어도 치우거나 혼내지 말아야 한다는 거예요. 다니다가 눈에 보이면 몇 장 읽을 수도 있고 편한 곳에서 바로 책을 읽을 수도 있기 때문입니다. 독서 습관은 먼저 눈에 익숙해지는 것이 우선입니다. 독서 습관이 몸에 배기까지는 험난한 과정이지만 한번 익숙해지면 평생 가는 좋은 습관입니다. 책이 집 안 곳곳에 있으면 누가 무슨 책을 읽고 있는지 알 수 있고 '다음에 나도 저 책 읽어볼까?'라는 생각을 가질 수 있습니다.

독서는 아주 오랜 시간 습관을 들여야 하므로 처음부터 너무 에너지를 쓰지 말고 조금씩 한다고 생각하세요. 사춘기 자녀를 옆에 두고 무언가를 함께하는 것 자체가 성공적인 도전 아닌가요? 결과는 자녀의 몫입니다.

도서관 맛집 투어 떠나요

도서관 맛집은 도서관 근처 또는 도서관 가는 길에 있는 맛있는 식당을 말합니다. 도서관과 맛집을 붙여놓은 이유가 무엇일까요? 잠시 궁금증을 접어두고 대화를 한번 살펴볼게요.

대화 1

"도서관 갈래?"

"아, 지금? 난 피곤한데?"

"가서 좋은 책 읽으면서 쉬면 되잖아."

"……."

대화 2

"배고픈데 맛있는 거 먹으러 가자."

"어딘데?"

"아, 거기 ○○도서관 뒤에 있는 갈빗집 있잖아."

"배고픈데 가볼까?"

대화 1은 도서관 나들이를 다음 기회로 미루게 되고 대화 2는 일단 도서관 근처로 떠나게 됩니다. 사람들은 어떤 공간이든 익숙해야 편하게 생활합니다. 멀리 여행을 가서 아무리 좋았어도 집 현관에 들어서는 순간 '집이 최고구나!' 이런 생각 많이 들죠? 초등학교 입학 전에 학교 운동장에 놀러도 가고 복도 구경도 하고 학교 도서관도 기웃거리면 아이는 학교라는 공간이 익숙해지면 훨씬 수월하게 학교에 적응합니다. 이와 마찬가지로 도서관 근처 맛집을 찾아다니며 익숙해지는 연습이 독서의 첫걸음입니다.

독서 공간인 도서관과 가까이 지내는 간단한 방법을 소개합니다.

1. 집에서 가까운 도서관 위치 알아보기

한 장소만 정하지 말고 차로 이동이 가능한 장소도 알아둡니다. 여러 장소를 알아두면 행동반경이 넓어져서 덜 지루합니다.

2. 도서관 주변 맛집 알아두기

도서관 주변의 맛있는 식당을 알아두어야 배고파도 금방 집에 오지 않고 밥을 먹으면서 주변을 돌아볼 여유가 생깁니다. 도서관과 익숙해지기 위해 주변 식당에 자주 들러 친숙해지는 게 핵심입니다.

3. 도서관 주변 적당한 운동 장소 알아보기

사춘기 자녀가 책을 읽으러 도서관 가는 일은 쉽지 않습니다. 같이 운동하면서 도서관 화장실을 이용합니다. 자녀도 어느 순간 도서관이 익숙해지도록 합니다. 혹 자전거로 같이 이동했다면 도서관의 자전거 거치대를 이용하기도 하고요.

4. 도서관 야외 의자에서 잠시 쉬기

도서관은 보통 조경이 잘 되어 있어서 조용히 앉아 쉬기 좋습니다. 건물이 익숙해지기까지 절대로 독서열람실은 들어가지 않습니다.

5. 성장기라 옷이 필요하므로 옷을 사고 도서관을 지나오기

옷을 샀을 때는 기분이 좋아서 어떤 장소를 지나가도 상관하지 않습니다.

6. 도서관 익숙해지기 프로젝트가 어느 정도 진행되면 도서관 밖에서 기다리게 하고 부모만 책 대여해 오기

"이 책 한번 읽어볼까 싶어서." 하면서 자연스럽게 대여한 책을 보여줍니다. 호기심 많은 저학년일 때는 부모가 책을 빌린다고 하면 따라 들어갑니다.

7. 외출하여 밖에서 만날 때 도서관 앞으로 약속 장소 정하기

도서관 건물 무한 노출 프로젝트입니다. 맹자의 어머니도 자식을 위해 세 번이나 이사했다고 하잖아요.

8. 날씨 이용하기

춥거나 더울 때 드디어 때가 왔습니다. 도서관에서 만나기로 약속하고 10분 정도 늦게 도착합니다. 그동안 책을 둘러보라고 이야기합니다. 미션 임파서블을 방불케 하나요?

9. 부모에게 맞는 책 추천 부탁하기

도서관이 익숙해지면 "요즘 너희들이 좋아하는 책은 어떤 거니? 나도 추천해줘."라고 읽을 책을 부탁해봅니다. 그럼 도서명을 훑어보게 되지요.

이렇게 자녀에게 맞는 방법은 연구해보면 많습니다. 가랑비에 옷 젖는 줄 모른다고 조금씩 책에 관심을 가지면 학교 도서관에서 책을 대여하기도 하면서 독서에 관심을 가집니다. 자녀가 가족 독서와 도서관 맛집 투어로 독서에 입문했다면 중요한 단계인 '살아 있는 독서'로 넘어갑니다.

독서와 경험은 한 세트로 움직여야 지식도 축적되고 쓸모도 있답니다.

1. 그림에 관한 독서를 하였으면 실제 관련 있는 미술관 가기

책에 나오는 작가의 작품이 현재 전시를 안 한다면 그와 비슷한 풍의 그림이 전시된 미술관을 갑니다. 아니면 해외여행 때 관련된 미술관에 가서 독서 내용을 이야기하고 사진 촬영도 하면서 그림에 대한 지식을 쌓고 여행의 묘미도 살립니다. 너무 많은 곳을 다니면 힘

들어서 역효과가 나므로 독서하면서 꼭 가봐야 할 미술관 한 곳만 정하길 바랍니다. 미술 작품은 시각적인 경험과 자극을 줄 수 있거든요. 전시회 옆에서 파는 관련 상품을 하나 정도 사는 것도 의미 있습니다.

2. 유명한 운동선수가 쓴 책을 읽었다면 경기를 관람하기

해외선수를 좋아하거나 시즌이 끝나서 운동경기를 볼 수 없다면 텔레비전으로 같이 소리 지르며 경기를 봅니다. 다음 경기가 언제인지 찾아보고 꼭 가도록 준비합니다.

3. 엔지니어로서 성공한 사람의 이야기를 읽었다면 관련 동영상을 찾아보기

책과 관련된 장소를 볼 기회를 만들어보고 상황이 안 된다면 그 사람의 인터뷰 기사나 책이 있는지 찾아봅니다. 읽으라고 강요하지 말고 자녀의 선택에 맡깁니다.

4. 동화를 읽었다면 관련 애니메이션 또는 영화 보기

책을 읽고 영화를 보면 더 실감나고 독서 효과도 극대화됩니다. 영화로 나오지 않았다면 같은 작가의 작품이나 비슷한 내용을 관람합니다. 보통 같은 내용이면 영화가 더 재미있을 것 같지만 실제로는 책이 더 재미있는 경우가 많습니다.

5. 자녀가 좋아하는 작가가 있다면 그 작가의 도서 목록 만들어보기

당장 읽지 않더라도 다음에 읽어보려고 계획을 세웁니다.

6. 경제에 관한 책을 읽었다면 매장이 많은 곳을 같이 가보기

사람들이 어떤 매장에 많이 가는지 알아보고 같은 물건이라도 매

장에 따라 어떻게 다른지 실제 알아보는 것도 좋습니다. 이 활동을 하면서 자신도 어른이 되면 어떤 일을 해보고 싶은지 호기심이 생깁니다.

7. 추리소설을 읽었다면 나이를 고려한 추리영화 보기

꼭 읽은 책이나 같은 작가의 작품으로 만든 영화가 아니라도 추리영화를 보면 소설을 읽었을 때의 느낌이 살아납니다. 다른 책도 읽어보고 싶어집니다.

8. 소설을 읽고 나서 관련된 장소 가보기

같은 장소는 아니라도 비슷한 느낌이 드는 장소를 찾아 독서할 때 느꼈던 감동을 가져봅니다.

9. 작가 팬 사인회를 이용하기

꼭 자신이 읽은 책의 작가를 찾지 않아도 됩니다. 중요한 건 작가를 만나는 거예요. 실제로 작가를 만나면 책에 대한 친밀감이 높아집니다.

10. 서점에 자주 놀러 가기

다양한 신간이 나오고 그 외 팬시 제품도 있어서 심심할 새도 없이 오랜 시간을 보낼 수 있습니다. 서점 가는 일도 즐거운 일임을 경험합니다.

11. 체험학습 때 문학관에 들러보기

우리나라의 여러 작가들도 알게 되고 호기심이 생깁니다. 그 작가의 작품을 읽으리란 기대는 하지 마시고요. 독서는 오랜 경험이 쌓여야 효과가 납니다.

12. 도서관 문화 행사 참여하기

다양한 문화 행사 중 한 가지 정도만 참여하면서 책 이외 활동을 통해 문화 경험을 합니다. 그런데 보통 참여를 안 하려고 하므로 자녀의 선택에 맡겨야 합니다.

가정마다 상황이 다르므로 우리 집에 맞는 적합한 활동을 찾아봅니다. 실제로 다양한 활동을 할 시간적 여유가 그리 많지 않습니다. 그렇지만 횟수보다 함께하는 시간이 더 중요합니다. 아이는 클수록 부모와 같이 다니지 않으려고 하거든요. 이 중 할 수 있는 활동을 하면서 자녀와 관계를 쌓아가다 보면 함께할 수 있는 것들이 늘어납니다. 부모와 추억이 많은 자녀는 부모가 애쓴 시간을 꼭 기억합니다. 함께한 시간이 몇 배의 기쁨으로 돌아올 거예요.

자녀와 함께하는 도서관 나들이

도서관	위치	특징
서울도서관	서울특별시 중구 세종대로 110	서울광장 바로 앞에 있어서 서울광장 문화 행사에 참여할 수 있으며 공연 관람도 가능하다.
지혜의 숲	경기도 파주시 회동길 145	규모가 크고 도서량도 방대하며 근처에 피노키오 뮤지엄도 있다. 출판 거리에는 각종 문화 행사가 열린다.
미술도서관	경기도 의정부시 민락로 248	건물 자체가 미술관이며 한국 근현대 미술사를 한눈에 볼 수 있다.
카페 아트 도서관	대구광역시 달성군 가창면 우록길 131	1800년대 삽화부터 10만여 점의 미술품과 도서가 있다.
국립중앙 도서관	서울 서초구 반포대로 201	7층 규모의 우리나라를 대표하는 도서관으로 본관 바로 앞에 국립디지털 도서관이 있다.
국회도서관	서울 영등포구 의사당대로 1	국회의원뿐만 아니라 일반인도 열람이 가능하며 특히 각종 논문을 참고할 수 있다.
남산도서관	서울 용산구 소월로 109	서울시 최초의 공립도서관으로 주변에 남산타워 및 산책길이 있고 케이블카도 탈 수 있다.

정독도서관	서울 종로구 북촌로 5길 48	북촌 한옥마을도 같이 볼 수 있어서 가을에 가기 좋은 장소이다.
노원전자 도서관	서울 노원구 한글비석로 346	계단에 앉아서 가족과 책을 볼 수 있다. 차로 20분 거리에 북한산이 있다.
코엑스 별마당 도서관	서울 강남구 영동대로 513	많은 장서, 아름다운 디자인, 미디어 아트 공간으로 유명하다. 주변 코엑스몰을 이용할 수 있어서 좋다.
별빛마루 도서관	경기도 부천시 옥길로 105	어린이들이 좋아하는 도서관으로 공간마다 특성을 살려 편하게 책을 보는 시설이 있다. 가족이 함께 만들기를 할 수 있는 '별빛공방'도 인기다.

* 문화체육관광부 '국가도서관통계시스템' 사이트에 들어가면 오른쪽 '도서관 주소록'에 전국의 도서관이 안내되어 있어요. 이외 '전자도서관 앱'을 설치한 후 자료가 필요할 때 무료로 이용할 수 있습니다.

한 줄 독서록의 힘은 위대합니다

대한민국 학생들이 가장 싫어하는 공책은 무엇일까요? 장 제목을 보고 감을 잡으셨죠? 바로 독서기록장입니다. 학기 초에 1년 동안 사용할 학용품 목록을 안내할 때 독서기록장은 안 사도 된다고 하면 선생님이 2교시만 하고 출장 갈 때보다 더 좋아합니다.

독서의 중요성을 익히 알고 독서의 효과를 극대화하기 위해 책을 읽고 독서기록장에 독후감을 쓰는 것인데 정작 아이들은 너무 싫어합니다. 거의 쓴 약을 먹는 표정이죠. 아이들의 독서록은 대개 줄거리를 채우고 나면 마지막 두 줄 정도는 '정말 재미있다. 주인공을 본받아야겠다. 나도 그곳에서 체험하고 싶다. 이 작가의 책을 앞으로 읽고 싶다.' 등 내용으로 채워집니다. 실제로 느낀 점이긴 하지만 좀 더 쓰라고 하면 그때부터 연필만 붙잡고 공책과 씨름하다가 한숨 쉬며 애꿎은 책장만 이리저리 넘기죠. 그럴 때 활용할 수 있는 15가지 방법을 제시합니다.

독서록 활동 안내문

① 주인공에게 편지 쓰기

② 책 표지 바꾸어보기

③ 친구에게 이 책을 소개하는 편지 쓰기

④ 작가에게 편지 쓰기

⑤ 나라면 어떻게 바꿀까? 책 내용 바꾸기

⑥ 뒷이야기 상상해서 써보기

⑦ 비슷한 책을 골라서 그 주인공과 비교해보기

⑧ 책에 나오는 상황과 비슷한 경험이 있는지 써보기

⑨ 이 책을 읽게 된 동기 쓰기

⑩ 내가 주인공이라면 어떻게 결정했을지 쓰기

⑪ 주인공을 위로하는 글 쓰기

⑫ 주인공을 칭찬하는 글 쓰기

⑬ 주인공에게 본받고 싶은 행동에 대해서 알아보기

⑭ 친구의 느낀 점과 나의 느낀 점을 비교하여 새롭게 알게 된 점 쓰기

⑮ 책에 나온 장소와 비슷한 곳을 다녀왔다면 주인공의 체험과 비교하기

국어 교과서를 잘 소화하려면 이런 활동들이 꼭 필요합니다. 교과 특성상 배워가는 과정을 활용한 제시문들입니다. 독서와 독후 활동은 교육적으로 필요합니다. 그러나 독서를 즐기는 태도가 정립되기 전에 독서록을 쓰는 활동은 역효과가 날 수도 있습니다.

한 권을 열심히 읽었는데 그냥 지나가기엔 너무 아깝고 독서록은 쓰기 싫고, 그럼 어떻게 할까요? 그래서 '한 줄 독서록'이 필요한 이유입니다. '한 줄 독서록'을 설명하기 전에 필사에 대해서 알아보겠습니다.

필사는 말 그대로 책을 베껴 쓰는 것입니다. 작가 지망생들도 책을 필사하는 연습이 도움된다고 합니다.

필사의 장점

① 간접경험을 통해 글 쓰는 기회를 접한다.

② 시간이 지날수록 읽은 책 내용을 잊어버리게 되는데 필사하면 오랫동안 기억할 수 있다.

③ 좋은 문장을 알아보는 능력이 생긴다.

④ 책 내용을 자세히 읽으며 필사하므로 집중력이 높아진다.

⑤ 평소에 쓰던 언어가 아닌 새로운 언어를 많이 알게 된다.

⑥ 책을 정독하게 되어 지식을 습득할 수 있다.

⑦ 생각하며 글을 읽게 되어 뇌를 활성화한다.

⑧ 문장을 관찰하며 이전에 필사했던 문장과 비교해본다.

간단한 '한 줄 독서록'과 필사의 장점을 살려 효과를 본다면 아이들이 편하게 독서하고 습관처럼 독서록을 쓰게 됩니다. 한 권을 필사하기엔 시간도 없고 아이들에겐 고역이므로 아이가 감당할 수 있는 양을 스스로 정하도록 합니다.

'한 줄 독서록' 쓰는 방법

1. 독서기록장 준비하기

오랫동안 사용할 공책이므로 표지를 튼튼한 것으로 준비합니다. 겉표지 디자인이나 속지를 보고 글 쓰기 편한 공책인지 살펴보고 선택합니다. 공책 크기는 15㎝×20㎝ 정도가 적당합니다. 딱 맞지 않아도 되지만 이 정도 크기가 사용하기 편하고 혹 가지고 다닐 때도 적당합니다. 책 크기와 비슷하면 좋습니다.

2. 공책 내용 살펴보기

도서명, 작가명, 출판사, 장르, 독서 날짜를 기록합니다. 이외 일기를 겸하는 느낌으로 사용하려면 왜 이 책을 구매했는지 한 문장 정도 쓰는 것도 좋습니다.

3. 한 줄 독서록 쓰기

한 줄 독서록은 한 번에 쓰지 않고 책을 읽으면서 상황에 따라 쓰도록 합니다.

① 책을 읽으면서 괜찮은 문장 또는 감명 깊은 문장, 표현이 남다른 문장을 찾아봅니다. 처음에는 아무것도 쓸 게 없을 수도 있어요. 없으면 독서록은 쓰지 않고 그냥 넘어갑니다.

② 독서 습관이 몸에 배어가면 한 문장씩 찾아서 무엇이라도 씁

니다. 정말 딱 한 줄만 쓰도록 합니다. 처음에는 학급 아이들도 아무 문장이나 써오다가 나중에 2개월 정도 지나면 나름대로 잘 찾아옵니다. 그리고 서로 독서록을 비교하기도 합니다. 이때 좋아하는 색깔의 볼펜이나 필기감이 좋은 볼펜을 추천합니다. 취미생활처럼 다양한 아이템이 필요합니다.

4. 독서록 분량에 신경 쓰지 않기

책에 따라 한 줄만 쓰기도 하고 어떤 책은 한 줄도 쓰지 못할 때가 있어요. 관심 분야나 취향이 달라서 그럴 수 있습니다. 출판사나 작가를 쓰는 이유는 한 권을 읽고 나서 재미있으면 같은 작가의 다른 책이나 그 출판사의 주제가 비슷한 책을 찾아볼 수 있기 때문입니다.

5. 독서하고 난 후 하고 싶은 것 쓰기

반드시 써야 하는 건 아닙니다. 이 부분은 오직 본인이 느끼는 대로 선택합니다. 아무것도 생각나지 않으면 쓰지 않아도 됩니다. 어느 순간 '나도 이런 거 해볼까?' 하는 생각이 들 때 형식 없이 쓰면 됩니다.

이렇게 '한 줄 독서록'을 쓰고 나면 어떤 좋은 점이 있을까요?

1. 책꽂이에 읽고 난 책이 한 권씩 쌓여가면 굉장히 뿌듯하다.

사람은 끊임없이 자기 계발을 원하고 지식에 대한 욕구도 많아늘 갈증을 느낍니다. 그러므로 독서록이 쌓여가면 나름 뿌듯해합니다. 독서록을 통해 성취감을 느끼면 다른 것도 도전해보고 싶은 마음이 서서히 생깁니다.

2. 독서록에서 마음에 드는 한 문장을 골라 글쓰기에 활용할 수 있다.

독서할 때마다 꼭 한 문장만 선택하는 이유는 문장을 고르는 연습 중이기 때문입니다. 학교 수업은 태반이 글쓰기로 통해 있습니다. 평소 골라둔 문장들을 글 쓸 때 인용합니다. 한 줄 인용문을 덧붙이면 글의 매력이 달라지고 설득력이 높아집니다. 옷을 잘 차려입고 옷에 맞는 구두까지 신으면 패션이 완성되듯이 말입니다.

3. 마음을 움직이는 문장이 있으면 포스트잇에 써서 잘 보이는 곳에 붙여두고 생각을 정리한다.

한 줄 독서록의 좋은 문장은 포스트잇에 써서 유용하게 활용할 수 있습니다. 다른 사람에게 용기를 주고 싶을 때, 가족을 응원하고 싶을 때, 새로운 일을 결심해야 하는데 용기가 필요할 때 사용해요. 긴 독서록은 한 번 쓰면 다시 보기도 쉽지 않지만 한 줄 독서록은 오래 두고 사용할 수 있습니다.

한 줄 독서록의 힘은 위대합니다. 이 책의 핵심 키워드는 '똑똑한 아이'입니다. 공부만 잘하는 아이, 독서만 하는 아이가 아니라 내면을 다지고 다른 사람에게 좋은 영향을 주며 스스로 삶을 개척하는 아이가 '똑똑한 아이'입니다. 안다는 것은 이해를 넘어 행동으로 실천하는 것입니다. 삶을 개척해나가는 아이들의 진정한 스승이 '한 줄 독서록'이 될 수도 있습니다. 자녀가 책에서 지혜를 얻는다면 부모로서 더 이상 바랄 게 없습니다.

나에게 맞는 책을 골라요

책을 꼭 읽어야 할까요? 읽기 싫으면 안 읽어도 됩니다. 독서는 본인의 선택입니다. 그런데 책을 읽고 싶은데 무슨 책을 읽을지도 모르겠고 책을 펴면 재미가 없대요. 그럼 방법을 같이 찾아봐야겠죠. 책도 옷처럼 자신과 맞는 책이 있고 잘 골라 읽어보면 '나도 책을 읽을 수 있구나.' 하고 깨닫게 됩니다. 그런데 남이 골라주는 것보다 자신이 고르는 게 좋겠죠? 자신이 책을 고르려면 책을 보는 안목을 길러야 하고 안목을 기르기 위해서는 책과 가까이해야 합니다. 책을 읽지 않으면 안목이 생길 리 없습니다.

첫 번째 질문으로 다시 돌아가봅시다. 모든 사람이 반드시 책을 읽어야 할까요? 학교에서 독서를 많이 한 학생과 하지 않은 학생은 차이가 납니다. 독서를 많이 한 학생은 기반 지식이 많아서 수업 시간에 문제를 해결할 때 다양한 의견을 제시하며 열심히 참여합니다.

그러나 독서량이 적은 학생은 수학 시간에 문장제 문제를 이해하지 못해 문장을 끊어주어야 하고 미술 시간에 그림을 그릴 때도 소재가 부족하여 시작조차 어려워합니다. 독서는 국어 실력을 높여주고 국어를 잘하면 영어 공부에도 좋은 영향을 줍니다. 공부를 잘하기 위해 독서하는 것은 아니지만 독서는 사람이 하는 모든 영역에 양분이 됩니다.

초등학교 고학년이라도 늦지 않았습니다. 독서 환경을 만들어주면 가능합니다. 교실에서 '아침 10분 독서하기'를 1년 동안 해보면 처음에 힘들어하던 아이들도 조금씩 변화를 보이다가 자신의 호기심을 자극하는 책을 고르면 읽으려고 합니다.

아이에게 맞는 책 고르는 방법을 안내하겠습니다.

1. 서점에서 관심 없는 분야의 책을 4권씩 고른다.

부모와 아이가 각자 책을 4권씩 고른 후 한곳에 모입니다. 단 책을 제자리에 가져다 놓기 위해 책을 가지고 온 위치를 기억해두라고 알려줘야 합니다.

2. 책 4권을 고른 이유를 각자 얘기한다.

어떤 책이 가장 끌리고 이유가 무엇인지 대화를 나눕니다. 이때 책에 대해 잘 모르므로 책 제목이나 표지를 보고 고르게 됩니다. 이렇게 이야기 나누면서 책 제목을 보는 방법을 익힙니다. 바로 다시 각자 2권씩 골라 와서 이유를 이야기합니다.

3. 책 제목과 목차를 읽어본다.

이렇게 관심 있는 책을 2권씩 골라 책 제목과 목차를 살펴보고 이야기하면서 흥미가 생겼다면 이번에는 목차를 살펴봅니다. 목차를 보면 어떤 내용을 담은 책인지 좀 더 구체적으로 알 수 있습니다.

4. 책의 프롤로그를 본다.

책의 맨 앞부분인 서문에는 작가가 무엇 때문에, 누구를 위해 책을 썼는지가 나옵니다. 아이들은 이 부분을 읽지 않고 넘어가는데 이 부분에서 작가가 말하는 방향이 자기와 맞는지, 관심이 가는지 판단해봅니다.

5. 책의 뒷부분에 있는 작가의 다른 책을 확인한다.

책마다 작가의 책이 뒷부분에 소개되기도 하므로 간혹 읽었던 책이 나오면 독서하기 전에 흥미가 생깁니다.

6. 종이의 질감도 느껴본다.

책마다 종이의 질감이 서로 다르므로 직접 촉감으로 느껴봅니다. 독서는 눈과 머리로 한다고 생각하지만 오감을 이용하는 경험도 필요합니다. 책이 많은 곳에서 책 냄새를 맡으면 안정감을 찾을 수도 있습니다.

7. 표지 디자인이나 책 속 그림도 살펴본다.

책 내용만 계속 읽고 책을 고르라고 하면 재미가 없습니다. 그래서 지루하지 않게 표지 디자인과 그림을 같이 봅니다.

아이들은 아직 책을 고르는 요령이 없으므로 이렇게 책을 살펴봐도 책을 살지 말지 망설인다면 꼭 구입하지 않아도 됩니다.

8. 십진분류법을 찾아본다.

독서는 하고 있으나 어떤 분야의 책을 좋아하는지 물으면 모른다고 하는 학생들이 종종 있습니다. 이럴 땐 십진분류법을 냉장고에 붙이고 눈으로 익히도록 합니다. 책의 분류 기준이 철학, 종교, 사회과학, 자연과학, 기술과학, 예술, 언어, 문학, 역사로 되어 있음을 이해합니다. 늘 책을 구매할 수 없으므로 가까운 도서관에서 대여할 때 좋아하는 분야가 무엇인지 생각해보면 다음에 어떤 책을 읽어야 할지 쉽게 선택할 수 있습니다.

이렇게 책을 자세히 보다 보면 글씨가 어느새 눈에 들어옵니다. 책을 그냥 고르라고 하면 여기저기 다니면서 대충 제목만 보고 고르는 일이 많습니다. 이렇게 고른 책은 집에 와서 읽지 않습니다. 위에 방법대로 고른 책을 가족 독서 시간에 읽으면 금상첨화입니다.

세계적인 작가 헤르만 헤세의 독서 가풍을 소개하겠습니다. 읽으면서 해당이 되거나 꼭 하고 싶은 항목에 체크해보세요.

☐ 1. 자녀의 독서 취향에 영향을 주도록 가풍을 잘 세워라.
☐ 2. 책과 음악의 향기가 집 안에 늘 피어나게 만들어라.
☐ 3. 다양한 체험도 독서만큼 중요하므로 체험하게 하라.
☐ 4. 동서양의 고전과 현대의 책을 조화롭게 읽어라.
☐ 5. 셰익스피어와 괴테의 작품을 모두 읽어라.

☐	6. 집 안에 서재를 만들어 대대로 물려주어라.
☐	7. 나만의 독서 리스트를 만들어라.

이제 책을 고르는 방법을 알았으니 한 권을 선택해서 부담 없이 읽는 방법을 안내하겠습니다.

1. 독서 기한을 두지 않는다.

언제까지 이 책을 읽어야 한다고 하면 부담되어 읽기 싫어집니다.

2. 일주일 분량과 하루 분량을 정해 읽도록 한다.

무조건 매일 같은 분량을 읽어야 하는 것은 아닙니다. 예를 들어 28쪽의 분량이라면 일주일로 계산해서 하루에 4쪽을 정하기보다 일주일 동안 개인 일정에 맞추어 어떤 날은 2쪽, 어떤 날은 5쪽을 읽을 수도 있습니다. 이렇게 정한 분량의 쪽수에 포스트잇을 붙여둡니다.

3. 정해진 분량만큼 읽은 날은 포스트잇을 떼어 달력에 붙인다.

한 달 동안 자신이 독서를 한 날들을 한눈에 확인할 수 있습니다. 독서를 못 한 날이 있으면 내일 배로 읽어야 하는 부담감이 생기므로 처음에는 분량을 아주 적게 잡아서 누구나 쉽게 하도록 합니다.

4. 한 권을 읽는 데 오래 걸리더라도 답답한 기색을 내지 말고 기다려준다.

적은 분량의 책인데도 세월아 네월아 읽을 지도 모릅니다. 그래도 기다려주세요. 익숙해지면 금방 읽게 됩니다.

부모의 노력이 자녀의 평생 습관으로 자리매김합니다. 그런데 부모가 아무리 애써도 책을 싫어하는 아이도 있어요. 하지만 당장 읽지 않아도 자기에게 맞는 방법으로 지식을 쌓아가더라고요. 교과서에 수록된 글을 반복적으로 읽거나 만화책에 빠졌다가 글줄 책으로 넘어오는 아이도 있답니다.

큰딸 이야기를 해볼게요. 큰딸이 1학년 때 저는 둘째를 업고 도서관에 매일 갔어요. 책을 보거나 말거나 신경 쓰지 않고 큰딸이 집에 가자고 할 때까지 있었죠. 학교 일을 마치고 퇴근하면 해야 할 집안일도 많았지만 평생 독서의 좋은 점을 알고 있기 때문에 엄마로서 독서 습관을 꼭 키워주고 싶었어요.

처음에는 사람 구경도 하고 책꽂이만 쳐다보았어요. 2개월쯤 지나니 책을 뽑아서 조금 보고 또 다른 책을 뽑아 보더라고요. 4개월쯤 지나자 앉아서 책을 읽기 시작했습니다. 그때부터 책을 조금씩 사주면서 아이가 읽는 책을 같이 읽고 이야기 나누면서 놀았어요. 동생이 책을 찢으면 가위로 오려 도화지에 붙여서 다른 이야기로 동화책을 만들어보기도 했습니다. 도서관 다녀오는 길에 핫도그도 사 먹고 즐거운 추억도 쌓았습니다.

큰딸은 중고등학교를 다닐 때도 책을 많이 읽었고 성인이 된 지금도 책을 아주 좋아합니다. 아무것도 안 하고 쉬면서 책만 읽고 오는 독서 여행도 같이 다닐 정도입니다. 큰딸은 어릴 때 도서관 나들이를 가준 엄마에게 항상 고맙다고 합니다. 독서가 인생의 큰 즐거움인 걸 큰딸이 알게 되어 다행입니다.

밤새 책을 읽으며 인문학, 철학, 경제를 막론하고 다양한 분야의 이야기를 서로 나누며 사는 게 즐겁습니다. 딸이 밑줄을 친 책을 보고 '아, 딸은 이 부분이 좋았구나.' 하고 생각하고 엄마가 연필로 메모한 부분을 보고 딸은 '엄마는 이런 생각을 하는구나.' 하며 서로를 알아가기도 합니다.

옷은 사서 입으면 그만이지만 책은 사고 나서 읽어야 하는 활동이 남아 있으므로 생각보다 쉽지 않습니다. 그래서 다양한 활동이 필요합니다. 에너지 왕성한 사춘기에 밖으로 나가고 싶은 마음이 굴뚝 같은데 독서를 하겠다고 마음만 먹어도 얼마나 기특한가요? 독서는 서서히 물이 스며들듯이 천천히 해야 합니다. 독서는 공부가 아니라 삶입니다. 강요하기보다 저절로 책에 눈이 가도록 독서 가풍을 만들어 가길 바랍니다.

6교시

사회성도 키울 수 있나요?

친구가 꼭 많아야 할까요?

성격은 개인이 가지고 있는 고유의 성질이나 품성입니다. 여기에서 고유의 성질, 고유의 품성이란 태어나면서 가지고 있는 특성을 말합니다. 보통 천성이라고 하지요. 그러므로 변하기 어렵습니다.

크면서 성격이 바뀌었다고 하는 사람들도 있는데, 그것은 성격이 변한 게 아니라 사회성이 길러져 원래 가지고 있던 성격을 잠시 덮어둔 것입니다. 문제가 발생하거나 감당하기 힘든 상황이 오면 원래의 성격이 나오게 되죠. 지금까지 타인에게 보여주었던 것과 다른 모습이 나와서 주변 사람들을 당황하게 할 때도 있습니다.

나와 완전히 잘 맞는 사람은 없습니다. 지내면서 서로 익숙해지기도 하고 상대방을 파악하여 감정을 건드리지 않기 때문에 잘 맞아 보이는 거죠. 그런데 사춘기가 되면 자신의 생각대로 행동하고 판단하려는 의지가 생겨서 다른 사람들과의 충돌이 잦아지고 감정이 격해집니다.

마음이 잘 맞으면 또래 집단을 형성하는 힘이 강해지고, 여학생일 경우 그 또래집단에 다른 사람이 들어오는 것을 더 싫어합니다. 남학생들도 또래 친구들과 더 친해지지만 간단한 경기를 할 때는 나이 상관없이 쉽게 어울리기도 합니다.

친구들과 잘 어울리는 아이들도 많지만 학급에서 친구 없이 가만히 앉아 있는 아이도 있습니다. 다른 아이들에게 관심을 보이면서도 선뜻 다가가지 않습니다. 고학년이 되기까지 이미 자신만의 생활 패턴이 생겨 마음을 열고 다가가는 게 쉽지 않거든요. 이렇게 자녀가 친구들과 잘 지내지 못하는 모습을 눈치채면 부모는 바로 문제라고 인지해버려 안타깝습니다.

이럴 때는 어떤 태도로 아이를 대하면 좋을까요?

1. 학교를 다녀오면 "오늘 어떻게 지냈어?"라고 묻기보다 부모의 이야기로 대화 주제를 돌린다.

아이는 이미 부모가 무엇을 물어볼지 알고 있어서 심리적 부담감을 가지고 있습니다. "오늘 길에서 누구 만났는데 정말 오랜만이라서 너무 반갑더라."라고 대화를 돌리면 당연히 학교생활을 물어볼 거라 짐작했던 아이는 '휴~' 하고 마음을 놓습니다.

2. 부모가 말을 너무 많이 하지 않는다.

대답을 듣기 위해 말하는 상황이라면 아이 입장에서는 매번 무슨 대답을 해야 할지 늘 고민입니다.

3. 자녀에게만 말을 걸지 말고 다른 가족에게 대화를 돌리면서 아

이를 바라보고 웃어준다.

자신에게 무언가 물어보는 게 일상이 되면, 말하고 싶은 마음이 없는 아이에게는 웃고 즐기는 시간도 불안합니다. 자신에게 말을 걸지 않으면서 즐거운 대화가 오고 간다면 아이도 분위기를 편안하게 즐길 수 있습니다. 사람은 누구든지 말하고 싶고 재미있게 잘 지내고 싶은 욕구가 있습니다. 하지만 성격과 환경으로 인해 다가가지 못하고 다른 사람이 말하는 것을 들으며 안정감을 느끼는 사람도 있습니다.

4. 손 편지를 쓴다.

손 편지는 진심이 전해지는 가장 좋은 방법입니다. 사람 간에 마음을 주고받으면서 내면의 힘이 생깁니다. 아이가 반응을 보이지 않더라도 계속 편지를 쓰면 부모의 진심을 이해할 수 있습니다.

이런 방법들은 타인에게 마음을 여는 시작점이 되기도 합니다. 부모가 자꾸 다른 아이랑 놀아보라고 억지로 친구를 붙여주는 건 바람직하지 않습니다. 갑자기 외국인에게 말을 걸라고 하는 것과 같습니다.

저는 교실에서 아이들이 다같이 친해질 수 있게 몇 가지 방법을 쓰곤 했습니다.

1. 글자 맞추기

메모지에 한글의 아무 글자나 한 글자만 쓰고 기다리게 합니다. 그리고 칠판에 '문방구'라고 씁니다. 이때 인원에 상관없이 쓴 글씨를 합쳐 문방구에서 볼 수 있는 물건을 만드는 거예요. 글자를 만들기 위해 서로 어떤 글자를 가지고 있느냐고 물어보며 자연스럽게 대화를 나눕니다.

2. 숫자 맞추어 곱하기

이번에는 메모지에 각자 좋아하는 숫자를 적습니다. 두 명이 쓴 수의 곱이 교사가 제시한 숫자보다 크면 칠판 앞으로 나옵니다. 생각을 물어보는 것이 아니라서 성격에 상관없이 숫자 맞추느라 정신이 없고 큰 노력이 안 들기 때문에 움직이는 건 어렵지 않습니다. 계속 다른 조건으로 40분 정도 진행하면 아이들은 즐겁게 서로 눈을 맞추게 됩니다.

3. 학급 친구들의 이름으로 상상화 그리기

한 친구의 이름을 그림으로 그려 칠판에 붙여두고 누구의 이름인지 추측하는 활동입니다. 아이들이 정답을 맞히려고 서로의 이름을 계속 부르게 됩니다. 누군가 자신의 이름을 계속 불러주기 때문에 마음이 서서히 열립니다.

친구가 별로 없어서 학급에서 늘 혼자 지내던 아이의 사례입니다. 점심시간이나 쉬는 시간에 늘 혼자 그림만 그렸어요. 가끔 음악을 들으며 아이들 노는 모습을 바라보곤 했어요. 이때 갑자기 친구를 이어주면 어색해서 역효과가 날 수 있습니다. ○○이를 관찰해봤더니 창의력이 남달라서 같은 주제를 가지고 그림을 그려도 다른 아이들이 생각하지 못한 것을 작품으로 완성해내곤 했습니다. 그림에 대해 슬쩍 물어보면 담담하던 아이의 표정이 확 달라집니다. 드디어 해결 방법이 반짝 하고 떠올랐어요.

미술 시간이 끝나기 10분 전 작품을 설명하는 시간이 왔어요. ○○이 차례가 되어 작품에 대한 설명을 듣더니 아이들이 놀라는 눈빛이었습니다. 쉬는 시간에 아이들이 하나씩 그 아이 옆으로 몰려가서 작품 구경도 하고 이야기를 주고받기 시작했습니다.

억지로 같이 놀아보라고 어른들이 강요하는 것보다 아이가 잘하는 모습을 자연스럽게 보여주고 친구들의 관심을 끌게 하는 것이 아이의 자존감을 살리는 가장 좋은 방법입니다.

친구에게 다가가려면 말을 해야 한다고 생각하지만 의외로 몸을 움직일 때 더 가까워집니다. 친구에게 다가가지 않더라도 좋아하는 친구는 분명히 있습니다. 가정에서 아이와 친구에 대해 이야기하고 나서 부모의 친구도 같이 적어봅니다.

부모의 친구와 자녀의 친구를 비교하며 대화 주제를 이어가면 자녀의 마음도 이해할 수 있습니다.

놀고 싶은 친구 2명	나와 공통점 2가지 쓰기
A와 B	• 잘 웃는다 • 물건을 잘 빌려준다.

현재 가장 친한 친구	나와 공통점 2가지 쓰기
C와 D	• 잘 기다려준다. • 대화 주제가 잘 맞는다.

아이가 원하는 친구

• 잘 웃고 물건을 잘 빌려주는 친구
• 잘 기다려주고 대화 주제가 잘 맞는 친구

부모가 관심 가지는 지인 2명 쓰기	나와 공통점 2가지 쓰기

현재 가장 친한 친구	나와 공통점 2가지 쓰기

부모가 원하는 친구

학부모 상담 시 대표적인 질문들

학부모 상담 내용	교사의 답변
Q 수업 시간에 발표를 잘하나요?	**A** 수업 시간에 발표하지 않아도 모든 활동에 참여하고 있으므로 괜찮습니다.
Q 친구들이랑 잘 지내나요?	**A** 친구들이랑 잘 지내는 기준은 서로 다툼 없이 원만하게 지내는 것이므로 생활을 잘하고 있습니다.
Q 수업 시간에 잘 듣나요?	**A** 수업 시간에 잘 듣는 기준은 수업 진도를 잘 파악하고 어느 부분을 수업하는지 이해하는 것이므로 수업에 잘 참여하고 있습니다.
Q 적극적으로 잘 생활하나요?	**A** 적극적으로 생활한다는 기준은 다른 사람보다 더 많이 활동한다는 것입니다. 다른 사람보다 활동이 적긴 하지만 아이의 성향이 그럴 뿐이지 문제는 없습니다.
Q 자신의 생각을 잘 말하나요?	**A** 생각을 꼭 말로 해야 하는 것이 아니에요. 대화가 필요할 땐 교사 옆에 와서 작은 소리로 말을 합니다. 생각을 표현하는 방법이 다를 뿐, 괜찮습니다.

친구가 학급에는 없지만 다른 반이나 동네에 있다면 이 또한 큰 문제는 아닙니다. 사람과의 거리를 좁히는 데 시간이 걸리는 아이들이 있습니다. 이런 아이들은 한번 친해지면 멀어지지 않고 오랫동안 친구 관계를 유지합니다. 친구가 한 명도 없다면 단순히 의지의 문제만이 아닐 겁니다. 누구에게도 쉽게 마음을 터놓지 못하는 이유가 따로 있을 겁니다. 친구를 사귀라고 강요해서 해결되는 문제가 아니며, 전문가 상담이 꼭 필요합니다. 이대로 중학교에 진학하면 주변과 더

어울리지 못할 가능성이 높습니다.

사회성의 시작은 가정에서부터 출발합니다. 집에서 연습을 통해 체화돼야 학교에서도 가능해집니다.

1. 쪽지 편지를 자녀 방 책꽂이에 넣어둔다. 편지를 보라고 문자한다.

⋯▸ 문자 예시: △△아, 네 방 책꽂이에 편지 있어. 학교 다녀와서 꼭 너만 봐.

⋯▸ 쪽지 예시: △△아, 편지 잘 찾았니? 서랍 열어봐. 어제 편의점에서 네가 좋아하는 과자 샀는데 동생 없을 때 너만 먹어. 편의점 갔는데 네 생각이 나더라.

★ 자녀가 커도 1:1로 쪽지를 보내면 부모와 친밀감이 높아집니다.

2. 아이가 읽고 있는 책이 있으면 책갈피 대신 용돈과 쪽지 편지를 넣어준다.

⋯▸ ◇◇아, 책갈피 대신 용돈이야. 좀 놀랐지? 다음에도 기대해.

★ 독서는 혼자만의 여행인데 부모가 함께하는 것 같아서 행복해집니다.

3. 외출할 때 거실에서 보고 있다가 뒷모습을 찍어서 보낸다.

⋯▸ ○○아, 뒷모습 멋있다. 잘 다녀오고 이따 봐. 맛있는 저녁 해놓을게.

★ 사춘기 아들이라 이런 거 안 좋아한다고요? 은근 좋아합니다. 자녀의 마음을 따뜻하게 하는 말을 자주 해주면 자녀도 따뜻한 말을 해옵니다.

4. 하교할 때 불쑥 마중 나간다.

⋯▸ 일찍 퇴근하거나 학교 근처에 볼일이 있을 때 불쑥 찾아가서 둘이 맛있는 간식을 먹고 집으로 갑니다. 추억 만들기 성공한 겁니다.

5. 자녀가 힘들어할 때 몰래 편지와 자녀가 좋아하는 활동을 준비해둔다.

⋯▸ 영화, 자전거 타기, 놀이공원, 경기 관람 등 같이 할 수 있는 이벤트를 준비

합니다. 가족이 위로가 되어야 합니다.

6. 이유 없이 멋있다고 칭찬해준다.

⋯→ "갑자기 왜 그래?"라고 하면 "그냥", "원래 멋있어."라고 말해줍니다. 마음은 간직만 하지 말고 고백해야 합니다.

7. 자녀와 주고받은 쪽지 편지는 모두 모아둔다.

⋯→ 가족 여행 때 몰래 몇 개 챙겨갑니다. 저녁에 "이건 네가 11살 때 쓴 거야." 하면서 보여주면 추억에 잠겨 행복을 느낍니다.

태어나서 가장 먼저 만나는 가족이 아이의 첫 '사회인社會人'입니다. 아이는 가정에서 모든 것을 배워갑니다. 가족과 편지를 나누고 작은 선물을 만들어주는 것도 사회성을 키우는 것입니다. 편지를 쓰면서 받는 사람의 마음을 생각하고, 선물을 받으면 몇 시간 동안 정성 들인 고마움을 기억하게 됩니다.

아이의 사회성을 키우는 데는 부모의 노력이 필요합니다. 만약 우리 아이한테 친구가 별로 없다면 부모가 먼저 친구가 되어주세요. 중고등학교 때 소중한 친구가 생길 테니까 친구가 별로 없어도 걱정하지 마세요. 바르게 잘 크고 있는 우리 아이들에게 친구가 늦게 생기는 것일 뿐입니다. 천천히 어른으로 성장하고 있으니 기다려주세요. 오늘도 등을 두드려주며 함께하고 있음을 느끼게 해주세요.

사회성의 압축파일은 인성입니다

현재에 적응할 시간보다 부랴부랴 맞이해야 하는 미래에 대비해 우리는 아이들을 어떻게 가르치고 키워야 할까요? 인공지능은 인간의 지능과 연결된 인지 문제를 해결하는 데 쓰이는 컴퓨터 공학 분야입니다. 인간처럼 생각하고 행동하며 사람이 하는 일을 인공지능이 점차 대체하고 있습니다. 일자리가 없어지면 어떻게 살아야 할까 걱정됩니다. 하지만 없어지는 일자리 대신 또 새로운 일자리가 생성되므로 교육받으면서 제자리를 찾아갈 것입니다. 그럼, 일자리만 있으면 모든 문제가 해결될까요?

사람에게는 있고 인공지능에겐 없는 것, 바로 인성人性, 사람의 성품입니다. 인성을 유지하며 다른 사람과 조화롭게 살아가는 사회성은 우리 아이들이 갖추어야 할 덕목입니다. 그렇기에 미래의 핵심 자질은 사회성입니다.

37년 동안 학교에 있으면서 가장 피부에 와닿는 부분이 사회성교육이었습니다. 공부는 훈련이 되어 있지만 사회성 훈련은 되어 있지 않아 부족한 아이들이 많습니다. 그런데 말이 없고 조용하면 사회성이 부족하고 말을 잘하면 사회성이 좋은 걸까요? 대인관계에서 모두가 잘할 수 있도록 협동하며 소질과 능력을 발휘하는 것이 사회성입니다. 사회성의 사전적 의미는 사회생활을 하려고 하는 인간의 근본 성질, 인격, 개인의 소질이나 능력, 대인관계의 원만성 등입니다. 달리 말하면 책임감-자기표현-공감-대인관계가 사회성의 주축입니다. 사회성은 다른 사람들을 잘 이해하며 적절한 대처로 원만한 관계를 맺고 소통하는 가운데 즐겁게 살아가는 것입니다. 즉, 사회성의 압축파일은 바로 인성입니다.

그렇다면 사회성이 좋은 아이는 어떤 아이일까요? 아래 15가지 특성을 보면서 우리 아이는 몇 가지에 해당되는지 체크해볼까요? 괄호 안에 ○(충분함), △(성장하고 있음), ×(노력이 필요함) 세 가지로 표시하여 참고하면 됩니다.

1. 책임감 있는 아이 ( )
2. 자신감 있는 아이 ( )
3. 배려를 잘하는 아이 ( )
4. 협동을 잘하는 아이 ( )
5. 대인관계가 원만한 아이 ( )

6. 자기표현을 잘하는 아이 ( )

7. 자존감이 높은 아이 ( )

8. 공감 능력이 뛰어난 아이 ( )

9. 경청을 잘하는 아이 ( )

10. 친구 간에 신뢰가 높은 아이 ( )

11. 자기 조절력이 높은 아이 ( )

12. 친구를 잘 이해하는 아이 ( )

13. 자주적인 아이 ( )

14. 감사할 줄 아는 아이 ( )

15. 친구와 의견을 잘 조율하는 아이 ( )

가정에서는 아이의 사회성이 잘 드러나지 않습니다. 그래서 담임선생님과 자녀의 친구를 통해서 상황을 듣곤 합니다. 좀 더 다양한 방법으로 관찰하기 위해선 주변 사람들과의 모임, 친척 집 방문 등을 통해 알 수 있습니다. 만약 전화 통화에서 담임선생님이 "○○이가 친구들과 지내는 데 어려움이 있어요."라고 한다면 일단 순화해서 말하는 경향이 있으므로 아이가 현재 상당히 어려움을 겪고 있다는 뜻으로 이해하면 됩니다. 보통 이때 학부모들은 "친하면 안 그래요."라고 하는데 가족처럼 익숙해진 환경에서 하는 행동은 사회성이라기보다는 연습된 익숙함에서 나온 것입니다.

위의 15가지 능력을 모두 다 갖추긴 어렵습니다. 세상에 완벽한 사람은 없습니다. 다만 사회성이 발달한 아이의 특성을 알아두고 부족한 부분을 찾아 개선해나가는 노력이 필요합니다. 사회성은 아이 혼자만의 노력으로 좋아지기 어렵기 때문입니다.

15가지 특성을 교실에서 어떻게 발휘하는지 예를 들어볼게요.

1. 책임감 있는 아이

책임감이란 개인적인 과제를 잘하는 성실성과도 연관 있습니다. 책임감 있는 아이란 학급에서 개별로 맡은 일을 잘하는 아이입니다. 역할 분담으로 교실 창틀을 일주일에 두 번씩 청소하는 담당을 정했다고 합시다. 책임감 있는 아이는 갑자기 바쁜 일정이 생기면 점심시간에 먼저 청소를 해둡니다. 청소를 못 하게 된 핑계를 찾기보다 책임을 다할 생각이 먼저 드는 겁니다.

2. 자신감 있는 아이

수업 시간에 특정 주제에 대해 찬반양론을 할 때 의사표시를 분명하게 합니다. 자신에게 동의하는 사람이 많고 적음에 상관없이 분명하게 의견을 주장하며 어려운 활동이면 힘들어서 못 하겠다고 말합니다.

3. 배려를 잘하는 아이

친구가 기분 나쁘지 않도록 의향을 물어보고 배려를 합니다. 선심 쓰듯 '네가 먼저 해.'라고 하는 게 아니라 '나는 지금 다른 것을 해야 하니 네가 하고 싶으면 먼저 해.'라고 말합니다.

4. 협동을 잘하는 아이

모둠 활동이나 학급 전체가 참여해야 할 때 중요하지만 귀찮은 일도 선뜻 나서서 하되 끝까지 해냅니다. 역할 분담이 안 된 상태에서 자신이 필요한 역할을 찾아 원활하게 돌아가도록 하는 능력을 발휘합니다.

5. 대인관계가 원만한 아이

친구가 부담스럽지 않게 기분을 고려하여 말을 걸고 함께하려고 노력합니다. 친구가 거절해도 자신은 기분 좋게, 신나게 행동하며 자신의 뜻을 종용하지 않습니다.

6. 자기표현을 잘하는 아이

자기표현이란 긍정적인 감정과 부정적인 감정이 모두 포함되어 있습니다. 상황에 맞게 자기가 현재 어떤 상황인지 그리고 무엇을 할지 말지를 잘 표현합니다.

7. 자존감이 높은 아이

친구가 잘하는 과제나 행동에는 진심으로 칭찬해주며 어떻게 했는지 물어보고 따라 하며 좋은 성과를 냅니다. 예를 들어, 과학 시간에 자석으로 물체 만들기를 할 때 개인적으로 준비물을 더 준비해 와서 다른 물체를 만든 친구에게 그 방법을 물어보고 따라 해도 되는지 확인하고 참여합니다.

8. 공감 능력이 뛰어난 아이

친구들이 발표하거나 이야기할 때 리액션이 좋고 발표가 끝나면 어떻게 그렇게 잘했냐고 다시 말해주고 궁금해합니다. 수업 중 교사의 수업 내용에 대해 고개를 끄덕이거나 행동으로 반응합니다.

9. 경청을 잘하는 아이

친구의 이야기를 들을 때 중간에 끼어들지 않고 끝까지 듣고 대화를 이어갑니다. 친구가 말하고자 하는 주요 내용을 잘 파악합니다.

10. 친구 간에 신뢰가 높은 아이

지킬 수 있는 것만 약속하며 약속을 지키지 못할 때는 미리 얘기하고 난처한 상황을 만들지 않습니다. 모둠별 활동 때 각자 맡은 준비물을 잘 챙기며 활동에도 열심히 참여합니다. 심지어 체험학습을 가서 자리를 비울 때도 메일로 자신이 할 부분을 보내고 모둠이 발표할 때 도움이 되도록 최선을 다합니다.

11. 자기 조절력이 높은 아이

감정 조절도 포함되지만 지금 해야 할 일과 나중에 해도 되는 일을 잘 구분하여 실천합니다. 하고 싶은 일을 먼저 하기보다는 무엇을 먼저 해야 하는지 판단하고 행동합니다.

12. 친구를 잘 이해하는 아이

자신의 기준으로 이해하지 않고 친구의 상황이 어떤지 잘 파악하여 마음을 이해하면서 도와주려고 노력합니다. 리코더 연습을 안 하는 친구에게 왜 안 되는지 이유를 물어보고 필요한 부분을 도와 연주하도록 합니다.

13. 자주적인 아이

현재 교실에서 필요한 일이 무엇인지 파악하고 언제, 어떻게 해야 하는지 스스로 해결합니다. 급식 당번이 6명 필요한데 5명만 있을 때 담임선생님에게 자신이 해도 되는지 물어보고 급식 당번 활동에 참여합니다.

14. 감사할 줄 아는 아이

친구가 베푸는 행동에 고마워하고 기억합니다. 예를 들어, 준비물을 빌려주어서 고맙게 생각하고 청소 시간에 친구를 도와줍니다. 단순히 누구를 도와주는 게 아니라 고마움을 기억하고 되돌려줄 줄 아는 것이 중요합니다.

15. 친구와 의견을 잘 조율하는 아이

친구의 의견과 자신의 의견을 비교하여 가장 합리적인 방법을 찾습니다. 국어 시간에 설문조사를 한다고 합시다. 개별 조사를 할지, 모둠별 조사를 할지 의견이 나뉘면 시간과 상황을 보고 의견을 절충하여 합리적으로 설문조사를 마칩니다.

사회성이 교실에서 얼마나 중요한지 가늠해볼 수 있는 부분입니다. 이와 반대로 이런 15가지 특성이 부족할 경우 아이가 교실에서 어떤 행동을 보이는지 살펴보겠습니다.

사회성이 발달한 아이		사회성이 부족한 아이의 생활 모습
1. 책임감 있는 아이	➡	책임감 없는 모습을 보이기 싫어서 적당한 핑계를 찾는다.
2. 자신감 있는 아이	➡	친구들의 결정을 보고 망설이다가 결정한다.
3. 배려를 잘하는 아이	➡	먼저 결정하고 끝까지 양보하지 않는다.
4. 협동을 잘하는 아이	➡	쉬우면 하고 어려우면 회피한다.
5. 대인관계가 원만한 아이	➡	친구들이 다가와도 말을 하지 않고 멀리 떨어져서 바라보기만 한다.
6. 자기표현을 잘하는 아이	➡	생각을 말하지 않고 늘 아무거나 해도 된다고 한다. 끝까지 하지 못하고 중도에 포기하는 경우도 있다.
7. 자존감이 높은 아이	➡	친구가 무시했다고 늘 억울해한다.
8. 공감 능력이 뛰어난 아이	➡	자신의 생각이 무조건 좋은 의견이라고 주장하며 따라주기를 원한다.
9. 경청을 잘하는 아이	➡	친구의 말을 끝까지 듣지 않고 중간에 끼어든다.
10. 친구 간에 신뢰가 높은 아이	➡	맡은 역할을 끝까지 하지 않고 중간에 다른 역할을 더 잘할 수 있다며 바꾸어달라고 한다.
11. 자기 조절력이 높은 아이	➡	하고 싶은 일은 끝까지 하나, 하기 싫은 일은 하다가 포기하며 오히려 어려운 일을 맡았다고 화를 낸다.
12. 친구를 잘 이해하는 아이	➡	자신의 생각을 기준으로 판단하며 친구에게 상처를 준다.
13. 자주적인 아이	➡	스스로 결정하지 않고 친구가 결정해주길 기다리거나 교사의 도움을 바란다.
14. 감사할 줄 아는 아이	➡	도움받으면 실력이 없다고 자신을 비하한다.
15. 친구와 의견을 잘 조율하는 아이	➡	친구 의견에 따르면 졌다고 생각한다.

사회성은 교육을 통해 변화되어야 할 부분입니다. 15가지 사회성이 복잡하게 느껴진다면 책임감 – 자기표현 – 공감 – 대인관계 네 가지만 기억하세요.

사회성은 친구, 가족, 친척들과 배우고 학교에서 배워갑니다. 그래서 인공지능 시대에 맞는 인성을 갖춘 사람으로 성장하는 것은 그 어떤 최첨단 과학교육보다 중요합니다. '잘 컸네', '잘 키웠네'의 기준은 무엇일까요? 바로 사회성입니다.

화해보다
부정적 감정 조절이 먼저입니다

사춘기 아이들은 에너지도 넘치고 체격도 커지고 어른과 어린이 사이를 왕복하다 보니 감정 조절이 어려울 때가 많습니다. 이럴수록 기쁜 감정은 드러내고 부정적인 감정은 정확하게 표현할 필요가 있습니다.

감정에는 뿌리가 있습니다. 부정적인 경험은 부정의 언어를 만들어내고 긍정적인 경험은 긍정의 언어를 만들어냅니다. 언어는 행동과 표정으로 연결됩니다. 감정의 뿌리를 따라가보고 부정적 경험이 상처를 내고 있다면 대면해야 합니다.

부모의 감정 뿌리를 먼저 살펴봐야 합니다. 스스로 자신의 부모와 어떤 감정으로 연결되어 있으며 지금 어떤 감정이 불편한지 근원적으로 정리해야 합니다. 감정이 정리되지 않으면 행동과 말투에 그대로 전해지기 때문이에요. 감정의 대물림을 당한 아이는 감정이 조절되지 않을 때마다 주변 사람에게 그대로 전달합니다. 부모도 사람입니다. 어른이라고 늘 참고 아무렇지 않은 듯 지내기는 힘듭니다. 부담을 털고 감정 앞에 정직하게 대면하세요. 부모님과 감정적인 문제가 있다면 연로한 부모님일지라도 대화로 풀어야 합니다. 부모 자신을 위한 길이자 자녀를 위한 길이기도 합니다.

인간은 부정적 감정을 조절하지 못하면 의사전달이 어렵고, 상처 주는 말을 거침없이 하거나 심지어 폭행도 서슴지 않습니다. 시간이 지나면 감정 조절을 못한 자신이 미워지고 자존감도 낮아집니다. 이럴수록 우울한 감정이 주인이 되어버리며 방파제가 무너지듯 긍정적인 감정도 한꺼번에 같이 무너집니다.

감정 조절이 어려운 아이에게 부모는 어떻게 해야 할까요? 꾸중보다는 감정을 함께 다스리는 연습을 해야겠죠. 일단 부정적 감정이 가라앉아야 인간관계에서 다툼이 줄어들고 이해의 폭이 넓어집니다. 때문에 화해보다 부정적 감정을 조절하는 것이 먼저입니다.

불안, 우울, 분노, 허무, 외로움, 슬픔, 그리움, 절망, 공포, 상처 등이 모두 부정적 감정에 속합니다. 부정적인 감정을 달리 표현하면 돌봄이 필요한 감정입니다. 잘할 때 칭찬해주는 것도 중요하지만 멈춘 마음을 다독이며 부정적 감정의 원인을 찾아 조절해야 합니다.

1. 분노 ⋯▸ 화를 낸다.

억울함, 절망, 고통, 자기 학대, 모멸감 등 이런 감정들은 분노로 쏟아져 나옵니다.

2. 슬픔 ⋯▸ 운다.

외로움, 그리움, 무관심, 실망, 상처, 우울 등은 슬픔으로 나옵니다.

3. 불안 ⋯▸ 안정을 찾지 못한다.

공포, 버려짐, 초조함, 걱정, 막막함 등이 불안으로 나옵니다.

부정적인 감정은 크게 분노, 슬픔, 불안 세 가지로 보이지만 마음을 자세히 들여다보면 더 세밀한 감정들이 자리 잡고 있습니다. 아이들은 어려서 감정 조절이 어려울 것 같지만 연습하면 확실히 감정을 추스르는 모습을 교실에서 볼 수 있습니다. 그럼에도 감정 조절이 어려워 극도의 감정 상태에 빠지는 경우 꼭 전문가의 상담이 필요합니다.

1. 감정 조절 방법

① 숨을 깊게 들이마시고 내쉰다.

처음에 감정 조절이 안 될 때 5번 정도 기준을 잡아 숨을 쉽니다. 5번 정도 숨을 쉬었는데도 감정 조절이 안 되면 감정이 가라앉을 때까지 숫자를 더 세어봅니다. 그러면 자신이 숫자를 얼마까지 세어야 감정이 조절되는지 알게 됩니다. 이 숫자를 기억해서 다음에 감정 조절이 안 될 때 그 숫자까지 세면서 감정을 가라앉히는 경험을 하는 것입니다.

② 자신의 신체 상태를 관찰한다.

호흡이 가빠지고 심장이 빨리 뛰는지, 얼굴이 빨개지는지 등 자신의 상태를 관찰하는 것이 중요합니다. 다음에 이런 상황이 오면 심호흡으로 감정이 올라오지 않도록 조절합니다.

③ 현재의 감정을 인정한다.

보통 아이들은 감정을 분노, 슬픔, 기쁨 이렇게 단순하게 생각하고 있습니다. 하지만 감정을 조절하려면 불안, 우울, 분노, 허무, 고달픔, 외로움, 슬픔, 그리움, 절망, 공포, 상처 등 이런 감정 중에서 어떤 감정이 자신을 힘들게 하는지 찾아야 합니다. 예를 들어 화가 나면 상처받아서 마음이 아픈지, 인정을 못 받아 억울한지 자세하게 감정을 들여다봅니다. 이렇게 감정을 들여다보기란 어른에게도 처음엔 매우 어렵습니다. 그래서 다양한 감정의 종류를 알고 일상에서 그 감정을 잘 찾아내는 연습이 필요합니다.

④ 상대에게 자신의 감정을 분명하게 말한다.

자신의 감정을 솔직하게 말해야 상대도 오해하지 않습니다. 그래야만 상대도 대화에 응하고 서로의 감정이 풀려서 감정 조절을 잘할 수 있습니다.

⑤ 현재의 감정을 마음속으로 정리한다.

어떤 감정이 어떻게 정리되었는지 한 문장으로 자신에게 설명합니다. 감정 조절을 못 해 다른 사람에게 그대로 표출하고 나면 곧 창피함을 느끼게 됩니다. 하지만 감정을 마음으로 정리하면 감정 마무리가 잘 되어 후회가 남지 않습니다.

2. 자녀의 감정을 찾아주는 방법

① 감정이 올라오는 신체적 특징이 보이면 감정이 가라앉기를 기다린다.

자녀가 분노를 조절하려고 숫자를 세고 있다면 같이 숫자를 세어봅니다. 다음에 어느 정도 기다려주어야 하는지 감이 옵니다. 이때 숫자는 마음속으로 세어야 합니다. 슬프거나 억울할 때는 등을 두드리며 기다려줍니다.

② 물이나 음료를 마시게 한다.

감정이 올라온 상태라서 목이 마르기도 하고 감정을 조절하는 데 도움이 됩니다. 거부하면 더는 권하지 않습니다.

③ 대화가 가능한지 물어보고 어디에서 대화를 나눌지 장소를 정한다.

대화가 가능하다고 하면 거실, 방, 야외 등 원하는 장소에서 대화합니다.

④ 감정의 뿌리를 찾아준다.

화가 날 때 억울함인지, 두려움인지, 좌절인지 찾아갑니다. 소리를 질러도 억울해서 소리를 지르는지, 혼날까 봐 두려워서 방어하려고 소리를 지르는지 대화를 나누어봅니다.

⑤ 감정을 다독여준다.

어떤 감정인지, 왜 그렇게 표현했는지 잘 이해했다면 다음에는 어떻게 해야 하는지 정리합니다. 감정 표현도, 감정 조절도 연습이 필요합니다.

다음은 감정의 뿌리를 찾아가는 3대에 걸친 사례입니다. 자녀가 완벽하기를 바라는 학부모가 있었습니다. 아이는 늘 힘들어하고 자신이 없어 보였죠. 조금만 힘든 일이 생기면 소리 지르고 울고 감정을 그대로 표출했어요.

"학생으로서 당연히 해야 할 일인데 아이가 게을러서 따라오지 못하고 있어요."

학부모의 표정이 흔들림 없이 당당했어요.

"부모로서 아이를 위해 최선을 다하고 있어요."

이런 경우 감정을 조절했다기보다 상처받은 감정을 조절하지 못하여 '완벽함'으로 애써 덮은 것입니다. 왜냐하면 조절된 감정은 날카롭지 않거든요.

"어머님은 성장하면서 부모님과 관계가 어떠셨어요? 사이가 좋으셨나요?"

어머님의 눈빛이 순간 흔들리면서 제 질문에 한동안 말을 멈추더니 말투가 바뀌었어요.

"어머니는 활동적이었어요. 그런데 소극적인 전 늘 주눅이 들었고 마음속으로 삭히는 편이었어요. 지금도 어머니께 마음을 터놓지 못하고 상처를 덮으려고 애쓰는 것 같아요. 그런데 저의 연약함을 닮은 자녀를 보는 일도 힘들어요."

"일단 친정어머님을 만나시고 어머니의 감정을 풀어보세요."

그 후 시간이 지날수록 아이의 표정이 점점 편해지기 시작했습니다.

"어머니와 통화를 했어요. 처음엔 화를 버럭버럭 내시더라고요. 제가 수십 년 힘들게 살았다고 울음을 터트리니까 '미안하다, 하지만 어쩔 수 없지 않냐?'고 하시는 거예요. 이젠 어느 정도 마음이 풀렸어요. 하마터면 아이도 저처럼 될 뻔한 것 같아 정신이 번쩍 들었어요."

부정적인 감정은 시간이 지날수록 더 커지는 경우가 많습니다. 현재의 감정이 어떤 이유로 생긴 건지 찾아내어 자신의 감정을 조절해야 오늘의 내가 편안해집니다. 더불어 자녀도 편안해집니다. 감정 조절은 현재에도 중요하지만 과거와 미래까지 연결되어 있습니다.

실제로 교실에서 감정을 조절하는 방법에 대해 자세히 알아보겠습니다. 학교에서 일어나는 상황이지만 가정에서도 똑같이 적용해볼 수 있어요. 이때 부모는 사회자로서 어떤 의견도 제시하지 말고 공정하게 진행하되, 화가 묻어난 어투는 꼭 삼가야 합니다. 언어에 감정을 싣지 않는 것이 중요한데 한 번만 연습하면 아이들은 바로 훈련이 됩니다.

상황	A가 화가 나서 B의 가방을 복도로 던졌고 B도 화가 나서 A의 가방을 복도로 던지며 큰 소리로 울었다.

번호대로 감정 조절 방법을 따라가며 대화하기

학생(자녀)의 감정 조절	감정을 조절하며 대화하는 법	교사(부모)가 감정을 찾아주기
① 숨을 깊게 들이마시고 내쉰다.	"숨을 쉬면서 조금 기다려볼까?" "숨을 쉬면서 대화하기 전에 잠시만 기다려줄 수 있니?" "혼내지 않고 도와주려고 해." (단계별로 천천히 대화합니다.)	② 감정이 올라올 때 신체적 특징이 보이면 감정이 가라앉을 때까지 기다린다.
③ 자신의 신체 상태를 관찰한다.	"몸이 떨리는지, 땀이 나는지 확인해볼까?" "몸이 편안해질 때까지 조금만 기다려보자." "선생님(부모) 말에 잘 따라줘서 너무 고마워. 두 사람 다 속상하지?" (흥분이 가라앉고 몸이 편안해지길 기다려야 합니다.)	④ 물이나 음료를 준다.
⑤ 현재의 감정을 인정한다.	"누가 먼저 말해볼까?" "B는 항상 내 가방을 건드리고 다녀요. 그러지 말라고 했는데 자꾸만 그래요." "그럼 B가 왜 그랬는지 설명해줄 수 있니?" "전 누가 가방 건드려도 괜찮은데요." "여기에 대해 A의 생각은 어때?" "전 동생이 많아요. 동생들이 항상 물건을 가져가서 만지고 그러니까 그게 싫어요. 그래서 화가 났어요." "아, 항상 동생들이 물건을 만지니까 성가시고 그걸 말하면 혼나서 억울한 마음이 들었구나." "네, 억울해요." - 억울한 감정 인정 "그럼 B는 지금 감정을 말해줄 수 있어?"	⑥ 대화가 가능한지 물어보고 아이가 원하는 대화 장소를 찾는다.

	"아니, 가방 좀 건드린다고 가방을 복도에 던지니 황당했어요. 건드린다고 찢어지는 것도 아닌데." - 황당한 감정 인정 "그럼 A가 왜 화났는지 이해는 되니?" "네, 동생들 때문에 억울한데 내가 건드려서 짜증이 났나 봐요." - 상대 감정 인정 "그럼 B가 왜 화가 났을지 A가 말을 해볼까?" "B는 황당하고 기분이 나빠서 같이 가방을 던졌나 봐요." - 상대 감정 인정	
⑦ 상대에게 자신의 감정을 분명하게 말한다.	"자, 그럼 A는 억울해서 화가 났고, B는 황당해서 화가 났구나."	**⑧ 감정을 찾아준다.**
⑨ 현재의 감정을 마음속으로 정리한다.	"그럼 각자 오늘 화가 왜 났는지 다시 잘 생각해보자." "오늘 너무 잘했어. 사람이니까 화도 나지. 이건 나쁜 감정이 아니야. 자기를 표현하는 거야. 하지만 다음에는 일단 화가 나면 숨 쉬며 자기 감정을 잘 알고 난 뒤 친구한테 설명하면 친구도 너를 이해해줄 거야."	**⑩ 감정을 다독여준다.**

위의 예시를 자녀들이 싸울 때 적용해보세요. 하지만 부모의 감정이 정리되지 않았다면 먼저 부모의 감정부터 정리한 후 시작해야 합니다. 부모가 감정 조절이 안 된 상태라면 부정적 감정은 눈덩이처럼 불어나고 자녀는 더 심각한 타격을 받게 됩니다. 반대로 사춘기 자녀가 급격하게 요동치는 감정을 조절하지 못한 채 그대로 부모를 향해 쏟아내면 부모도 상처를 받는 건 마찬가지입니다.

내면에서 일어나는 어떤 감정이든 숨기지 말고 잘 조절하여 표현한다는 것은 아주 건강하다는 뜻입니다. 감정을 언어로 표현하고 정확하게 전달하는 연습이 꼭 필요합니다. 언어는 감정의 바로미터입니다. 어떻게 표현하느냐에 따라 감정의 바로미터가 높기도 하고 낮기도 합니다. 지금 가족의 감정 바로미터는 얼마일까요? '0'이 되는 그날까지 감정 조절을 연습하면 편안한 하루가 될 것입니다.

화해는 다툼의 방지턱입니다

사춘기에 접어들면 평소 투닥거리다 끝나던 다툼도 우당탕탕 전쟁으로 번질 때가 많아요. 순하던 아이가 친구들과도 다투기 시작하고 다 컸다고 좋아했는데 앞으로 키울 날이 더 까마득하죠.

아이들의 생각이 다르고 성향이 다르기에 다툼을 무조건 피할 순 없어요. 그래서 화해를 가르쳐야 합니다. 화해는 다툼의 방지턱입니다. 기특하게도 아이들은 가르치면 잘 배우고 또 곧잘 활용합니다. 배운 것을 활용하는 것도 능력입니다. 그러니 화해하는 것도 능력입니다.

화해는 서로 조금씩 양보하고 적당히 이해하는 사회성과는 다릅니다. 화해의 능력이란 다툼을 해결하는 힘이란 뜻입니다.

화해의 출발점은 '자녀'이고 도착점도 '자녀'여야 합니다. 화해를 통해 자신감이 생기면 자존감이 높아집니다. 부모가 주도하지 않아도 자녀 스스로 결정하고 책임지는, 건강한 자녀와 부모의 관계가 만들어지는 계기가 되기도 하죠.

실은 매듭이 있으면 풀어야 제 기능을 다 할 수 있습니다. 타인과의 관계에서도 매듭이 생기면 화해를 통해 풀어야 합니다. 학교에서 친구들과 의견 충돌이 생겨 다투는 것은 흔한 현상입니다. 화해하고 다시 관계를 이어가면 사회성도 키워지고 자신감도 생깁니다.

다툼은 의견 충돌이고 화해는 의견 조정입니다. 두 사람 의견이 맞지 않는다는 것을 확인하고 어떻게 도와야 할지 생각하면 화해로 이끌어가기가 훨씬 편해집니다. 부모의 역할이 이때 필요하죠. 화해가 없으면 친구 또는 주변 사람과 더 이상 친해질 수 없고 점점 좁은 테두리 안에서 굳어진 자신만의 생각으로 살아가게 됩니다.

넘어지면 약을 바르고 신발에 흙이 들어가면 털어야 합니다. 화해는 상처에 약을 바르고 신발 속의 흙을 털어내듯이 일상처럼 받아들이는 마음이 우선입니다. 분노의 주인은 자녀이고 분노를 해결할 화해의 힘을 키우는 것도 자녀의 몫입니다. 그러므로 친구와 다툼이 일어나 분노가 폭발할 때 서로의 감정을 풀고 정리하는 일도 자녀의 권리입니다. 다툼은 감정을 끓어오르게 하고 화해는 감정을 안정시켜 줍니다. 이렇게 단순한데 왜 어려울까요? 화해를 위한 연습이 없었기 때문입니다.

물론 학교폭력위원회가 열릴 만한 사안이라면 화해로 끝날 문제는 아닙니다. 폭력의 심각성에 따라 학교폭력위원회가 절차에 따라 처리합니다. 지금 여기에서 말하는 화해의 전제는 아이들끼리 일어나는 사소한 '다툼'입니다. 그런데 학교에서 제일 난감할 때가 어떻게 사과해야 할지, 어떻게 용서해야 할지 시간을 두고 고민 중인데 하교와 동시에 학부모로부터 전화가 걸려오는 순간입니다. 이렇게 되면 아이들의 권리인 화해가 부모 간의 사과와 용서로 변질됩니다.

아이들은 상처를 받으면 참거나 익숙한 감정으로 분노를 표출하기도 합니다. 자신의 감정을 돌아볼 시간과 화해할 시간이 필요한데 만약 어른들이 먼저 아이의 감정을 정리해버리면 영영 배울 기회가 사라집니다. 분노는 사용하면 할수록 강도가 세집니다. 안타깝게도 라마르크Lamarck의 용불용설이 적용되는 것이죠. 화해란 함께 살기 위한 필수품입니다.

용서는 기다림과 단짝입니다. 사과를 받아야 할 사람은 학생의 부모가 아닙니다. 용서를 구해야 할 사람도 학생의 부모가 아닙니다. 사과도 용서도 아이들 몫입니다. 이때 아이들 스스로가 화해를 연습하지 않으면 성인이 되어 직장을 다니고 연인과 데이트하고 결혼하여 부부가 되어도 화해가 매우 어려워집니다. 어려서부터 사회, 도덕, 국어, 수학, 과학, 체육, 미술, 실과, 음악, 영어, 화해 이렇게 11과목을 잘 배워야 합니다.

똑똑한 아이의 토양은 화해를 통한 용서와 사과입니다. 부모는 자녀의 119가 아니라 경험과 지식을 바탕으로 자녀를 지도하고 조언해주는 사람 즉 멘토입니다. 멘토의 위치는 자녀의 앞이 아니라 뒤편입니다. 아무리 든든한 나무의 뿌리라도 비바람으로부터 나뭇가지를 지켜낼 수는 없습니다. 나뭇가지가 스스로 비바람을 맞고 이겨내야 합니다. 뿌리의 역할은 든든하게 자리를 지키며 계절에 따라 자신의 일을 해내는 나뭇가지와 나뭇잎에 영양분을 충분히 공급하는 일입니다. 부모가 주는 영양분은 무엇일까요? 바로 긍정적인 감정입니다.

학교에서 단체생활을 하다 보면 상처받을 때가 있습니다. 게다가 가정처럼 세심한 돌봄을 받지 못할 때도 있습니다. 학년마다 친구도 다르고 담임교사도 다릅니다. 그래서 가정에서 감정이 남지 않도록 용서하고 사과하는 연습을 통해 화해의 힘을 키워나가야 합니다.

자녀 사이에 화해가 필요할 때 부모는 어떤 역할을 해야 할까요? 가정에서 화해를 가르치는 과정은 6교시 '화해보다 부정적 감정 조절이 먼저입니다'의 '감정 조절 방법을 따라가며 대화하기'에서 설명한 감정 조절을 통해 화해하는 과정과 같습니다. 다만 가정에서는 감정 조절이 어려울 수 있습니다.

1. 다툼이 일어났을 때 다른 가족이 없는 공간을 선택합니다.
2. 자녀에게 감정이 돋은 목소리로 얘기하지 않습니다. 꼭 '부탁'한다는 단어를 씁니다.
3. 부모의 표정이 평온해야 합니다. 부모의 감정이 정리되지 않았다면 대화를 나눌 시간을 약속합니다. 부모의 감정이 차분해지면 자녀와 이야기를 나눕니다.

4. "왜 화가 났어? 널 도와주고 싶어."라고 말합니다.

5. 그런 다음 '감정 조절 방법을 따라가며 대화하기'의 대화 방법을 적용해보세요.

6. 마무리 단계에서 평소에도 포옹을 잘하는 관계라면 자녀를 안아주고 아니면 등을 두드려줍니다.

화해 과정에서 부모나 교사의 역할은 자동차의 핸들처럼 방향을 틀어주는 것입니다. 이렇게 몇 번만 하면 아이들도 훈련되어 자신의 생각을 논리적으로 표현할 수 있습니다. 대화가 끝나면 꼭 격려해줍니다. 감정의 마침표는 격려입니다. 용서도 힘이 있어야 합니다. 상처로 패인 자리에는 분노가 자라고 용서로 다진 자리에는 자신을 사랑하는 힘이 생겨납니다. 분노는 역설적으로 감정을 정리하는 통로입니다. 어떤 감정이 연결되어 화가 났는지 찾아갈 수 있기 때문입니다. 분노를 상대방에게 풀어내면 다툼이 되지만 '나'를 향하면 화해의 시간이 됩니다. 아이들이 왜 그랬는지 생각하고 스스로 위로하고 감정을 걷어내는 훈련을 할 수 있도록 도와주세요.

친척 찬스를 활용해보세요

학교에서 담임교사로서 가장 어려운 부분이 아이들의 친구 관계입니다. 공부를 가르치는 것보다 관계를 다시 만들어주고 풀어가는 일이 더 어렵고 시간도 오래 걸립니다. 사실 고학년이 되어도 친구 관계를 바꾸는 일은 쉽지 않습니다. 하지만 학교에서 문제가 없어 보이는 건 서로 익숙해져 어떻게 해야 서로 마음 상하지 않는지 방법을 터득했기 때문입니다. 사회성이 길러졌다고 볼 수 있습니다.

학교에서 다툼이 잦고 친구 관계가 어려운 아이의 모습을 함께 보겠습니다.

1. 양보하는 걸 싫어한다.
2. 화가 나면 자신의 감정부터 쏟아낸다.
3. 상대의 말은 듣지 않고 자기 의견을 계속 말한다.
4. 싸움의 원인이 상대에게 있다고 판단한다.

5. 감정에 따라 기분을 다 드러내고 특히 부정적인 감정을 바로 나타낸다.

6. 친구에게 먼저 다가가지 않는다.

7. 화해하지 않으려 한다.

8. 지난 일을 다 말하며 계속 참고 있었음을 주장한다.

9. 감정이 상하면 쌓아두었다가 한 번에 터트린다.

10. 상대가 논리적으로 말하면 울면서 억울하다고 한다.

어느 쪽이 잘못했다고 함부로 판단할 수 없는 일입니다. 두 사람을 데리고 충분히 이야기해봐야 알 수 있습니다. 화를 많이 낸다고 문제가 있다는 건 더더욱 아닙니다. 다만 사회성의 여부를 가지고 판단해보면 감정보다는 주변 상황을 고려하여 다수가 있는 공간에서 어떻게 대화를 풀어가고 행동하는지가 중요합니다. 천성적인 성격은 바꾸기 어려우나 사회성은 길러질 수 있습니다.

사회성을 가르치고 싶다면 친척 찬스를 적극 활용하세요. 자주 만날 시간도 없는데 꼭 친척집 방문까지 해야 할까요? 이 부분은 단호하게 "네, 그렇습니다."라고 말할 수 있습니다. 단, 서로 관계가 좋다는 전제하에 말씀드린 부분입니다.

아이가 처음 만나는 사회는 부모이고 두 번째 만나는 사회가 친척입니다. 그리고 유치원을 다니며 세 번째 사회를 만나게 됩니다. 그러므로 부모와 친척을 만나면서 아이는 사회성의 기초를 닦습니다.

친척을 만나기 전 준비가 필요합니다. 모두 알고 있더라도 다시 한번 친척 관계도를 이야기합니다. 누가 제일 어른이고 나와 관계가 어떻게 되는지 잘 이해한 다음 만나면 훨씬 도움이 됩니다. 한 반에 사촌이 같이 있을 때 관계를 물어보면 친척이라고 합니다. 그래서 상대 아이의 어머니를 무엇이라고 부르는지 물어보면 어떤 관계인지 바로 알 수 있습니다. 어른이 되어도 가까운 친척 이외는 잘 모릅

외가의 가족 관계도

니다. 현대사회에 굳이 알 필요가 있나 싶어도 친척을 만나면 아이가 관계를 이해하고 있는 편이 마음의 거리를 좁히는 데 도움이 됩니다.

친척 관계에서 부르는 호칭을 배우는 것도 뿌리를 알고 자신의 위치가 어디에 있는지 알아가는 과정입니다. 너무 오래된 교육방식이라고 할지 몰라도 이런 관계를 이해해야 어떻게 행동하면 좋은지 판단할 수 있습니다.

친가의 가족 관계도

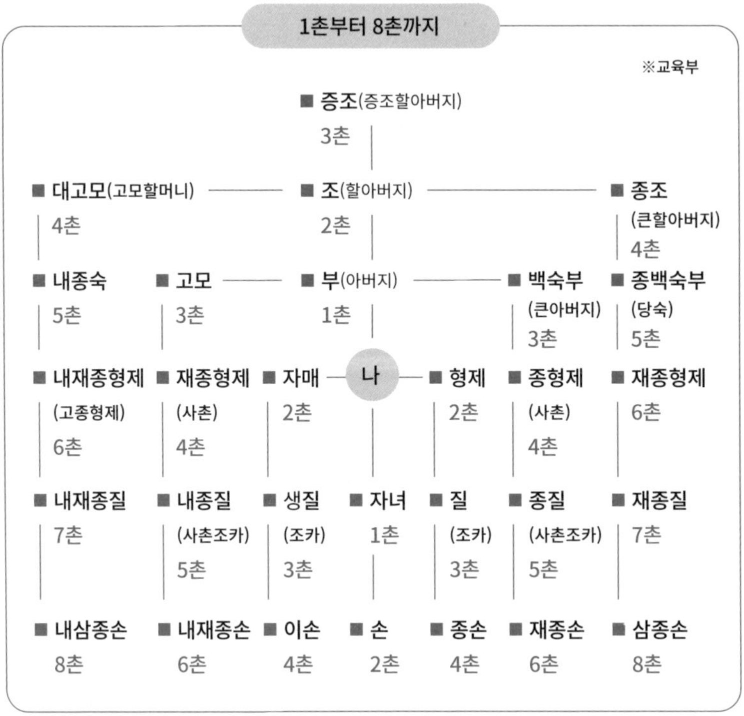

친척 어른의 이름과 직업을 쓰고 자주 가는 곳에 지역명을 써두면 지리를 이해하는 기본 상식도 늘어납니다.

당장 학교 공부에 도움되는 건 아니지만 다양한 상식이 쌓여 지식이 됩니다. 독서를 하다가 이런 내용이 나오면 한 번에 척척 이해하는 효과도 있습니다.

이제 친척을 만나면 어떤 점이 좋은지 알아보겠습니다.

1. 어른들이 있으므로 인사 예절을 배운다.

학교에서 선생님과 대화할 때 친구들끼리 쓰는 용어를 그대로 쓰는 아이들이 있습니다. 학년이 올라가면 경진대회, 미술대회, 논술대회 등 각종 대회가 있는데 사람들 앞에서 인사를 제대로 하지 못하는 경우도 종종 있습니다. 중학교에 가면 더 이상 초등학생이 아닌데 여전히 어떤 말과 행동을 해야 하는지 구분하지 못하고 초등학생의 태도에 머물러 있기도 합니다. 고등학교, 대학교 그리고 회사 취업 면접 등 나이가 들수록 중요한 사람을 만나야 할 기회가 더 많아집니다. 면접관들은 오랜 경험으로 예절이 바른 사람인지 바로 구분합니다. 능력이 좋은 것은 물론이고 사회성이 좋아 기존 사람들과 잘 어울리는 사람을 선택하죠. 그래서 어릴 때부터 친척을 만나면서 예절을 익히는 것이 좋습니다.

2. 친척이 모이면 일이 많아지므로 협업을 배운다.

집에서는 하기 싫으면 거절하고 방에 들어가는데 사춘기쯤 되면 친척이 모인 자리에서 싫다는 말을 하지 않습니다. 사촌들끼리 일을 나누어서 하다 보면 다툴 일도 웃으면서 너그럽게 지나갑니다.

3. 부모의 사회성을 보고 배울 수 있다.

집에서 보는 모습은 늘 비슷합니다. 그러나 친척이 모였을 때 부모의 행동을 보고 자연스럽게 배웁니다. 몸으로 보여주는 교육이지요.

4. 불편함도 참을 수 있다.

다른 집이므로 불편해도 나이에 맞게 행동하는 법을 배우고 불편해도 감수하려는 태도가 형성됩니다.

5. 식사 예절을 배운다.

친척 집에서는 행동이 조심스럽고, 식사 예절을 지킬 수밖에 없습니다. 가정에서는 고쳐지지 않아도 친척이 모인 자리에서는 식사 예절을 배우게 됩니다.

6. 어른들이 말할 때 듣는 태도를 배운다.

학교에서도 자신이 하고 싶은 말이 있으면 끝까지 기다리지 않고 바로 말을 하는 경향이 많습니다. 집에서는 화도 내고 반박도 하지만 친척 집에서는 참고 듣습니다.

7. 양보를 배운다.

집에서는 양보하라고 하면 억울하다고 합니다. 친척 집에서는 막상 양보해도 그리 손해가 아니라는 것을 알게 됩니다.

8. 걸음걸이를 배운다.

상황에 따라 걸음걸이가 다르겠지만 많은 사람이 있을 때 예절

바른 행동을 배우게 됩니다.

9. 어른께 어떻게 말을 해야 하는지 알 수 있다.

집에서는 다소 친근한 어투로 말을 하지만 친척이 모인 자리에서는 생각하면서 말을 하므로 예절 바른 언어를 배우게 됩니다.

이 아홉 가지를 다 합치면 바로 '사회성'입니다. 이렇게 배운 아이가 관계 좋은 아이로 성장합니다. 예절 학교 같은 느낌인가요? 하지만 나이에 맞는 예절을 배워야 하고 그 예절이 그 사람의 됨됨이를 보여주기도 합니다. 그래서 자녀들이 어릴 때는 친척과 자주 만나고 각종 행사에 참석하면서 나이에 맞는 기본소양을 배울 필요가 있습니다.

6학년이어도 과자 봉지를 내밀며 담임에게 "먹을래요?"라고 하는 아이도 있습니다. 그래도 따뜻한 마음이 담긴 행동입니다. 혼자 먹기 미안해서 선생님께 나누어주고 싶은 마음은 분명 있으니까요. 그래서 "네, 드실게요." 그러면 "아, 죄송해요. 선생님, 드실래요?" 하고 다시 물어봅니다. 알고 있지만 실천이 따르지 못하는 것입니다. 행동이 정착되려면 이런 상황에 많이 노출되어야 합니다.

그래서 급식 시간에도 항상 먼저 먹겠다는 눈인사를 하도록 하고 밥을 다 먹은 후에는 살짝 목례를 하고 가도록 가르칩니다. 나중에 습관이 되면 목례는 저절로 합니다. 아침에도 꼭 교실 앞문에서 인사하면서 들어오고, 하교 때는 의자를 넣고 인사하고 집에 가도록 매일 연습시킵니다. 어느 날 한 졸업생이 초등학교 때 의자 넣는 연습이 몸에 익숙해져서 어디를 가도 자연스럽게 의자를 넣는다고 하더군요.

어른이 되어 사소한 습관 하나 때문에 제대로 된 평가를 못 받을 때도 있습니다. 자기가 마신 커피 잔을 그대로 두고 가는 사람을 종종 봅니다. 뒷정리를 해본 경험이 없기 때문입니다. 먼저 사람이 되라고 하지만 저절로 되진 않습니다. 사람의 품위는 사회성을 배우고 익숙해져 습관이 되어야 만들어집니다.

여자인 엄마에게 친척 집이란 때론 고역입니다. 일의 연속이지요. 더구나 명절이 되면 가기 전부터 머리가 지끈거립니다. 하지만 100번 말해도 안 듣더니 몇 번의 친척 집 방문으로 달라진다면 어떻게 할까요? 저도 아이들이 어렸을 때 친척 집을 자주 방문했어요. 세 아이 모두 어른을 대하는 태도도 남다르고 어른들 앞에서 생각도 유연하게 표현하더라고요. 명절이나 행사 때마다 힘든 어머니에게 많은 미션을 드리지는 않겠습니다. 부모의 미션은 4가지입니다.

1. 친척을 만나면 살짝 과장되게 반갑게 인사한다.

자녀에게 절대로 인사하라는 말을 하지 말고 부모가 늘 반갑게 인사합니다. 그런데 그런 모습을 자녀가 닮아갑니다. 보통 인사하라고 재촉하거나 인사했냐고 확인하는데 그냥 두어도 됩니다.

2. 음식을 먹고 나면 과하게 맛있다고 칭찬한다.

칭찬하는 부모의 모습을 보고 자기도 모르게 음식을 먹고 나면 칭찬해야 한다는 걸 깨닫게 됩니다.

3. 친척과 헤어질 시간이 되면 다정하게 인사하고 나온다.

정을 나누는 부모의 모습을 보고 배우며 자신도 모르게 익숙해집니다.

4. 친척 집 방문을 위해 선물을 살 경우 시간이 된다면 자녀와 같이 간다.

친척 집을 방문할 때 어떤 물건을 사는지, 어떤 준비를 하는지 배우게 됩니다.

사회성이 좋은 아이는 어른이 되어도 어딜 가든 인정받고 타인의 의견도 잘 수용합니다. 그런데 이런 아이로 성장하는 것이 쉽지는 않습니다. 그래서 부모의 도움이 필요합니다. 친척 집 방문이 사회성을 기르는 지름길입니다. 오늘부터 친척 집을 자녀의 제2 학교라고 생각해보는 건 어떨까요? 부모가 하는 실천이 자녀의 앞날을 위한 징검다리입니다.

식당 에티켓도 가르쳐야 합니다

'잘 컸네.', '잘 키웠네.'는 배움의 완성이며 가르침의 완성이죠. 모두가 듣고 싶어 하고 모두가 좋아하는 말입니다. 태도만 봐도 무엇을 배우고 익힌 사람인지 가늠할 수 있으니까요.

유네스코가 프랑스 정찬을 2010년 세계문화유산으로 지정했다고 합니다. 꼭 문화유산에 지정되지 않아도 식사 예절은 어떤 장소라도 중요합니다. 프랑스 식사 방법이 기준은 아니지만 보통 중요한 미팅이나 새로운 사람을 만날 때 식사는 사람 간의 윤활유 역할을 하기 때문입니다.

이제 식당 에티켓에 대해 이야기해보려고요. 학교에서 아이들은 점심시간을 제일 좋아해요. 6학년은 음식을 먹는다기보다 거의 삼키는 수준에 가깝게 식사를 마치고 급식실을 나갑니다. 아직도 노는 게 제일 좋거든요. 물론 이건 학교에서의 이야기고, 6학년이면 식당 에티켓 정도는 알고 있을 텐데 굳이 해야 할까요? 물론 가르쳐야 합니다. 식당 에티켓을 몸에 익히지 않아 성인이 되어서도 주변 사람을 불쾌하게 만드는 경우가 많습니다. 식사는 꼭 먹기 위한 행위만이 아니라 지식을 쌓고 거기에 맞는 품격을 쌓아가는 과정이기도 합니다.

음식 = 맛 = 에티켓

식사도 문화의 일면입니다. 그러므로 문화를 가르치고 거기에 맞는 예절을 지키며 자신을 나타내고 분위기에 어울리는 사람으로서 역할을 하도록 교육해야 합니다. 성인이 되어서도 알아야 할 내용을 말해보려고 해요. 나중에 절로 알게 된다고는 하나 예절은 몸에 익어야 합니다.

1. 식당에 들어가서 상석이 어디인지 알아본다.

자주 갈 순 없어도 평소에 가던 곳보다 조금 고급스러운 식당을 찾는 것이 포인트입니다. 1번이 상석이고 다음은 번호 순서입니다. 상황에 따라 바뀔 수는 있습니다.

1번이 상석이라서 자리에 모인 사람들을 한눈에 보기 쉽고 대화하기 편한 자리입니다. 반대로 출입구와 가까운 자리는 음식을 주문하고 필요한 일을 적극적으로 해야 하는 자리입니다. 보통 나이가 기준이나 상황에 따라 달라질 수 있습니다. 가정에서 막내가 너무 어리면 출입구 자리는 좀 큰 자녀가 앉는 것이 좋습니다.

예시로 자동차는 뒷자리 오른쪽이 상석이고 운전자 옆자리가 아랫사람의 자리입니다. 안전상의 문제도 있으므로 자녀를 아랫사람의 자리에 앉히라는 건 아닙니다. 어떤 자리가 상석인지 알려주기만 하면 됩니다.

2. 식당에 가기 전 가족끼리 무엇을 준비해야 하는지 알아본다.

1) 브레이크타임이 몇 시인지 확인합니다.

⋯› 당연히 어른들은 이 상황을 알고 있으나 아이들은 모르기 때문에 확인이 필요합니다.

2) 어떤 음식이 맛있는지 인터넷을 통해 미리 알아둡니다.

⋯› 식당에 가기 전 각자 먹고 싶은 메뉴를 정해서 가도록 합니다. 음식의 종류를 배우고 고르는 방법을 배웁니다.

3) 각자 상황을 확인하고 왕복 시간, 거리를 확인합니다.

4) 가족들에게 식당 링크 주소를 보내줍니다.

⋯› 식당 가기 일주일 전부터 마음으로 준비하고 즐거움을 만끽합니다.

5) 자녀가 관심을 가질 만한 대화 주제도 미리 정해두고 각자 준비하도록 합니다.

···› 집에서 미리 의논을 통해 정한 주제로 식당에서 대화합니다. 다른 사람의 시선을 의식하기에 가정과 달리 듣는 태도, 말하는 태도를 배우게 됩니다.

6) 간단한 에티켓은 미리 알고 갑니다.

7) 분위기에 맞는 옷차림을 준비합니다.

3. 식당에서 기억할 점

1) 각자 1인분을 시켜서 자기 몫의 식사를 하도록 합니다. 보통 덜어 먹느라 정신없이 접시가 오가는데 자기 몫을 정하여 먹으면 식사 예절을 배우게 됩니다.

2) 음식물이 입에 있을 때는 말을 하지 않도록 합니다.

3) 자녀 행동이 마음에 들지 않아도 그대로 둡니다. 서서히 행동이 변할 수 있는 시간을 주고 기다려야 합니다.

4. 가족에게 어떻게 배려해야 하는지 알아본다.

1) 상석이 어디인지 가르쳐주고 어른이 앉도록 합니다.

2) 식당 문을 열고 들어갈 때 맨 처음 가는 사람은 뒷사람을 위해 문을 잡아줍니다.

3) 주문할 때 공손하게 하고 무엇을 먹고 싶은지 한 사람씩 물어보는 연습을 합니다.

4) 음식이 나오면 '감사합니다.' 인사를 합니다.

5) 음식을 급하게 먹지 않고 편하게 천천히 먹도록 합니다.

6) 식당에서 나올 때 감사의 인사를 합니다.

7) 자동차를 탈 때 가능하면 누군가 문을 열어주는 배려도 실천합니다.

8) 돌아오면서 무엇이 맛있었는지 즐겁게 이야기합니다.

이렇게 규칙이 많으면 아이들이 불편하거나 귀찮게 느껴져 다시는 식당에 가고 싶지 않을 텐데 하는 생각이 들 수 있습니다. 그러나 일상생활을 예절에 맞게 하는 행동이 곧 사회생활의 기본입니다.

식구는 한집에 같이 살면서 끼니를 같이하는 사람입니다. 오바마 전 대통령의 어머니는 새벽 4시 30분에 일어나 아침을 차려 아들과 이야기를 나누었고, 오바마는 6시 30분에 자녀와 식사하기 위해 회의도 미루었다는 일화가 있습니다.

어른을 보면 저절로 인사하듯 식사도 에티켓에 따라 익숙해지도록 시간을 두고 천천히 연습해두는 것이 좋아요. 상황에 맞게 당황하지 않고 예절 바르게 행동하면 다른 사람에게 좋은 인상을 줄 수 있습니다. 자녀 본인이 좋은 본보기가 되는 것도 공부입니다.

7교시

잠깐만요,
물어볼 게 있어요

담임선생님과의 상담 효과를 높이려면 어떻게 할까요?

1년에 두 번 정기적으로 이루어지는 상담을 통하여 자녀로 인한 걱정이 해소되고 만족스러웠나요? 담임선생님과 어떻게 상담해야 할지 고민일 것입니다. 아이가 성장할수록 고민은 많아지고 막상 담임교사를 만나면 생각했던 말보다 고민이 쏟아져 정작 묻고 싶었던 부분은 묻지 못하고 상담이 끝나진 않았나요?

학기 초부터 자녀에 대해서 모두 말했다가 1년 동안 담임이 선입견을 가지고 자녀를 바라볼까 걱정되진 않았나요? 자녀에 대해 어디까지 말하고 조언을 구해야 할까요? 어떤 질문을 해야 짧은 시간이지만 상담 효과를 높일 수 있을까요?

저도 담임교사이기 전에 학부모이기 때문에 막상 학교에 상담하러 가면 당연히 어렵습니다. 성인이 된 세 자녀가 종종 자기들 걱정 안 하고 늘 잘 지냈던 비법이 뭐냐고 묻더군요. 에휴, 왜 걱정이 없겠어요? 자녀 양육은 고민의 연속이고 선택의 연속입니다.

학부모와 교사의 입장을 모두 겪은 상황이라 양쪽 의견을 절충하여 학교 상담 효과를 높이는 방법에 대해 이야기해보겠습니다.

먼저 학교 상담을 위한 교사와 학부모의 마음가짐부터 살펴보겠습니다.

1. 한 번의 상담으로 고민을 해결하려는 기대를 낮추어야 한다.

1년 동안 학교에서 생활하면서 자연스럽게 변화하려면 시간이 필요합니다. 첫 번째 상담에서는 교사와 학부모가 함께 문제를 인지하는 게 중요합니다. 각자가 생각하는 고민의 핵심이 다르다면 좀처럼 상담 효과를 볼 수 없습니다.

2. 상담은 학부모, 교사, 학생이 같은 출발선에 서는 것이다.

상담은 달리기와 같습니다. 같은 출발선에 서서 일정한 속도로 나아가며 문제를 해결해야 하는데 이미 학부모와 교사가 결승선에 서 있고, 아이만 달리는 격이라면 중간에 이탈하고 맙니다. 같이 간다는 생각으로 상담에 임해야 합니다. '너는 그것만 고치면 돼.' 이런 마음으로 결승선에서 기다리는 어른을 보는 아이는 이미 부담스럽고, '내가 문제구나.' 하면서 자존감을 갉아먹기 시작합니다. '해결 방법을 같이 찾아보자.' 이런 마음으로 아이와 함께해야 합니다.

3. 문제 행동은 성장 과정에 일어나는 불협화음일 뿐이다.

문제 행동을 확대해서 아이가 심하게 자책감을 가지지 않도록 잘 조율해야 합니다. 그렇다고 그래도 된다는 마음이면 잘못해도 잘못이 아니라고 생각할 수 있으니 분명히 잘못한 것이지만 고칠 수 있고 해결할 수 있는 일이란 점을 설명해줍니다.

문제아가 아니라 그냥 문제가 있을 뿐입니다. 날아다니는 풍선이 나뭇가지에 걸린 것처럼 문제가 아이 앞에서 걸린 것 뿐이에요. 다만 모른 척해서 문제가 확대되거나 학부모가 대신 감싸 안아 아이가 다음에 또 같은 행동을 하게 되는 빌미가 되지 않도록 해야 합니다. 그래서 정확한 판단을 내리고 도와줄 교사와의 협응이 매우 중요합니다.

이제 담임교사와의 상담 효과를 높이는 방법을 알아볼게요.

1. 학기 초 가정환경 조사서를 자세하게 기입한다.

자녀가 대신 쓰게 하거나 혹시 다른 사람이 볼까 대충 쓰게 되는 경우가 있습니다. 자세하게 기입하여 담임교사가 아이에 대해 정확하게 알도록 합니다.

2. 학교 상담을 대비해 필요한 질문을 만들어 간다.

질문을 만들어 가지 않으면 생각나는 대로 말하게 됩니다. 같은 말을 되풀이하거나 집에 왔을 때 생각해보면 꼭 물어봐야 할 것을 놓쳤을 경우가 있습니다. 질문지를 작성하였다면 가정에서 문제 행동에 대해 어떻게 교육하고 있는지 부연 설명을 담임교사에게 해주어야 참고가 됩니다.

3. 아이의 문제 행동에 대해 죄책감을 가지지 않는다.

상담하면서 계속 죄송하다고 말하는 학부모가 있습니다. 해결하기 위해 상담하는 것인데 죄책감을 가지는 학부모 앞에서 담임교사는 학부모가 상처받을까 봐 말을 아끼게 됩니다.

4. 학부모의 교육관을 길게 설명하지 않는다.

학부모의 교육관을 길게 설명해서 상담 시간의 대부분을 다 써버리는 경우도 있습니다.

5. 1년 동안 학급 운영 방향에 대해 질문한다.

담임교사마다 교육 역점이 다르므로 학급 운영 방향을 이해해야 자녀가 어떤 방향으로 한 해를 보낼지 감을 잡을 수 있습니다.

6. 상담 중 중요한 내용은 메모한다.

사람의 기억은 한계가 있습니다. 메모했다가 집에 가서 정리해둡니다. 해당 학년의 자녀 교육 방향을 잡는 데 참고합니다.

7. 상담하면서 자녀가 알았으면 하는 내용은 자녀와 공유한다.

1년 동안 학급이 어떻게 운영되는지 설명을 해주면 아이도 이해하고 학급 활동에 대한 참여도를 높일 수 있습니다.

8. 교사와 아이가 친해지도록 중간 역할을 한다.

학교 다닐 때 좋아하는 선생님이 가르치는 과목 점수가 더 높았던 경험이 있을 겁니다. 싫어하는 교사의 말과 행동을 따르지 않고 결국 아이는 성장을 멈추게 됩니다. 교사를 긍정적으로 바라보도록 가정에서 대화로 풀어가도록 합니다.

9. 교사와 학부모의 관계가 돈독해야 한다.

의사소통이 되지 않으면 어떤 교육도 성과가 없기 때문입니다. 감정을 내려놓고 자녀의 문제에 대해 허심탄회하게 이야기하는 편이 좋습니다.

상담은 일방통행이 아니라 상호관계가 기본입니다. 생각을 교환하고 이해를 바탕으로 관계를 맺어가는 태도가 우선시되어야 합니다. 서로를 믿지 못하면 상담이 흔들리기 마련입니다. 내가 잘못 말해서 담임교사가 몰랐던 부분까지 알게 되면 우리 아이한테 불이익이 있지 않을까 걱정되겠지만 오히려 모두 이야기하고 함께 해결하는 편이 상담 효과를 극대화합니다.

학교 상담에 임하는 부모의 유형에 대해서 알아보겠습니다.

1. 미리 질문을 만들어 오고 자녀에 관한 모든 이야기를 하는 부모

최소한 1개월 반에서 2개월 정도 지난 후 학부모 상담을 하게 되므로 아이에 대한 파악이 어느 정도 이루어진 상황입니다. 학부모가 생각하는 자녀의 장단점을 말해주면 교사는 자신이 생각하는 장단점과 비교하여 아이의 문제 상황에 대한 적합한 해결 방법을 제시할 수 있습니다. 장점은 물론이고 단점을 학부모가 정확히 인지하고 있어야 솔직한 상담이 가능합니다.

2. 실제 고민은 그냥 두고 사소한 고민만 이야기하는 부모

학기 초 아이를 어느 정도 파악했는데 학부모가 자녀의 문제점을 말하지 않으면 그 부분을 건드리기가 어렵습니다. 문제 행동은 해당 학년에만 나오는 것이 아니라 누적된 경우가 많습니다. 학부모는 매

넌 담임으로부터 똑같은 피드백을 받으니 무슨 말을 듣게 될지 알기 때문에 말하지 않는 경우도 있습니다.

학기 초부터 학부모와 관계가 어긋나면 교사는 1년 생활지도에 어려움이 생기고 아이를 변화시키는 데 제대로 역할을 할 수 없습니다. 결국 아이는 행동 변화의 효과를 보지 못하고 진급하게 됩니다. 상담에 긍정적으로 참여하여 교사의 고민과 학부모의 고민이 하나가 되도록 하는 것이 무엇보다 중요합니다.

학교는 단체생활이라 당연히 아이가 억울할 때도 있습니다. 이때는 자녀와 충분히 이야기한 후 아이가 직접 담임교사에게 억울함을 이야기하도록 하는 것이 좋습니다. 다음에 이런 상황이 오면 바로 그 자리에서 자신의 억울함을 말하는 연습이 됩니다. 단 아이가 교사에게 말하지 못한다고 하면 부모가 대신 말해도 되는지 물어보고 결정합니다. 담임교사에게 말하지 말라고 하면 담임교사에게 말을 하되 모른 척해 주길 부탁하면 됩니다.

3. 아이가 말하는 부모상과 학부모 스스로의 부모상이 다른 유형

아이는 부모의 간섭이 심해 스트레스를 받는다고 하는데 학부모는 뚜렷한 교육관으로 아이를 양육하고 있다고 생각하는 경우가 있습니다. 부모가 기대하는 자녀상에 따라 그대로 성장하길 바라는 부모입니다.

부모는 시간이 지나면 좋은 결과가 있을 거라고 생각합니다. 하지만 사춘기가 되면 온순하던 아이가 갑자기 폭발합니다. 전혀 보이지

않던 모습을 보이기도 하고, 집에서는 말이 없는데 학교에서는 누구보다 활발한 모습을 보이기도 합니다. 학교가 오히려 편하다고 생각하는 것이죠. 이런 경우 중고등학교에 가게 되면 더 이상 부모가 개입할 수 없는 상황이 됩니다. 자아가 성립되고 스스로 판단하여 행동하려고 하는데 자꾸 벽에 부딪히므로 아무것도 안 하고 싶어지죠. 더 이상 부모의 이정표대로 움직이는 자녀가 아닙니다. 부모의 콤플렉스로 비롯된, 자녀가 완벽하기를 바라는 부모의 가치관이 사춘기 자녀를 괴롭게 합니다. 그러므로 자녀의 나이에 맞게 존중해주고 대화로 풀어가도록 해야 합니다.

4. 실제로 문제가 되고 있는데 성장 과정이라고 방임하는 부모

성장 과정에서 삐그덕거리며 불협화음이 생기는 건 당연합니다. 하지만 그대로 두는 건 더더욱 안 됩니다. 1년 동안 교실에서 같이 밥을 먹고 생활하는 교사를 상담자로 활용하지 않고 그냥 두는 것은 엄청난 손해입니다. 교사는 경력과 상관없이 많은 경험과 사례를 통해 해결 방법을 잘 알고 있는데 교사와의 상담을 포기한 채 사춘기의 소중한 1년을 방치하는 것은 문제를 키우는 것과 같습니다.

교사와 학부모가 상담하다 보면 학생의 단점부터 말하는 교사도 있습니다. 또 교사의 잘못된 행동으로 아이가 상처받은 것을 먼저 이야기하는 학부모도 있습니다. 하지만 이런 일은 서로의 감정만 상하게 할 뿐입니다. 교사와 학부모도 사람이고 성인이므로 장점부터 말

하고 관계를 개선해가며 상담자와 내담자 간의 신뢰를 형성하는 것이 무엇보다 중요합니다. 학부모 스스로 어떤 유형에 속하는지 판단하여, 무엇을 개선해야 하는지 인지하고 실천하려는 마음이 효과적인 상담을 위한 첫 단추입니다.

상담이란 마음을 열고 상대의 마음에 들어가는 것입니다. 상담은 소중한 감정을 열어 보여야 하고 그런 감정을 들여다보는 과정입니다. 상담으로 잘잘못을 따져 고치고 평균치를 맞추어 더 이상 문제가 생기지 않게 한다는 관점은 위험합니다. 문제 행동에만 집중하게 되고 행동을 바로잡지 않으면 여전히 눈총을 받을 수 있으니까요.

문제아는 없고 문제를 가진 아이가 있다고 생각하려고 해도 관대한 시선으로만 보기는 어렵습니다. 어떻게 해야 할까요? 상담에 참여하여 편견 없이 의견을 받아들이고 자녀를 포용하는 부모의 용기와 상처를 직면하고 아이의 손을 잡는 어른의 관용이 필요해요. 여기에서 상담은 시작되며 감정을 추스리려는 마음이 움직이는 것입니다.

경계를 잃어버린 사춘기 아이들이 방황을 멈추고 모두가 행복한 학교생활이 되길 희망합니다. 담임선생님과의 상담 효과를 높이기 위해 어떤 마음으로 임해야 하는지 공책에 혼자 써보며 지금까지 알지 못했던 상담의 진짜 맛을 경험하는 시간이 되길 바랍니다.

SNS 계속해도 될까요?

SNS는 온라인상에서 이용자들이 인적 네트워크를 형성할 수 있게 해주는 서비스입니다. 바로 소통 채널이지요. 그 종류로는 페이스북, 구글 플러스, 유튜브, 인스타그램 등이 있습니다. 그런데 6학년 우리 아이가 SNS를 한다면 학부모는 걱정이 됩니다.

학급에서 보면 스마트폰 보급률이 90% 이상입니다. 마음만 먹으면 얼마든지 이용할 수 있습니다. SNS 사용을 자제시켜야 할지 고민이죠. 우선 초등학생의 인터넷 서비스 이용률과 그에 따른 문제점을 확인해보겠습니다.

초등학생의 인터넷 서비스 이용 실태를 보면 인스턴트 메신저(인터넷을 통해 실시간 대화나 데이터를 주고받음)를 가장 선호하는 것으로 나타납니다. 스마트폰을 이용하여 서로 연락하고 사진이나 필요한 정보를 교환하며 사용하고 있는 것이죠.

그런데 사이버폭력 피해 경험을 확인해보면 학교 폭력보다 사이버폭력 피해 경험이 약 2배 높다고 합니다. 소통의 통로이지만 폭력의 통로이기도 합니다.

사이버폭력의 형태

1. 채팅방에서 한 사람을 집중적으로 놀리며 공격합니다. 나가면 다시 초대해서 나가지 못하게 하고 예전에 찍은 사진을 올려 계속 놀립니다.
2. 채팅방에 없는 사람을 두고 험한 말을 하고 그 대화를 캡처해서 당사자에게 보냅니다.
3. 이때 피해자는 실제로 욕을 듣는 것보다 훨씬 더 괴로워합니다. 소문이 쉽게 번져나가고 눈에 띄지 않게 계속 괴롭히기 때문에 무서워서 부모나 교사에게 말을 하지 못합니다.
4. 사이버폭력은 직접적인 가해자가 아니더라도 아무 말을 하지 않고 채팅창에 있었다면 나가지 않고 신고하지 않았으므로 동일하게 처벌받습니다. 단, 피해자가 가해자로 지목하지 않으면 그냥 넘어가기도 합니다.

학교 폭력 중 사이버폭력이 점차 증가하는 이유는 그만큼 사용자가 늘어나고 있기 때문입니다. 사이버폭력은 학교 규모에 따라 꾸준히 증가하고 있으므로 이에 따른 지도가 필요합니다. 그런데 학교에서 개인에게 SNS를 하지 말라고 강력하게 규제할 순 없어요. 인권을 침해하는 것이기 때문입니다. 올바른 SNS 사용을 위해서는 꾸준히 교육을 받으며 스스로 판단해서 사용을 자제하는 법을 배워야 합니다.

저학년은 실생활에서의 학교 폭력이 많으나 고학년은 사이버폭력이 증가하고 있습니다. 게다가 다양한 활동으로 여러 학교 학생과 만나기 때문에 사안이 발생하면 문제가 커지는 경향이 있습니다. 그래서 학교에선 모둠 활동을 하기 위해 단체 채팅방을 만들 경우 담임 선생님께 이야기하고 활동이 끝나면 나가길 권장합니다. 항상 단체 채팅창에서 문제가 일어나기 때문입니다. 아직은 아이들이 스스로 결정해서 사용하기엔 다소 걱정되는 부분이 있습니다.

학교에서 사이버폭력 예방 교육을 하고 있지만 아직 미숙한 부분이 많은 나이라서 판단이 서툴기도 합니다. 학교에서는 개인이 사용하는 SNS를 강력히 규제할 방법이 없으므로 가정에서 부모의 정확한 지도가 필요합니다.

학교에서 권장하는 해결 방법은 아래와 같습니다.

1. SNS는 한 개만 사용하기
2. 단체 채팅창 사용 자제하기
3. 사이버상에서 서로에 대한 험담이나 상대방의 사진을 올리지 않기
4. 사이버상에서 모르는 사람이 말을 걸어오면 무조건 교사나 부모에게 알리고 도움받기
5. 어떤 경우에도 모르는 사람에게 휴대폰 번호를 알려주지 않기
6. 휴대폰 번호는 개인정보이므로 친한 친구의 번호라도 다른 사람에게 대신 알려주지 않기

7. 남의 사진을 허락 없이 찍거나 휴대폰에 저장하지 않기

사이버상 문제가 사회문제로 대두되고 있는 시점이므로 부모의 과감한 결단과 사용에 따른 지도가 필요해요.

그럼, 왜 아이들은 사이버폭력이 증가하는데도 멈추지 못하는 것일까요? 사춘기 아이들의 심리를 알아보겠습니다.

1. 방과 후에 편하게 놀 수 있는 시간이 없다.

···› 각자 정해진 일정이 있으니 만나기는 어렵지만, 온라인상으로는 쉽게 연락할 수 있기 때문입니다.

2. 오프라인과 온라인으로 함께해야만 유대감을 느낄 수 있다.

···› 온라인으로 함께하지 못하면 소외되는 느낌을 받기 때문에 소속감이 필요합니다.

3. 자신이 무엇을 하고 있는지 보여주고 싶어 한다.

···› 온라인상 개인 방송이 대세인 만큼 아이들도 자신이 어딜 가고 무얼 하는지 알리고 싶어 합니다.

4. 동질감을 느끼는 집단에서 자신들만의 언어를 사용하면서 즐거움을 느낀다.

···› 어른의 규제가 없는 공간에서 자유를 느끼기 때문입니다.

이런 이유로 SNS를 즐기는 아이들을 어떤 관점으로 가르쳐야 할

까요? 자제력이 어려운 아이들에게 하지 말라고 하면 몰래 하게 되어 더욱 곤란한 상황이 발생할 수도 있으므로 '오늘부터 절대 안 돼.'가 아니라 이로 인한 사회 이슈가 발생할 때 터놓고 이야기해봅니다. 자녀의 생각을 물어보고 서서히 부모와 자녀 사이의 의견 차이를 좁히는 것이 바람직합니다.

워낙 빠르게 변하고 교묘해진 온라인상의 문제점이 아이들에게 피해를 줄 수 있습니다. 그러므로 가정에서도 적극적으로 개입하여 온라인 윤리교육을 해야 합니다. 습관의 문제가 아니라 자녀들이 보호받아야 할 부분입니다.

부모와 자녀가 SNS 사용 방법에 대해 이야기할 때

1. 친구와 연락하기 위해 무엇을 사용할지 정하기

2. 사이버폭력이 의심될 경우 어떻게 행동해야 하는지 이야기해보기

⋯› 친구들에게 하지 말라고 말하고 사이버상에서 나와야 합니다.

3. 모르는 사람이 말을 걸어오면 어떻게 할지 이야기해보기

⋯› 자신을 안전하게 보호할 방법을 알고 있어야 합니다.

4. 가족들이 어떤 SNS를 사용하는지 알아보기

⋯› 가족들이 사용하는 SNS를 어떻게 사용하는지, 언제부터 사용했는지 그리고 장단점에 대해서 이야기를 나눠봅니다.

어느 정도 SNS 사용 방법과 문제점을 파악했다면 온라인상에 가족끼리 공유할 수 있는 채널을 만들어보는 것도 추천합니다. 건전한 방향으로 사용하고 부모가 함께 있어서 안전하기 때문입니다. 요즘은 빠르게 변화하고 있으므로 속도를 따라가자면 부모가 먼저 공부하고 준비되어야 우리 아이들을 보호하고 키워나갈 수 있답니다.

초등 고학년 학생이 화장해도 될까요?

6학년도 이제 슬슬 화장합니다. 일단 귀걸이, 목걸이를 하고 피부 톤을 밝게 하고 학원 가기 전 화장실에서 입술을 바르죠. 교실에서 헤어롤로 앞머리를 말고 있기도 하고요. 초등학교 6학년 여학생들이 화장하는 비율은 학급당 15명을 기준으로 5명 정도 됩니다. 나머지 대다수는 화장하지 않고 다닙니다. 화장하지 않는 아이들은 아직 관심이 없어서 안 할 수 있지만 중학교에 가면 대다수 여학생은 화장합니다.

"학교는 아니고 학원에서는 예쁘게 보이고 싶니?" 물어보면 '그냥 그러고 싶다.'고 해요. 하루 6시간 앉아 있다가 다시 학원 가고 저녁 늦게 돌아와 숙제를 해야 합니다. 재밌는 일이 있긴 할까요? 그래서 과하지 않게 하는 건 그냥 둡니다. 다만 너무 일찍 화장하면 피부가 망가지니 적당하게 하도록 합니다. 당연히 다른 사람 눈에 확 띌 정도로 진하게 하는 것은 좋지 않습니다. 학생이므로 색조 화장을 너무 진하게 하지 말라고 말하면 어느 정도 조절합니다.

너무 짧은 치마와 너무 붙는 스키니즈를 입는다면 조금은 주의를 줍니다. 조심하지 않고 행동하므로 속옷이 보이거나 비치는 경우도 있습니다. 아직 어리므로 옷을 어떻게 입어야 하는지 기준을 제시하면 아이들은 나름의 기준을 세워 입습니다.

화장도 기준이 있으면 됩니다. 다만 피부를 상하게 하므로 화장품 성분을 보는 방법을 알려줍니다. 성분을 통해 피부 상태에 따라 어떻게 사용해야 하는지 기준이 생깁니다. 그리고 친구끼리 빌려주는 경우를 볼 수 있는데 위생 문제가 생길 수 있으므로 그러지 않도록 알려주는 것도 좋습니다.

화장품을 살 때 피부 상태에 맞게 잘 사용하도록 부모와 같이 화장품을 사러 가는 것도 제대로 배우는 기회입니다. 화장하는 행위 자체가 나쁘다는 기준보다 학생이라는 신분에 맞게 화장하는 법을 배워야 합니다. 화장에 대해서 부모 말을 듣는 마지막 선이 6학년이니까요.

화장을 못 하게 강제로 막기보다 적절한 화장법을 가르치고 장소에 따라 어떻게 해야 하는지 기준을 잡도록 가르칩니다. 무엇이든 처음은 있습니다. 그 처음을 혼나지 않고 배워간다면 새로운 일을 만나더라도 지혜롭게 잘 대처해가는 아이로 성장할 것입니다.

가르칠 것도 많고 부모가 공부할 것도 많은 세상입니다. 낳는 순간부터 고민의 연속이고 육아에는 정답도 없어 방향 잡기도 어렵지만 하나씩 해결하다 보면 아이들은 또 기특하게 성장합니다.

성교육은 어떻게 하는 것이 좋을까요?

아직 천진난만해 보이고 아무것도 모르는 표정인데 앉혀놓고 성교육이라니 좀 난감하지요. 그런데 이쯤 되면 다들 한다고 하는데 어디까지 해야 할지 슬슬 고민입니다.

아무것도 모르는데 공연히 알려줘서 관심을 가지게 되면 어쩌나 또 고민이죠? 뉴스를 보면 위험한 상황에 놓인 아이들이 나오고 바르게 알려주고 싶은데 기준을 잡기가 어렵습니다. 일단 부모의 생각을 바꾸어야 합니다. 성에 관한 이야기가 아니라 교육입니다. 성교육!

성교육은 성장기의 아이들이 성에 관한 올바른 지식을 갖도록 하는 교육이며 자신을 지키는 일이기도 합니다. 아주 중요한 만큼 미루지 말고 지금 바로 해야 합니다.

학교에서는 보건선생님과 외부 성교육 담당 기관의 강사가 2~3회 정도 수업을 해줍니다. 수업을 처음 시작할 때는 부끄러워하고 웃으며 시선을 피하는데 수업이 어느 정도 진행되면 열심히 듣습니다.

그럼 성교육에 대한 부모의 역할과 대략적인 방법에 대해 알아보겠습니다.

1. 성교육을 부모가 할지 아니면 성교육 전문기관에서 아이가 배우도록 할지 선택한다.

성교육을 하면서 부모가 부끄러워하거나 대답을 우물쭈물하게 되면 아이들은 '성'을 부끄럽게 생각합니다. 부끄럽게 생각하면 친구들끼리 잘못된 정보를 나누게 됩니다. 대체로 부모가 성교육을 할 때 다음에도 성에 관해 이야기 나눌 기회가 더 많아집니다.

2. 우리 아이는 아직 어리다는 생각은 하지 않는다.

성에 대한 교육이므로 어리다는 생각보다는 이제 성에 대한 바른 지식을 가질 나이가 되었다고 생각해야 합니다. 학교에서 성에 관한 사건이 발생하면 학부모님들은 매우 놀랍니다. 우리 아이는 아직 어린데 친구를 잘못 만나서 그렇다고 생각하기도 합니다. 그러나 친구가 어떤 행동을 하더라도 올바른 성에 관한 지식이 있어야 대처하는 힘이 생깁니다.

3. 동화 같은 성교육은 지양한다.

아빠 씨와 엄마 씨가 만나서 아이가 만들어지고 사랑스러운 아기가 10개월 만에 태어나는 이야기는 더 이상 통하지 않습니다. 미디어에 노출된 아이들은 더 많은 것을 알고 있어서 교육의 효과는 없습니다. 음경, 음핵 등 정확한 명칭으로 가르쳐야 합니다.

4. 부모가 성교육을 하려면 책도 읽고 영상을 통해 충분히 공부해

야 한다.

부모가 알고 있는 성에 관한 지식으로 교육하지 말고 충분히 공부하여 완벽하게 가르쳐야 합니다. 책을 구매하여 자녀와 그림으로 보면서 이야기 나눕니다. 민감한 부분이 아니라 몸에 관한 지식을 배워가는 시간이므로 준비를 철저하게 합니다. 그래서 여학생과 남학생의 신체 부위가 어떻게 다르고 어디가 위험한지 알게 되면 심한 장난을 치지 않습니다.

5. 여학생과 남학생의 성교육 내용은 같다.

남학생과 여학생의 성교육은 같아야 합니다. 그래야만 서로의 특징을 자세하게 알 수 있습니다. 예를 들어 생리, 생리대, 몽정, 발기 이런 특징을 알아야 여학생이 화장실 갈 때 파우치를 들고 가더라도 다들 이해합니다. 남학생이 잠시 교실에서 엎드려 자고 있었는데 발기가 되어 자리에서 일어나지 못하는 이유도 알 수 있습니다. 자연스러운 현상이므로 서로를 기다려주는 배려를 배웁니다.

6. 여학생은 어머니, 남학생은 아버지가 성교육을 한다.

가족이므로 질문할 내용이 있어도 동성이 아니면 물어보기 어려우므로 동성인 부모에게 배우는 것이 좋습니다.

7. 결혼의 의미도 가르친다.

사람들 앞에서 어른이 되었음을 보여주고 신랑 신부가 서로를 사랑하고 존중하고 지켜주는 것이 결혼임을 알게 합니다. 부모는 자녀를 경제적으로 부양하고 가족을 책임져야 하므로 경제적으로 독립할

능력이 있어야 자녀를 낳는 것임을 가르쳐야 합니다.

8. 아이들은 정자와 난자가 어떻게 만나는지 궁금해하므로 정확하게 알려준다.

이 부분이 가장 어려우실 겁니다. 보통 이런 경우 퍼즐 모양을 그려 나온 부분과 들어간 부분으로 이해시키면 됩니다. 이런 성관계를 통해 정자와 난자가 만나서 임신이 된다고 설명합니다.

9. 개월 수에 따른 아기 사진을 보여주며 생명의 소중함을 알게 한다.

성관계로 임신이 되며 여자의 자궁 속에 아기가 생기게 된다고 가르칩니다. 호기심으로 행동했을 때 그것이 어떤 결과를 만드는지 정확하게 알도록 합니다. 아기는 10개월 동안 부모의 사랑으로 세상에 태어나 가족의 사랑과 축복 속에서 자라야 한다는 것을 알려줍니다.

10. 성에 대해 자연스럽게 이야기하는 분위기를 만든다.

부모에게 성에 관해 물어볼 수 있는 분위기가 되어야 혹시 의논할 일이 있어도 편하게 대화할 수 있습니다.

몸의 변화가 시작되는 사춘기 아이들에게 몸의 변화가 왜 시작되었고 어떻게 행동해야 하는지 잘 설명해줍니다. 건강하게 성장하고 건강한 어른이 되어 자신의 역할을 하는 자녀의 모습을 기대하며 '성은 감추는 것이 아니라 배워야 하는 것이다.'라고 부모 먼저 생각을 바꾸고 인지해야 합니다. 성 관련 책과 영상을 보고 공부하면서 어른이 되기 위한 아이들의 변화를 이해하는 시간을 갖도록 합니다.

초등학생인데 대학을 생각해야 할까요?

6학년에게 대학 이야기는 너무 이른 게 아닐까 고민입니다. 그런데 생각을 안 할 수도 없습니다. 그래서 캠퍼스 투어를 갑니다. 멋있는 건물과 대학생을 보면서 '나도 열심히 해서 이곳에 와야겠다.'는 의지를 다졌으면 하는 마음에서입니다. 그런데 다녀와도 아이들은 정작 아무 생각이 없어요.

체험학습을 다녀온 아이들에게 어떤 생각이 들었느냐고 물어보면 '건물 멋있어요.' 이 한마디가 대부분이에요. 대학입시는 아직 먼 이야기지만 그래도 알아보는 연습은 필요해요. 순서를 바꾸어보는 건 어떨까요? 대학을 먼저 알아보기 전에 직업부터 생각해보는 겁니다.

아이들은 직업에 대해 어느 정도 이해합니다. 그런데 예를 들면 엔지니어가 되려면 어떤 과목이 관련 있는지, 어떤 학과를 선택해야 하는지 거의 모르더군요. 교실에서 대학교 홈페이지를 열어주며 이렇게 많은 학과가 있고 여기를 졸업하면 어디로 진로를 잡아가는지 설명하면 관심 있는 태도를 보입니다. 처음 보는 홈페이지이니까요.

중학생이 되어도 대학교 홈페이지는 보지 않죠. 중학교 자유학기제 때 관련 있는 진로 활동에 참여합니다. 고등학교를 진학하여 관련 있는 과목을 이수하고 대학 진로에 참고하면 됩니다.

구체적인 진로도 없고 일단 성적을 올려 그때 성적에 맞추어 대학에 가는 학생들도 많습니다. 그러지 않으려면 대학 학과가 어떤 것이 있고 여기를 졸업하면 어떤 곳으로 가는지 이해해야 합니다. 그래야 구체적으로 자기 인생을 계획할 수 있습니다. 그렇다고 공부하듯이 자세하게 알 필요는 없습니다. 대학 캠퍼스 투어 전에 최소한 홈페이지를 보고 가는 것이 효과적입니다. 그냥 가면 건물만 보고 오기 때문입니다.

특히 대학교 학과별로 전시회가 있으면 가도록 합니다. 축제 때는 사람들이 많아서 도움이 되질 않으니 평일에 가는 것이 좋습니다. 평일에 대학을 가보면 학생들이 활동하는 것을 볼 수 있거든요. '나도 여길 오면 이런 것도 하겠구나.' 이런 생각을 합니다. 대학 구내식당에서 밥을 먹으며 학생들의 분위기도 보고 캠퍼스도 걸어보면서 홈페이지에서 봤던 학과 건물이 어디인지 찾아보기도 합니다. 가고 싶은 학과가 있는 대학 리스트를 찾아보고 여러 선택지를 알려줍니다. 여기가 최적이라고 정해주기보다는 선택지를 두고 본인이 생각할 시간을 주어야 합니다.

공부는 멈출 수 없습니다. 그러나 초등학교 6학년은 시간을 두고 준비하는 단계입니다. 주체적인 아이로 자라야 자기의 진로도 스스로 자유롭게 구상할 수 있어요. 홈페이지도 열어보고 어떤 학과에 관심이 가는지, 어떤 과목의 공부가 더 필요한지 알아보는 시간이 6학년입니다.

관심이 생겨서 그 대학에 한번 가보고 싶다면 그때 캠퍼스를 같이 갑니다. 친척이나 가족 중 관련 있는 학과 졸업생이 있으면 대학 졸업 후 어떻게 살고 있는지 이야기도 들어봅니다.

모든 교육 활동의 기준은 동기부여가 우선입니다. 왜 해야 하는지, 현재 자녀가 그것을 하고 싶어 하는지, 자녀가 그럴 만한 에너지가 있는지, 이 세 가지부터 확인합니다. 만약 그렇지 않다면 왜 해야 하는지 같이 고민해보고 무엇 때문에 하고 싶은 마음이 없는지 시간을 가지고 알아봅니다. 그럴 만한 몸과 마음의 에너지가 없다면 충분히 쉬게 합니다. 그런 다음 대학을 이야기하고 여담으로 초중고에서 하지 못했으나 대학생이 되면 할 수 있는 일들을 즐겁게 이야기합니다. 결론적으로 초등학생이더라도 대학 이야기를 나누며 인생 계획을 세워보는 것을 추천합니다.

이성 친구,
초등학생인데 괜찮을까요?

새로운 감정이 생겼어요.

누군가에게 말을 걸고 싶고 자꾸만 눈길이 가요. 이런 마음을 나누고 싶은데 친구한테 말하면 소문날지도 몰라서 가슴만 콩닥거립니다. 이럴 때 "엄마, 나 있지. 자꾸 그 애만 생각나.", "아빠, 학교 다닐 때 여자친구 있었어? 어떻게 사귀자고 했어?" 이런 대화를 편하게 나눌 수 있다면 얼마나 좋을까요?

이성 친구를 만나면 신경이 쓰이고 만나지 말라고 해도 밖에서 만나니 고민인가요? 학급에서 아이들이 누가 누구와 사귀는지 담임교사한테 이야기한답니다. 사귀지 말라는 말을 듣지 않으니 편하게 이야기하는 거죠. 자기가 먼저 고백했다든지, 이번 주말에 어디 간다든지 비밀이 없어요. 헤어지면 무엇이 마음에 안 들어서 헤어졌고, 또 누구를 좋아하는데 사귀지는 않는다는 얘기도 합니다. 그때 웃으면서 '축하한다'는 말만 해도 수줍어하면서 좋아해요. 사귀면 그냥 동성 친구와 하는 것을 모두 하더군요. 너무 극단적으로 생각하고 미리 막는 것은 부작용이 생길 수 있으므로 그냥 두고 지켜보는 것이 좋습니다.

부모가 편한 분위기를 만들어주고 자연스럽게 이야기를 풀어가면 됩니다. 새로운 감정이 생겼는데 부모가 막는다면 아이는 이해할 수 없을 거예요. 행동보다 감정을 정리하는 일이 더 어렵습니다. 감정을 존중받아야 행동도 신중해집니다. 아이를 24시간 따라다니며 통제할 수는 없습니다. 하지만 존중받다는 느낌이 들면 책임감도 생겨요. 그렇다고 무한정 믿고 맡기긴 또 걱정이죠? 그러니 우리 가족이 지킬 기본은 세워야겠죠?

이성 친구가 생기면 어떻게 할지, 기준에 대해 한번 얘기를 나눠볼게요.

1. 귀가 시간을 정해둔다.

아직 미숙한 나이이므로 생활 규칙은 어느 정도 정해두고 본인이 시간을 조절하도록 합니다. 요즘은 또 위험한 상황도 많아서 자녀와 의논하여 귀가 시간을 정하는 것이 좋습니다.

2. 이성 친구가 생기면 편하게 서로 이야기하도록 부탁한다.

새로운 친구가 생겼으니 가족이므로 서로 신뢰하는 분위기를 만들어 자연스럽게 이야기하도록 합니다. 놀리거나 너무 자세히 알려고 하면 오히려 숨길 수 있다는 점 명심하고요.

3. 이성 친구로 인해 '공부에 방해되고 행동이 달라졌다.'는 지적은

하지 않는다.

자녀는 이런 말을 듣게 되면 자신과 이성 친구를 무시한다고 생각하여 부모와 멀어지게 됩니다.

4. 이성 친구도 그냥 친구이므로 존중한다.

부모가 특별하게 생각하고 너무 예민하게 반응하면 자녀는 부담을 느껴 다음에는 절대로 말하지 않습니다.

이성 친구가 생기면 부모는 궁금증이 폭발합니다. 밤늦게까지 연락하고 혹시 공부에 방해되면 어쩌나, 학교에서 수업 시간에 졸지는 않는지 걱정이 태산입니다. 결국 못 참고 아이의 휴대폰에 손이 갑니다. 하지만 판도라 상자입니다. 열지 않는 게 좋습니다. 보통 6학년 아이들을 보면 사귀는 기간이 고작 몇 개월에 불과합니다. 감정이 지속되지는 않습니다. 이성에 대한 감정이 생기고 만나는 것도 성인으로 성장하는 과정입니다. 걱정되더라도 믿고 맡겨보면 아이들은 이성 친구와 잘 지냅니다. 어른이 되어가는 과정을 막아버려 겉모습만 어른이 된다면 더 큰 걱정이 아닐까요?

아이들은 올바르게 살아가는 부모를 따라 제자리가 어디인지 몸으로 배워갑니다. 이성 친구가 생긴다면 동성 친구가 생긴 것처럼 생각하고 서로 이야기를 나눠보세요. 새로운 감정이 생긴 자신을 믿어주는 부모의 신뢰가 아이들이 어긋나지 않도록 잡아줄 겁니다.

아이의 친구가 마음에 안 들면 어떻게 할까요?

지금까지 이 책을 읽었다면 어떤 결론일지 짐작이 갈 겁니다. 당연히 부모가 막을 방법은 없죠. 부모는 자녀의 친구가 마음에 안 들어도 자녀는 지금까지 놀던 방법과 달라 완전히 다른 세상에 온 것처럼 너무 재미있으니까요.

드라마나 운동경기를 보고 있는데 하이라이트에서 관전을 멈추어야 한다면 쉽지 않잖아요. 자녀도 새로운 친구가 너무 재밌고 지금까지 자신의 생활 모습과 달라서 흥미로운데 부모가 간섭하면 오히려 마음은 친구한테 더 쏠리게 됩니다. 그 친구가 마음에 들지 않으니 만나지 말라고 하면 전혀 설득력이 없어요.

그 아이를 만나서 우리 아이가 잘못되면 어쩌나 걱정이 많아지죠. 학교에서 보면 결이 다른 친구끼리 만나면 서로 재미를 느낍니다. 그러나 몇 개월이 지나면 자신이랑 안 맞다는 걸 알게 됩니다. 스스로 깨달을 시간이 없으면 계속 친구로 남습니다. 친구도 서로 결이 맞아야 하므로 맞지 않는 건 자신들도 알게 됩니다. 기다려주지 않고 간섭하게 되면 부모와 자녀의 관계만 나빠지고 아이도 상처받습니다.

나무를 보면 결이 있습니다. 나뭇결은 주로 나무의 면에 나타나는 무늬인데 나이테 때문에 생깁니다. 그 결을 보면 간격이 좁기도 하고 넓기도 해요. 추운 겨울에는 더디 성장하여 나이테의 간격이 좁고 여름에는 빨리 자라 나이테의 간격이 넓어집니다. 나이테를 보면 나무가 어떤 계절에서 자랐는지 가늠할 수 있고 그 무늬 덕분에 아름다운 작품이 됩니다. 나무의 역사입니다.

아이들도 어떤 친구를 만나든지 성장하며 자신의 무늬를 만들어 갑니다. 부모가 위험해 보이는 걸 모두 막는 환경에서 자란 아이는 자기만의 나이테가 없습니다. 자기만의 성장 나이테를 가진 아이들은 앞으로 살아가면서 어떤 사람이 자신에게 맞는지 찾아갑니다. 친구를 선택하고 사귀는 것도 아이의 몫입니다. 선입견으로 자녀의 친구를 대하면 아이는 자신의 판단에 자신이 없어지고 무조건 친구 편이 되든가 아니면 친구에게 다가가기 어려워할 수도 있습니다.

부모로서 걱정된다면 가정 규칙을 조금 세우면 됩니다.

1. 귀가 시간 정하기

귀가 시간은 안전하게 정해주는 것이 중요하므로 의논해서 가장 타당한 시간을 정합니다. 어떤 친구를 만나든지 일정해야 합니다.

2. 용돈을 일정하게 주기

친구와 기분에 휩쓸려 과소비할 수도 있으므로 경제개념을 가르치기 위해 매월 용돈을 일정하게 줍니다. 친구와 놀기 위해 미리 절약하는 습관도 필요하니까요.

3. 친구가 집에 올 때는 다른 가족들이 불편하지 않도록 시간 정하기

시간을 정하고 초대해야 친구 집에 갈 때도 불쑥 가지 않고 사전에 약속 잡는 예의를 배웁니다.

4. 다른 지역으로 멀리 갈 때는 장소 알려주기

6학년이 되면 행동반경이 넓어져서 다른 지역으로 놀러 가기도 합니다. 장소와 귀가 시간을 부모와 공유하는 습관을 키우도록 합니다. 행선지를 알면 무엇 때문에 가는지 유추할 수 있습니다.

규칙을 너무 많이 정하면 간섭받는다고 생각해서 부작용이 생깁니다. 6학년 정도 되면 나름대로 정해놓은 규칙이 있으므로 함부로 행동하지 않습니다. 자녀의 친구가 마음에 들지 않는다는 판단은 부모의 기준에서 바라본 결과입니다. 자신이 맞는지 결정하기 전에 부모가 결정했으므로 기준이 없어지고 혼란스럽죠.

그럼 모든 친구와 친하게 지내야 한다는 기준은 타당할까요? 무조건 모두 친하게 지내야 한다는 기준이 타당하지 않은 것처럼 부모의 마음에 들지 않으므로 친하게 지내지 말라는 것도 타당하지 않습니다. 자신과 맞는 친구와 어떻게 관계를 유지하는지 배워가야 합니다. 단, 친구와 친하게 지내다가 맞지 않아서 불협화음이 생길 때 어떤 관점으로 생각해야 하는지 알려주어야 합니다. 어떤 상황에서도

친구를 비난하는 태도는 꼭 지양하도록 말이죠.

아이들은 생각이 분명해서 생각대로 말하는 것 같아도 실제론 다른 사람에게 싫다는 말을 못 합니다. 자신이 나쁜 사람이 되는 것 같거든요. 이럴 때 정확히 판단하는 부모의 도움으로 생각의 전환이 필요합니다. 처음부터 친구 관계에 개입하지 말고 도움이 필요할 때 조언해주세요. 나와 맞지 않는 친구를 사귀면 어떤 불편함이 있는지 알고 새로운 친구를 만날 때 고려하게 됩니다.

어른들은 오랜 경험으로 자신에게 맞는 친구를 알아보나 아이들은 경험이 없어 그러질 못합니다. 경험을 통해 배우는 진정한 깨달음은 자녀에게 선물 같은 것입니다. 마음에 안 들어도 자녀가 선택한 친구이므로 기다려주는 부모의 넉넉함이 있어야 아이도 성장합니다.

드라마 봐도 될까요?

요즘은 OTT(Over-the-top), 영화, TV 프로그램 등 미디어 콘텐츠가 인터넷을 통해 소비자에게 다양하게 제공되어 초등학교 6학년, 13세 제한이 무색하죠. 아이들은 걸러지지 않은 내용을 다 보게 됩니다. TV 프로그램도 웬만하면 아이들은 다 시청하고 학교에서 이야기를 나누기도 해요. 집에 TV가 없어도 볼 수 있는 방법이 많아서 모두 본다고 생각하면 됩니다.

이왕 보는 거 좀 더 효과적으로 이용해보면 어떨까요? '보지 마라.'보다 '같이 보자.'로 바꾸어보는 겁니다. 수많은 콘텐츠를 다 볼 수 없지만 자녀와 부모가 모두 즐길 만한 내용을 같이 본다면 어떤 효과가 있을까요?

1. 공통의 주제가 생겨서 웃으면서 대화할 수 있다.

갑자기 주제를 잡아서 대화하려면 어떻게 할지 모르나 공통의 주제가 있으므로 자녀와 부모가 편하게 대화할 수 있습니다.

2. 같은 내용을 보면서 생각의 차이를 알 수 있다.

부모의 생각과 자녀의 생각을 서로 교환하며 서로를 이해하는 시간이 됩니다.

3. 어떤 프로그램을 보면 좋을지 자녀가 배우게 된다.

좋아하는 프로그램이 다르지만 각자 선호하는 프로그램에 관심이 생기고 이런 것도 보면 좋다는 걸 알 수 있습니다.

4. 일부러 시간을 내지 않아도 가족과의 시간을 가지게 된다.

주 1회 가족과 대화하는 시간을 가지려고 하지 않아도 자연스럽게 모여서 함께할 시간이 생깁니다.

5. 가족 간 추억이 저절로 만들어진다.

일부러 여행을 가지 않아도 프로그램 하나로 같이 웃으면서 공통의 추억이 생깁니다.

그렇다면 좀 더 깊은 대화를 할 수 있는 프로그램은 무엇일까요? 바로 드라마입니다. 드라마는 각자 선호하는 내용에 따라 호불호가 나뉘어도 6학년이 되면 대화가 통하므로 가족과 함께 볼 수 있는 내용을 보면서 교육도 할 수 있답니다. 같이 드라마를 시청하면 어떤 교육이 가능한지 알아볼게요.

1. 간접경험을 할 수 있다.

드라마에 나오는 사람들의 직업군에 대해 알 수 있습니다. 때론 재미를 위해 역할이 과장되기도 하지만 부모와 함께 직업의 특성과 기타 정보를 얻을 수 있습니다.

2. 사람에 따라 선택이 왜 다른지 알 수 있다.

주인공이 옳지 못한 선택을 할 경우 그러면 안 되는 이유를 부모와 같이 이야기하면서 올바른 선택이 무엇인지 배울 수 있습니다. 부모도 일방적인 가르침이 아니라 드라마를 통해 유연한 대화가 가능해서 좋습니다.

3. 자녀의 관심에 따라 다른 것도 함께 이야기 나눌 수 있다.

패션에 관심이 있으면 주인공들의 패션이 장소에 따라 어떻게 다른지 이야기할 수 있습니다. 대화는 부모의 관심보다 자녀의 관심을 가지고 이어가야 자녀의 생각을 알 수 있습니다. 드라마 배경에 관심이 많은 아이라면 이런 상황에 어떤 배경이 좋을지 대화하면서 감각적 시각의 폭을 넓힐 수 있습니다.

4. 아직 어려도 배우자상을 알아갈 수 있다.

드라마에 나오는 사람들을 통해 앞으로 어떤 사람을 만나면 좋을지 기준이 생깁니다. 자녀는 언제까지 어린아이가 아닙니다. 만약 연인을 사귀게 되면 어떤 유형이 맞을지 자연스럽게 이야기합니다. "그런 아이는 만나지 마라. 그 애는 너랑 생각이 달라."라고 드라마 주인공에게 말하면 간접경험을 할 수도 있습니다. 가치관을 배워가는 일이므로 어릴 때부터 자연스럽게 배우는 분위기를 만들어주어야 합니다.

5. 전개되는 이야기에 따라 생각의 변화를 배울 수 있다.

최선이었지만 시간이 지나 상황이 달라지면 생각이 바뀌어 다른 선택을 하게 된다는 것을 알 수 있습니다. '나도 저런 상황이면 그럴 수 있겠구나.' 하면서 배려를 배워갑니다. 청소년기에는 일단 결정하면 생각을 쉽게 바꾸지 않기 때문에 신선한 자극이 될 수 있어요.

6. 매너를 배운다.

분위기에 맞는 예절을 배웁니다. 모든 장소를 다 갈 수 없으므로 장소에 따른 예절을 배우고 어른이 되었을 때 어떤 행동은 하면 안 되는지 알아갈 수 있습니다.

7. 드라마 OST를 함께 들으며 정서를 공유한다.

드라마에 나오는 음악을 같이 듣게 되면 그때 분위기가 떠올라 말하지 않아도 정서를 나누며 유대감이 생깁니다. 정서가 공유되지 않을 수 있습니다. 그러나 때론 음악이 부모와 자녀의 관계를 돈독하게 합니다.

8. 같은 연예인을 좋아하고 자녀와 삶을 공유한다.

세대 차이를 조금 줄여줍니다. 공통의 대화는 멀어진 관계를 가깝게 하며 설사 다른 일로 의견충돌이 생겨도 다소 쉽게 해결될 수 있습니다.

아이들은 무엇이든 배우고 나에게 맞는 내용으로 소화하며 성장하므로 무조건 '이건 되고, 저건 안 된다.'라고 하기보다는, 드라마를 보고 싶어 한다면 배우는 시간으로 활용해보길 권장합니다.

에필로그

37년간의 교직 생활이 알려준 지혜를 나눕니다

스스로 자기 삶을 개척해나가는 아이로 키우고 싶은 저의 마음과 부모님의 마음이 만나 이 책이 시작되었습니다. 실패도 하면서 성장한 아이는 똑똑한 아이로 당당하게 자라, 공부로 실력을 쌓아가며 힘차게 살아낼 것입니다.

진정으로 똑똑한 아이는 삶을 살아가는 데 거침이 없습니다. 부모가 땀 흘린 오늘의 수고가 아이들의 앞날에 '새로운 길'이 될 것입니다. 모두가 한길로 향하는 공부의 지름길이 아니라 세상에 하나뿐인 우리 아이 적성에 딱 맞는 '새로운 길' 말입니다. 하지만 앞으로 또 다른 고민이 계속 생길 거예요. 그럴 때마다 부모의 마음과 자녀의 마음이 하나 되는 것이 가장 중요하다는 걸 기억했으면 좋겠습니다.

부모의 역할은 끝이 없습니다. 달리 말하면 가르침에는 끝이 없는 것입니다. 자녀 스스로 힘을 내며 인생을 넉넉히 살아가는 모습을 보고 싶은 부모에게 이 책을 드립니다. 부모 역할이 한계에 다다라 더 이상 아무것도 할 수 없을 때 언제든 다시 꺼내 읽고 지혜를 키우는 마중물이 되었으면 합니다.

아이들에게 휴일은 언제일까요? 1년에 2번, 여름방학과 겨울방학이 있습니다. 방학이 다가오면 부모의 불안으로 자녀를 위한 계획을 준비하고 있지는 않나요? 방학 동안 쉬면서 에너지를 충전하고 다음 학기를 준비할 시간도 없이 아이들은 계속 달려야 합니다.

여름방학이 끝나고 개학 첫날 아이들을 만나면 얼굴색이 똑같이 하얗습니다. 집, 학원을 오가며 공부만 했다는 증거입니다. "너희들 방학 숙제 안 했구나. 선생님이 그렇게 신나게 놀고 오라고 했는데…… 숙제 안 한 사람은 이제 겨울방학을 안 줄지도 몰라."라고 말합니다. 그러면 아이들은 시무룩한 표정으로 살맛이 안 난다고 합니다.

사는 재미보다 고단함을 먼저 배운 아이들입니다. 아무것도 안 하고 마냥 놀게 할 수 없다면 정말 최소한의 공부만 부탁드립니다. 수학은 계단식 공부이므로 방학 동안 꼭 지난 학기에 부족한 공부를 보충하는 것이 필요합니다. 1학기 내용이 2학기에 심화 형태로 나오기에 뛰어넘지 말고 체크하기 바랍니다. 3학년부터 수학을 포기하는 아이가 생기므로 무리하지 않는 전제하에서 가장 어려워하는 두 단원을 보충하고 나머지는 운동, 가족여행 등을 통해 건강도 챙기고 가족과의 추억도 쌓기를 추천합니다.

'과유불급'이라면 안 하는 것만 못합니다. 방학 동안 너무 많은 계획을 세우지 않기를 당부드립니다. 부모들도 쉬지 않고 달리면 무기력해지고 우울해집니다. 아이들은 더더욱 방학만이라도 잠시 쉬어가는 시간으로 활용하길 바랍니다.

이 책이 지금까지의 자녀 양육을 돌아보면서 생각을 정리하는 쉼터가 되길 바랍니다. 뭐든 자녀에게 가르쳐야 하는 부모의 짐이 무겁다면 하루 정도는 '부모휴일(휴일처럼 하루 정도 부모가 쉬는 날)'을 정해서 에너지도 재충전하고 마음을 정리할 시간을 가져보세요.

지금은 부모가 힘을 내야 하지만 어느 순간 아이들이 든든하게 자라 부모를 지지해주고 받았던 사랑을 다시 돌려주는 시간이 분명히 올 것입니다. 하지만 그 시간이 그냥 오지 않는다는 것을 누구보다 잘 알고 계시죠? 막막할 때 함께 읽으며 서로에게 응원의 메시지를 보내기 바랍니다.

『임연화의 학부모 7교시』는 37년이란 긴 세월 동안 학부모에게 꼭 말해주고 싶었던 저의 고백서입니다. 부모와 자녀가 함께 가는 길에 이정표가 될 이 책이 모두의 고민을 해결할 때까지 저는 여기 이 자리에서 변함없이 학부모들을 응원하겠습니다.

임연화의 학부모 7교시

초판 1쇄 발행 2023년 2월 20일

지은이 임연화
발행인 이선애

표지 디자인 채민지
본문 디자인 디자인 잔
일러스트 이지은
외주 편집 서슬기

발행처 도서출판 레드우드
출판신고 2014년 7월 15일 (제25100-2019-000033호)
주소 서울시 구로구 항동로 72, 하버라인4단지 402동 901호
전화 070-8804-1030 **팩스** 0504-493-4078
이메일 redwoods88@naver.com
블로그 blog.naver.com/redwoods88

ISBN 979-11-87705-33-8 (03370)